LLENGUA I LITERATURA

1 ESO

COM ÉS AQUEST LLIBRE?

Situacions d'aprenentatge

Presenten problemes connectats a la realitat en contextos reconeixibles i desenvolupen les competències específiques de l'àrea.

Contextualització. Pregunta, desafiament, repte... que desperta l'interès i la curiositat per a aprendre.

Aprendràs a... Metes que s'aconseguiran en la situació d'aprenentatge.

ODS. Connexió amb els objectius de desenvolupament sostenible.

Càpsules de **continguts.**

Activitats de recerca, reflexió, aplicació...

Crides als **Sabers i destreses.**

- Treball individual
- En grup
- Per parelles
- Tots junts

Resolució del repte, desafiament... i **evidència de l'aprenentatge.**

Transferència de coneixements.

Reflexió sobre l'aprenentatge: **què, com** i **per a què.**

SABERS I DESTRESES

Material bàsic per a aconseguir un aprenentatge **sistemàtic** dels continguts.

Inclou tots els sabers necessaris per a treballar la matèria i resoldre les situacions d'aprenentatge.

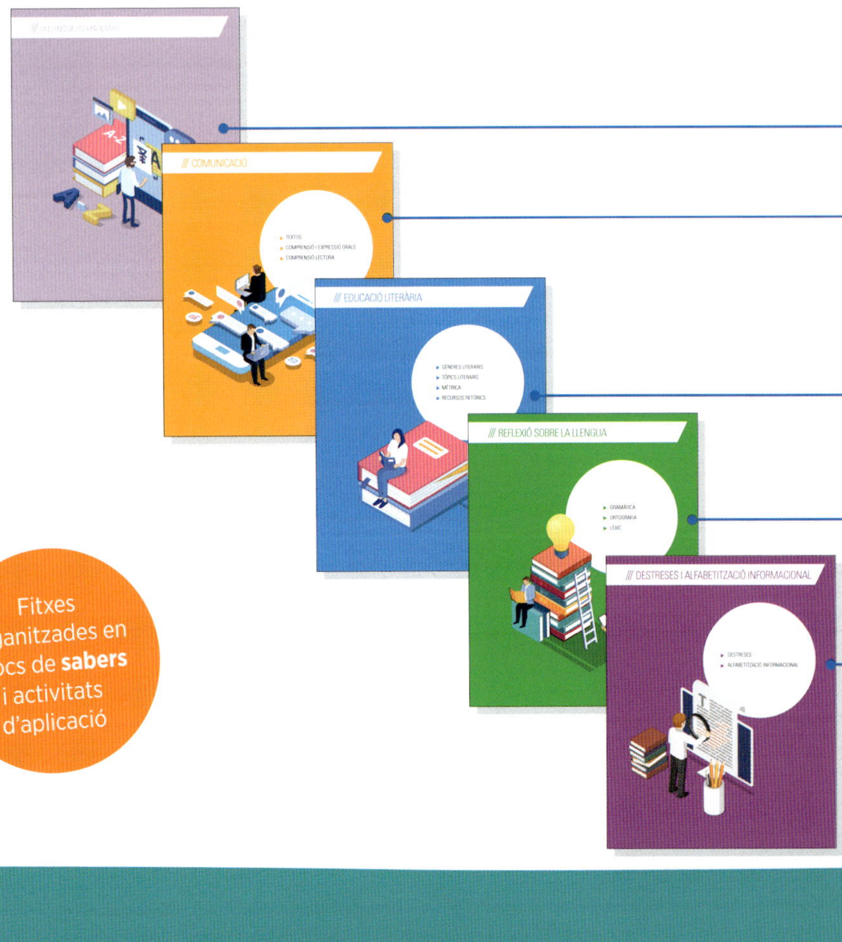

Fitxes organitzades en blocs de **sabers** i activitats d'aplicació

INCLOU
AprenentatgeServei

Com s'utilitzen les Situacions d'aprenentatge i les fitxes de Sabers i destreses?

El treball de les **Situacions d'aprenentatge** i de les fitxes de **Sabers i destreses** es pot abordar de dues maneres diferents:

1 Partir de les **SITUACIONS D'APRENENTATGE.** Es poden treballar les **Situacions d'aprenentatge** i consultar les fitxes de **Sabers i destreses** a les quals fan referència. Aquestes fitxes serviran com a material de suport per a poder resoldre les activitats i tasques que es proposen, així com per a consolidar els sabers treballats.

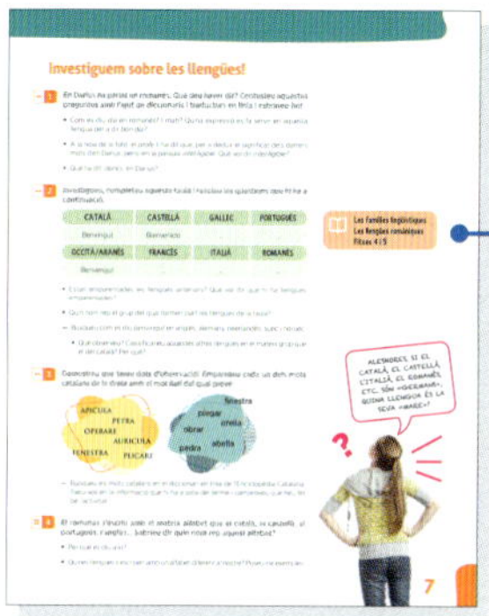

Les famílies lingüístiques
Les llengües romàniques
Fitxes 4 i 5

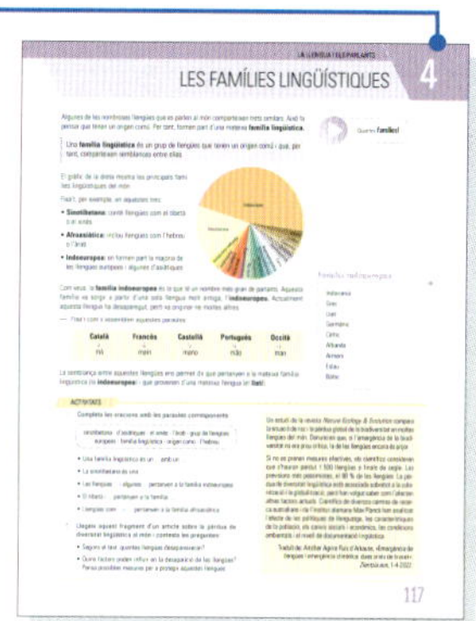

2 Partir dels **SABERS I DESTRESES.** Es poden anar treballant les fitxes agrupades en els diferents blocs de **Sabers i destreses** i completar cada bloc amb una o diverses **Situacions d'aprenentatge** relacionades.

Com a orientació, proposem la següent relació entre els diferents blocs de **Sabers i destreses** i les **Situacions d'aprenentatge,** segons els continguts que s'hi treballen:

Les llengües i els seus parlants — 1. Quines llengües parleu?

Comunicació

- **Els textos**
  - 3. I a tu, què et fa riure?
  - 4. Tots els herois porten capa?
  - 6. Tens un minut. Combat la pobresa!
  - 8. Hi ha vida més enllà del futbol?
  - 10. Les coneixes?
- **Comprensió lectora**
  - 7. Qui va trair la família?
- **Comprensió i expressió oral**
  - 2. A la nostra classe, no!
  - 11. Escoltem un llibre?

Educació literària — 9. Una obra de por! | 12. Digues-m'ho en vers!

Reflexió sobre la llengua — Els sabers del bloc de «Reflexió sobre la llengua» són continguts transversals que s'aniran treballant en cadascuna de les **Situacions d'aprenentatge** d'una manera integrada i contextualitzada.

Alfabetització informacional — 5. Com funciona un cercador?

ELEMENTS INTERACTIUS

Vídeo · Àudio · Activitat · Infografia · Descarregable · Destresa · Llista de comprovació

I a més a **edebé On**
- Llibre digital interactiu
- Biblioteca de recursos
- Vídeos, infografies i activitats interactives

ÍNDEX

Sabers

Comunicació		La llengua i els parlants	Reflexió sobre la llengua
Comunicació oral i escrita / Alfabetització informacional	**Comprensió lectora**		
l text conversacional 'entrevista oral i l'entrevista escrita na entrevista radiofònica	▶ Entrevista a Nadia Ghulam ▶ *Per a llegir més: L'Ousman, emprenedor social* (entrevista)	▶ Els elements de la comunicació ▶ La diversitat lingüística i les famílies lingüístiques ▶ Les llengües romàniques	▶ Comparació de mots del català amb els mots llatins dels quals provenen ▶ Ús del diccionari general de la llengua per conèixer l'origen lingüístic dels mots
iteraccions orals informals: escolta activa, ssertivitat i resolució dialogada de conflictes ecàleg dels bons usos del llenguatge oral	▶ Text sobre l'estructura i funcionament d'una assemblea ▶ Una conversa informal entre adolescents	▶ Fórmules de cortesia (agraïment, disculpa...) ▶ Ús de llenguatge no discriminatori	▶ El tractament de cortesia (*tu, vostè, vós*) ▶ La paraula: mots variables i invariables ▶ El desdoblament de gènere i el sintagma ▶ Connectors per a organitzar el discurs
eflexió sobre els límits de l'humor xpressió humorística d'opinions respectuosa	▶ Un text sobre l'origen del mot *mem* ▶ *Mems* lingüístics i acudits	▶ Identificació de prejudicis lingüístics	▶ Mecanismes de formació de paraules ▶ Sentit propi i sentit figurat ▶ Ambigüitat lèxica: polisèmia I homonímia
text descriptiu retrat robot	▶ Descripció d'Ulisses (fragment de l'*Odissea*) ▶ Per a llegir més: *Atalanta* (text narratiu)	▶ Reflexió interlingüística: noms i adjectius que provenen d'obres literàries en altres llengües	▶ El nom ▶ L'adjectiu
text expositiu valuació de la informació a internet: fonts informació fiables i detecció d'informacions lses	▶ Textos expositius sobre cercadors d'Internet	▶ Pautes per parlar bé en públic	▶ Reconeixement de fonts no fiables per la seva incorrecció gramatical i ortogràfica
text persuasiu discurs opietats textuals: la coherència	▶ Un *elevator pitch* (discurs breu) ▶ Discurs de Barack Obama ▶ Anuncis publicitaris	▶ La comunicació verbal i no verbal ▶ Aproximació a la llengua de signes	▶ L'oració i les modalitats oracionals ▶ Sinonímia i antonímia. Els sinònims contextuals ▶ Els eufemismes
esa de decisions i treball en equip narració oral còmic com a text narratiu	▶ Un *breakout* lingüístic ▶ *Per a llegir més: Una bola de foc que ho destrueix tot* (text narratiu)	▶ La llengua catalana	▶ Els determinants i els pronoms ▶ Elaboració de proves gramaticals: el sintagma, les categories gramaticals i els complements argumentals i adjunts, amb les solucions corresponents.
reportatge text instructiu opietats textuals: la cohesió	▶ Un reportatge sobre un esport minoritari ▶ *Per a llegir més: Un text divulgatiu*	▶ El registre estàndard, propi dels mitjans de comunicació	▶ El mode verbal i les perífrasis verbals ▶ Mecanismes de cohesió textual
		Educació literària	
nàlisi d'elements paratextuals cobertes de llibres de por epresentació d'un text teatral propi	▶ Fragment de *Frankenstein*, de Mary W. Shelley, i l'adaptació teatral corresponent ▶ *Per a llegir més: Robinson Crusoe* (text teatral).	▶ Els gèneres literaris ▶ El text narratiu ▶ El text teatral	▶ Usos del temps present
videoressenya a crítica en un programa de ràdio missatge audiovisual	▶ Transcripció de la videoressenya *Llibres per a llegir sota els estels fugaços*	▶ Autores de la literatura juvenil: Care Santos, Dolors Garcia i Cornellà, Gemma Lienas, Núria Pradas	▶ Els signes de puntuació en la transcripció d'un text oral
cerca d'informació ctura expressiva en veu alta: velocitat, tonació, mots clau i dicció	▶ "El barret prodigiós i la barraca de monstres", de Pere Calders	▶ Coneixement de Pere Calders, Mercè Rodoreda, Maite Carranza i Jordi Sierra i Fabra ▶ La narrativa de tradició oral	▶ Signes de puntuació i lectura ▶ Dicció i pronúncia acurades: fricatives i africades alveolars i postalveolars ▶ Vocalisme àton i dialectes del català ▶ Observació de fenomens fonètics
colta de diferents versions i interpretacions l poema "Podries", de Joana Raspall	▶ "El pi de Formentor", de Miquel Costa i Llobera, i haikus diversos ▶ *Per a llegir més:* "Els milions de la pau" (text poètic)	▶ La poesia ▶ El metre i la rima: recompte sil·làbic i tipus de rima ▶ Els recursos retòrics	▶ Reconeixement del subjecte de l'oració en versos amb hipèrbatons

Què no hem d'oblidar a l'hora de treballar les SA?

Aplicar les normes gramaticals (fitxes 43-54) i ortogràfiques (fitxes 55-69) per escriure amb correcció i fer servir les paraules amb precisió (fitxes 70-78) perquè els textos siguin coherents i adequats i estiguin ben cohesionats.

1

Quines llengües parleu?

Totes importen

Al teu voltant, es parlen altres llengües, a més del català i del castellà. Què en saps, d'aquestes llengües? De quins llocs del món són originàries les persones que les parlen? Totes les llengües mereixen ser respectades, i el primer pas per a fer-ho és conèixer-ne l'existència.

Un alumne nou a la classe!

Es diu Darius, és romanès i la seva arribada ha fet que els companys es preguntin quines llengües parlen les famílies del centre, a més del català i del castellà.

Els teus companys i companyes fan servir a l'escola o l'institut la mateixa llengua que a casa? Quines **llengües** parlen? És hora d'esbrinar-ho!

Parleu amb ells i amb les seves famílies i **entrevisteu-los** per **donar-les a conèixer!**

Aprendràs a...

- Valorar la diversitat lingüística del teu entorn.
- Comprendre el sentit i l'estructura d'una entrevista.
- Reconèixer els elements de la comunicació.
- Aplicar estratègies per a planificar, realitzar, revisar i editar una entrevista.
- Reconèixer normes de la dièresi i de l'accentuació, a partir de l'observació, i aplicar-les.

Investiguem sobre les llengües!

1 **En Darius ha parlat en romanès. Què deu haver dit? Contesteu aquestes preguntes amb l'ajut de diccionaris i traductors en línia i esbrineu-ho!**

- Com es diu *dia* en romanès? I *matí*? Quina expressió es fa servir en aquesta llengua per a dir *bon dia*?
- A la noia de la foto, el *profe* li ha dit que, per a deduir el significat dels darrers mots d'en Darius, pensi en la paraula *intel·ligible*. Què vol dir *intel·ligible*?
- Què ha dit, doncs, en Darius?

2 **Investigueu, completeu aquesta taula i resoleu les qüestions que hi ha a continuació.**

CATALÀ	CASTELLÀ	GALLEC	PORTUGUÈS
Benvingut	Bienvenido	...	...
OCCITÀ/ARANÈS	**FRANCÈS**	**ITALIÀ**	**ROMANÈS**
Benvengut	...	...	...

- Estan emparentades les llengües anteriors? Què vol dir que hi ha llengües emparentades?
- Quin nom rep el grup del qual formen part les llengües de la taula?

— Busqueu com es diu *benvingut* en anglès, alemany, neerlandès, suec i noruec.

- Què observeu? Classificaríeu aquestes altres llengües en el mateix grup que el del català? Per què?

3 **Demostreu que teniu dots d'observació! Emparelleu cada un dels mots catalans de la dreta amb el mot llatí del qual prové:**

APICULA, PETRA, OPERARE, AURICULA, FENESTRA, PLICARE

finestra, plegar, orella, obrar, abella, pedra

— Busqueu els mots catalans en el diccionari en línia de l'Enciclopèdia Catalana, fixeu-vos en la informació que hi ha a sota del terme i comproveu que heu fet bé l'activitat.

4 **El romanès s'escriu amb el mateix alfabet que el català, el castellà, el portuguès, l'anglès... Sabríeu dir quin nom rep aquest alfabet?**

- Per què es diu així?
- Quines llengües s'escriuen amb un alfabet diferent al nostre? Poseu-ne exemples.

Les famílies lingüístiques
Les llengües romàniques
Fitxes 4 i 5

I com són les entrevistes?

Analitzem-ne un model!

L'activista afganesa Nadia Ghulam.

NADIA GHULAM: «ELS TALIBANS HAN CANVIAT, PERÒ A PITJOR»

L'escriptora i activista afganesa explica com viu la tragèdia del seu país.

per Pep Martí, Badalona | 28 d'agost de 2021

Quan només tenia vuit anys, un bombardeig va fer ploure foc sobre la casa de Nadia Ghulam, que mostra en el rostre les marques d'aquell atac. Després, per obrir-se pas, va haver de fer-se passar pel seu germà per guanyar-se la vida. Són capítols cruels de la vida d'aquesta escriptora i activista nascuda a Kabul l'any 1985, resident a Badalona i que té la seva família a l'Afganistan.

Ghulam viu a Catalunya des del 2006, es dedica a fer d'educadora social a la Fundació Catalana d'Esplais i ha explicat la situació del seu país en els mitjans i les escoles. Ha deixat escrites les seves vivències en dos llibres, *El silenci del meu turbant* (Edicions 62) i *La primera estrella de la nit* (Rosa dels Vents).

En quina situació es troba la seva família?

Les últimes notícies que en tinc és que la meva germana i una cosina han arribat a Madrid, però a hores d'ara encara no m'he trobat amb elles.

Quantes persones formen la seva família?

Són molta gent. Allí les famílies són molt extenses. A l'Afganistan portem 50 anys de guerra i una part important de la població és analfabeta. Quan un nen neix, normalment ni se'l registra. Quan es fa, el nen ja té uns anys. En el meu cas, jo soc Nadia, filla de Ghulam Dastgir. Quan vaig arribar a Catalunya, em van preguntar pel cognom. I em van posar Nadia Ghulam Dastgir. Però Ghulam Dastgir és com si diguéssim Josep Maria, és un nom compost. Per nosaltres, aquestes coses no són primordials.

La seva família està en el punt de mira dels talibans. Per què?

Perquè jo he aparegut molt en els mitjans. Els meus llibres s'han publicat en diversos idiomes. Després que sortís un vídeo que parlava de mi com la dona que havia desafiat els talibans, van entrar a casa dels pares. Van dir a la meva mare que em trobarien, em farien a trossets i ho vendrien a Amazon. La meva mare, que és analfabeta, em va dir que em compraria el senyor Amazon.

Després del temps que fa que és a Catalunya, com se sent? [...]

A vegades, em sento una catalana completa, a vegades una afganesa total i a vegades em sento perduda. Hi ha qui em diu occidental i qui em diu immigrant. A vegades m'ho pregunto. Jo soc una dona frontera. Però intento sentir-me integrada i estic molt agraïda perquè he rebut molt amor i estima.

Va aprendre català molt ràpidament. [...]

El català no ha estat mai un problema per mi, al contrari. Una llengua és una riquesa. Parlo moltes llengües. S'ha d'aprendre tot el que vingui.

Quines parla?

El paixtu, el dari —la llengua de la meva mare—, el farsi —molt similar al dari—, l'hindi, l'urdú, el català, el castellà i l'anglès.

Creu que els talibans han canviat?

Han canviat a pitjor. [...]

Sense esperança és difícil sobreviure. On viu la seva esperança?

En aquestes nenes que són a l'aeroport de Kabul, que vindran aquí i estudiaran, aniran a escoles i esplais. Viuran en pau i jo els explicaré coses boniques del nostre país perquè no perdin el seu amor per l'Afganistan i puguin ser futures Nàdies per defensar els drets de les dones del seu país. Tinc aquesta esperança.

«Nadia Ghulam: "Els talibans han canviat, però a pitjor"», *Nació Digital,* 28-8-2021 (fragments).

Què diu?

El text conversacional
L'entrevista
Fitxes 17 i 26

5 Què has entès de l'entrevista? Contesta:

- Qui és la persona entrevistada? D'on és?
- Per què diries que va venir a viure aquí?
- A què es dedica?
- Quines persones de la seva família es mencionen?

6 Quines llengües parla, Nadia Ghulam?

— En quin país o en quins països són llengües oficials? Investigueu-ho.

7 Raoneu el sentit d'aquestes paraules de Nadia Ghulam:

Una llengua és una riquesa. | Jo soc una dona frontera.

- Per què és valuosa una llengua? Què tenen en comú les persones «de frontera»?

8 Situa l'Afganistan en un mapa i completa una fitxa com la que hi ha a continuació. Després, informa't i explica breument qui són els talibans:

Continent	
Països amb què limita	
Superfície en km^2	
Població	
Unitats de relleu principals	
Rius més destacats	

Com més coneixements tinguis sobre el **context** d'una entrevista, notícia o narració (les circumstàncies de temps, de l'espai...), millor la comprendràs!

Com ho diu?

9 Les entrevistes solen tenir les parts següents. Localitza-les en la que has llegit i contesta la pregunta del noi de la fotografia:

Títol	Fa referència a algun aspecte que es vol destacar de l'entrevista. Pot ser un fragment d'una resposta.
Introducció	Es presenta la personada entrevistada i s'explica el motiu pel qual se li fa l'entrevista.
Fotografia	La fotografia de la persona entrevistada en general és feta durant la conversa i sol acompanyar el títol o la introducció.
Cos	Són les preguntes que fa l'entrevistador o l'entrevistadora i les respostes que hi dona la persona entrevistada.
Cloenda	És el comentari final breu que resumeix el més destacat de l'entrevista o una pregunta que serveix de tancament.

10 Contesta aquestes preguntes i digues, en cada cas, a quina part de l'entrevista hi ha la informació que t'ha permès respondre-les:

- On ha tingut lloc l'entrevista? Com es diu el periodista que l'ha feta?
- Quin és el motiu pel qual Nadia Ghulam és entrevistada?
- Quina «esperança» té?

11 Busqueu entrevistes a la premsa escrita, digital o en paper, i comproveu si segueixen l'estructura que has vist a l'activitat 9.

12 Quines d'aquestes preguntes no podrien formar part de l'entrevista que has llegit? Per què?

a) En quin projecte treballes ara?

b) Què has menjat per esmorzar, avui?

c) M'expliques algun secret de la teva família?

d) Quan vas tornar a Kabul després de tants anys, quins canvis hi vas trobar?

e) Ets sents una refugiada com les que han arribat a Europa aquests darrers anys?

f) T'agradaria tenir fills?

13 Digues quin tractament fa servir el periodista: de *tu* o de *vostè?*

— Justifica la resposta amb oracions del text.

14 La Nadia Ghulam va néixer a l'Afganistán. Ep! L'Afganistan... Si has de fer entrevistes i publicar-les, millor que sàpigues respondre preguntes com aquestes:

- Per què *Afganistan* no duu accent i, en canvi, *Índia, Bòsnia* i *Canadà,* sí?

— Busca i llegeix les normes d'accentuació i troba a l'entrevista paraules que en serveixin d'exemple.

15 Per què el mot *país* s'escriu amb accent en singular i amb dièresi en plural? En una entrevista escrita, no hi poden haver errors ortogràfics, i una dièresi o un accent mal posats poden deslluir molts dies de feina! Consulteu un diccionari enciclopèdic i indiqueu el mot correcte de cada parella!

L'accentuació
La dièresi
Fitxes 58 i 60

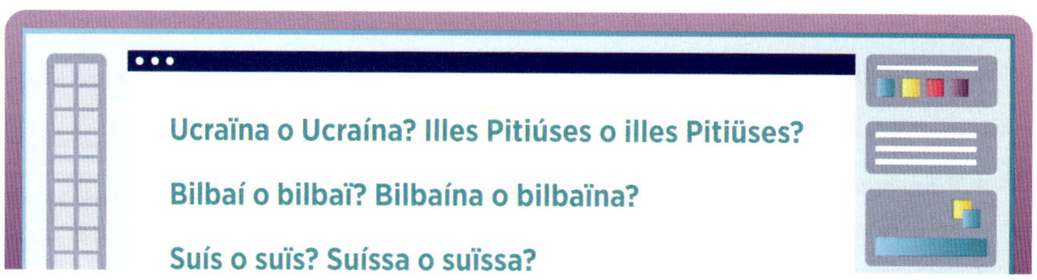

— Fixeu-vos bé en la paraula correcta de cada parella. Sabríeu deduir-ne la norma?

— Contesteu la pregunta de l'enunciat. Després, trobeu les paraules de l'entrevista que s'escriuen amb dièresi i expliqueu per què n'han de dur.

Què més has de saber per fer l'entrevista?

• 16 **Imagina't que, per fer una entrevista, només tens l'opció d'enviar les preguntes per correu electrònic i esperar-ne les respostes. Quins serien els elements de la comunicació en aquesta situació? Completa:**

receptor – canal – emissor – codi – context – missatge

a) La persona que fa les preguntes és l' ... .

b) La persona a qui van adreçades les preguntes és el ... .

c) La informació que es transmet és el ... .

d) El sistema de signes i regles que permet crear i interpretar missatges, és a dir, la llengua que l'emissor i el receptor comparteixen o coneixen és el ... .

e) El mitjà pel qual es transmet el missatge és el ... .

f) La situació i les circumstàncies en què té lloc la comunicació és el ... .

Els elements de la comunicació
La comunicació verbal i no verbal
Fitxes 1 i 2

•• 17 **Imagineu que la persona entrevistada es nega a respondre les preguntes o que s'enutja i se'n va.**

— Es produeix un acte comunicatiu en tots dos casos? Per què?

•• 18 **Potser en algun cas haureu de fer l'entrevista per telèfon o per videotrucada. Estigueu a punt per si es produeix cap contratemps! Quin element de la comunicació canviareu si...**

Se'n va la cobertura o cau Internet

La persona que respon la trucada no és la que vols entrevistar

Durant l'entrevista no has pitjat el *play* de la gravadora

• 19 **El context pot ser tan important com el text! Si no tinguessis més remei que fer l'entrevista per WhatsApp, quina d'aquestes respostes entendries millor? Per què? Què aporten les emoticones? Què poden evitar?**

Qui entrevistareu?

20 **Sota el guiatge del vostre professor o de la vostra professora, prepareu un formulari en línia i difoneu-lo per saber quins alumnes haureu d'entrevistar. Podeu fer preguntes com aquestes:**

1 Quantes llengües saps parlar, a més del català i el castellà?

- No en sé parlar cap altra.
- Una: ______
  Qui te l'ha ensenyada o com l'has apresa? ______
- Més d'una: ______
  Qui te les ha ensenyades o com les has apreses?

2 Quantes llengües entens, encara que no les parlis?

- Només entenc bé el català i el castellà.
- A més del català i el castellà, entenc: ______
  L'entenc o les entenc perquè: ______

21 **Quan tothom l'hagi contestat, seleccioneu els alumnes que coneixen altres llengües a més del català i del castellà.**

– Seran ells els qui entrevistareu i, si ho considereu convenient, també les seves famílies.

– Distribuïu-vos en grups, segons el nombre d'alumnes que hàgiu d'entrevistar. Feu una pluja d'idees per tenir clars els temes sobre els quals els preguntareu. Per exemple:

- De quins estats, països o regions són originàries les llengües en qüestió.
- Si els alumnes que les parlen i/o les seves famílies són originaris d'aquests llocs.

22 **Anoteu en una taula com aquesta les llengües que hagin sortit:**

Llengua	És una llengua romànica?		Alfabet
	SÍ	NO	
Català	✗		Llatí
Castellà	✗		Llatí
...	...	...	...

- Hi ha cap llengua que es llegeixi de dreta a esquerra? Amb quin alfabet s'escriu?
- Quines llengües que s'escriuen amb l'alfabet llatí fan servir grafies o signes diferents dels nostres? Què més heu observat?

Endavant amb les entrevistes!

23 **Feu l'entrevista als companys que us correspongui i a les seves famílies:**

1. **ESCRIVIU** les preguntes de l'entrevista. Recordeu que...
   - Les preguntes han de ser adequades; és a dir, lògiques i pertinents.
   - Una entrevista és una conversa! Per tant, hi ha preguntes que poden sorgir sobre la marxa.
   - Si entrevisteu una persona adulta o gran que no us coneix, feu servir el tractament de *vostè*.

2. **DECIDIU** el format de l'entrevista: escrita o audiovisual. Podeu fer una revista digital amb totes les entrevistes.

3. **REVISEU** les preguntes que heu escrit amb la llista de comprovació i esmeneu tot el que sigui necessari.

4. **EDITEU** l'entrevista:

Si és **escrita,** assegureu-vos que...
- les preguntes es distingeixen de les respostes.
- heu transcrit correctament les paraules de la persona o les persones entrevistades i no les heu tergiversat.
- el títol és adequat i mostra un aspecte interessant de l'entrevista.
- hi heu inclòs una fotografia feta en el moment de l'entrevista (si us n'han donat permís).
- està ben escrita i no hi ha errors gramaticals.

Si és **enregistrada,** assegureu-vos que...
- els plans de la persona entrevistada són correctes.
- no heu tallat el seu discurs de manera que es puguin malinterpretar les seves paraules.
- l'àudio sigui correcte i que no hi hagi efectes que impedeixin seguir bé l'entrevista.
- hàgiu parlat amb fluïdesa, ni massa ràpid ni massa lent, i d'una manera correcta, adequada i respectuosa.

5. **POSEU EN COMÚ** les entrevistes i traieu-ne conclusions.
   - Has descobert alguna llengua de la qual mai no havies sentit a parlar?
   - La biografia d'una persona es pot deslligar de la llengua o de les llengües que parla? I de la seva cultura? Raoneu-ho.

REVISA'T

1. La situació d'aprenentatge t'ha estat útil per a ampliar el teu coneixement sobre les llengües?
2. Les entrevistes t'han servit per a conèixer millor la realitat lingüística dels companys i companyes i de les seves famílies?
3. Què canviaries d'aquesta situació d'aprenentatge per a millorar-la?

Actuo

- Explica què faràs i com ho faràs per donar a conèixer les llengües del centre a les persones del teu entorn.
- Pots preparar una carpeta de projecte, un reportatge, un fullet informatiu...

2

A la nostra classe, no!

Quina mala maror, últimament! El Dídac s'ha enfadat amb la Joana, la Joana no vol saber res de la Mireia, la Mireia ha discutit amb el Jaume, i aquest per poc no s'esbatussa amb el Pau! Què ens passa?

Se'ns parla molt del llenguatge escrit. Però, i el llenguatge oral? El **llenguatge oral** és menys planificat que l'escrit i, per tant, més espontani, i, en **situacions informals,** aquesta diferència encara és més gran. Ara bé, aquesta espontaneïtat no inclou la falta de respecte ni les actituds ofensives!

- **Tens un amic que no t'escolta, que quan parla amb tu sembla que faci un monòleg?**
- **Et costa dir *no* o no saps fer-ho sense perdre els nervis?**
- **Has tingut un disgust perquè t'han parlat de mala manera?**

És hora de parlar-ne i reflexionar-hi, i d'arribar a **consensos** sobre els **bons usos del llenguatge oral** a l'**aula.**

La violència pot ser verbal!

Sí, la violència no és només física. I per això la teva educació lingüística també t'ha d'ajudar a establir relacions amb els que t'envolten basades en el respecte i l'empatia, i a resoldre conflictes fent ús de la paraula, també participant activament en processos democràtics.

Aprendràs a...

- Identificar pràctiques comunicatives que afavoreixen els abusos de poder a través de la paraula, i reflexionar-hi.
- Posar en valor la cooperació conversacional, la cortesia lingüística, l'escolta activa i l'assertivitat en les interaccions orals informals.
- Identificar usos discriminatoris de la llengua.
- Utilitzar estratègies per a la resolució dialogada dels conflictes i la cerca de consensos.

Per conversar, cal escoltar!

Com a persones que vivim en societat, no podem desvincular el **llenguatge oral** de les nostres actituds, comportaments i emocions, i, per a tenir una bona convivència, hem de considerar qüestions com el **torn de paraula,** la **cortesia,** l'**assertivitat** i, en definitiva, **no fer un ús agressiu** ni discriminatori del llenguatge.

1 **Sempre que parla amb el Dídac, la Joana se sent una mica menystinguda; amb la Mireia li passa tres quarts del mateix. Té raó, la Joana, de sentir-se així? Aquí teniu dues de les seves darreres converses. Què en penseu?**

La comunicació verbal i no verbal
Fitxa 2

—Ei, Dídac. Com va?

—Ue!

—Vinc ara de casa la Rut. Hem al·lucinat amb el que ens hem trobat, una foto de quan nosaltres... Un moment, que te l'enseyo; la tinc per aquí, a la boss...

—Saps què? El meu germà gran m'ha regalat la seva guitarra! És una passada! Una Fender Telecaster!

—Una què?

—Sona de bé que ni t'ho imagines. Una passada. Encara no m'ho crec. El meu germà no me la deixava tocar i ara mira, tota meva! Ha, ha, ha! Ja saps que toco en un grup, no? Fliparan amb la meva guitarra nova, sobretot el Pep, que es pensa que la d'ell és *lo más*. Fli-pa-ran.

—Doncs molt bé, me n'alegro! Una Fender, dius? Això què és, un tipus de guitarra?

—I està nova, eh? Que el meu germà és un *guarro,* però la guitarra, *no vegis*, com la cuidava. No me la deixava ni tocar, el *tio*.

—Has sentit el que t'he preguntat?

—Ei, si vols, pots venir al proper assaig. Estic assajant uns *riffs* que fliparàs!

—QUE QUÈ ÉS UNA «FENDER»?

—Eh, no em cridis.

—Apa, bon vent. Ja t'ho faràs, FLIPAT!

—Quin mal humor, nena...

—Hola, Mireia. Quina casualitat, oi?

—Joana! No sabia que t'agraden els còmics. Et creia més de novel·les. M'explico? Jo és que soc la reina dels còmics, no ho sabies? I hi ha tan poooques botigues de còmics a la nostra ciutat, que sempre vinc per aquí. Que bé, trobar-te! Així que tu també ets de còmics, quina gràcia! I quins llegeixes?

—Sí, últimament jo...

—Clar que sí, jo és que no puc viure sense els còmics. M'agraden tots i de tots tipus. M'explico? Uuuuui, mira, l'últim del Junji Ito! L'has llegit?

–No, a mi no em van els cò...

–És brutalíssim! Posa els pèls de punta; et revitalitza. M'explico? Te'l puc deixar, el tinc! Vinga, sí! Demà te'l porto! Segur que en voldràs llegir més quan te l'acabis! M'explico? Ai, mira, aquí hi ha els que agraden al meu pare. Ui, aquest està la mar de bé! L'has llegit? Al meu pare li encanta. Sabies que l'autor es va morir fa poc? Pobre, era boníssim, un clàssic. M'explico?

–Sí! A mi també m'agr...

–Els clàssics, que mai no faltin! M'explico? Aquest me'l quedo. El regalaré al meu pare. Has vist quina passada de coberta? És increïble, quins colors! Mira quins braços! Sabies que hi ha una tècnica digital que fan servir els... Joana? Joana! On s'ha ficat, ara, aquesta?

a) Per què la Joana s'enfada amb el Dídac? Et sembla que té raó?

b) En les converses, pot passar que vulguem dir alguna cosa, però que no arribem a dir-la perquè la conversa ja ha evolucionat cap a un altre tema. És el cas de les converses de la Joana? Per què?

c) Quin anglicisme fa servir el Dídac? Quin altre mot provinent de l'anglès ha utilitzat? Per què aquest no es marca en cursiva i l'altre, sí?

d) El Dídac fa servir castellanismes. Com s'han destacat en el text? Quins mots catalans podria haver utilitzat?

e) Quins mots repeteix molt sovint la Mireia? Aporten informació? Quin nom reben?

Enraonar vol dir parlar alternativament dues o més persones entre elles. Per a intervenir educadament en una **conversa**, cal **escoltar** i respectar els **torns de paraula.**

Disculpar-se, demanar, agrair... En sabeu?

•• 2 Què diríeu en cada situació?

A

Has estat malalt, has faltat molts dies a classe i vols que la teva companya, que és una llumenera, t'ajudi a posar-te al dia.

B

Han fet un comentari sobre el teu físic. T'ha ferit, i ara t'adones que tu en vas fer un de semblant fa poc a una companya i et vols disculpar.

Durant una avaluació, no vas parar d'insistir a una companya que et xerrés els resultats i et deixés copiar. Us han cridat l'atenció a tots dos, i ara et sents malament i vols dir-li que et sap greu.

C

Els teus pares han fet un gran esforç per apuntar-te a les colònies d'estiu en anglès que tant desitjaves. Com els ho agrairàs?

D

— Quines expressions s'utilitzen més per a disculpar-se o per a demanar perdó?

— Quines fórmules se solen usar per a acceptar disculpes o per a perdonar algú?

— I per a demanar alguna cosa? Feu-ne una llista, de menys a més formal.

El condicional, el verb *poder* i l'entonació interrogativa també es fan servir en fórmules de cortesia per a demanar alguna cosa. En poseu exemples?

L'adequació textual
Els pronoms
L'oració. Tipus d'oracions
Fitxes 12, 49 i 53

•• 3 **Imagineu ara situacions més formals que les anteriors en què hàgiu de demanar alguna cosa o expressar agraïment, disculpes o perdó fent servir el tractament de *vostè*.**

De *vós* o de *vostè*?

Vós s'usa en lloc del pronom *tu* en senyal de respecte per a adreçar-se a algú de més categoria social o de més edat, a un desconegut, a Déu, als sants, etc.

Vostè s'usa en lloc de *tu*, *vós* o *vosaltres* en senyal de respecte quan es parla amb algú que no es coneix o que és més gran. També parlem de *vostè* amb qui no tenim o no volem tenir gaire confiança.

En el llenguatge formal escrit, sobretot administratiu (cartes, instàncies...), és preferible el tractament de **vós** (segona persona del plural) perquè no obliga a distingir entre masculí i femení:

*Aprofito l'ocasió per saludar-**vos**. **Us** convidem a...*

*Aprofito l'ocasió per saludar-**la**. **La** convidem a...*

*Aprofito l'ocasió per saludar-**lo**. **El** convidem a...*

Sou persones assertives?

Com a persones que vivim en societat, hem de ser capaços d'expressar les nostres opinions, defensar els nostres drets i saber dir *no* en situacions incòmodes.

4 **Com reaccionaríeu, si estiguessiu en el lloc de la noia morena?**

- Valoreu l'actitud de la noia morena en cada vinyeta:
  - Fer el que li demana la companya és «ajudar»? Per què?
  - En quina té una actitud conformista, passiva? En quina es mostra agressiva?
  - Per què la reacció que mostra en la vinyeta *c* és la més adequada? Raoneu-ho.
- Poseu exemples d'altres situacions en què sigui important ser assertiu.

Diem que una persona és **assertiva** quan sap expressar els seus desitjos i opinions de manera amable, franca, directa i adequada, sense ser agressiva ni faltar al respecte als altres.

Com diries que no...?

A l'amiga que et vol fer participar en una broma pesada.

Als que volen fer una festassa a casa teva perquè saben que els teus pares són fora i el teu germà gran no dirà res.

El llenguatge no és cap arma...

5 Quins conflictes mostren les fotografies següents? Què en penseu? Com podríeu ajudar a resoldre'ls?

- Els conflictes a l'aula no es poden resoldre sols. Qui creieu que us podria ajudar a resoldre'ls? I com?
- La intolerància i la falta de companyonia poden ser una font de conflictes. Quines altres actituds ho poden ser?
- El llenguatge es pot desvincular de les actituds i de les emocions? Per què?
- L'enuig, la ràbia, la frustració... són emocions normals. Com podríeu expressar-les d'una manera assertiva?

...i no ha de ser discriminatori

6 Hi ha expressions que es fan servir molt, però que són excloents i discriminen determinats grups o col·lectius. En sabríeu posar exemples? Per quines expressions no discriminatòries les podríeu substituir?

✗ Discrimina	✓ No discrimina
...	...

Reflexionem una mica més

7 El desdoblament del gènere gramatical s'ha generalitzat en els darrers temps. Per què es fa? Què en penseu? Comenteu-ho raonadament!

ELS NOIS I LES NOIES DE LA CLASSE

ELS VOSTRES AMICS I LES VOSTRES AMIGUES

ELS AVIS I LES ÀVIES

EL VOSTRE TUTOR O LA VOSTRA TUTORA

Quines classes de paraula adopten formes diferents per a expressar el gènere i el nombre? Com es forma el femení del nom?

La paraula
El nom
Els determinants
Fitxes 43, 45 i 47

8 Si desdoblem, cal anar amb compte, perquè ens podem equivocar. Quins errors cometen aquest polític i aquesta política? Quina explicació gramatical hi doneu?

9 Com canviaríeu els sintagmes següents perquè no calgui fer el desdoblament de gènere i no en variï el significat?

Aquests alumnes i aquestes alumnes...

Tots els professors i totes les professores...

Els/les treballadors/es del centre...

Els funcionaris i les funcionàries...

Els homes i les dones prehistòrics...

Tots els científics i totes les científiques afirmen que...

Els pares i les mares...

Ara que ja heu reflexionat sobre diferents qüestions relacionades amb l'ús oral del llenguatge, cal que arribeu a **consensos** per fer-ne un **bon ús a l'aula!**

Fem una assemblea de classe per parlar-ne?

Què és i per a què serveix?

És una reunió de tota la classe en què es poden assignar responsabilitats, planificar projectes, defensar propostes, valorar opcions..., però, també, debatre o reflexionar sobre qüestions que han de millorar a l'aula —per exemple, les relacionades amb la convivència— i arribar a acords.

ABANS de l'assemblea

Qui se n'encarrega? El delegat o la delegada de la classe o altres alumnes que hàgiu designat. També ho pot fer el tutor o la tutora.

1. Recollir la **informació** necessària.
2. Redactar l'**ordre del dia,** és a dir, fer una llista dels temes per tractar o per debatre, i fer-la arribar a tothom.

DURANT l'assemblea

Qui poden ser? Qui decidiu: el tutor o la tutora, companys...

3. Designar un **moderador** o una **moderadora** i un **secretari** o **secretària.**
4. **Debatre** cada punt o tema de l'ordre del dia.

Qui pot demanar la paraula? Tothom! Només heu d'esperar que el moderador us la doni.

5. Obrir un **torn d'intervencions.**

Qui el fa? El moderador o la moderadora.

6. Fer un **resum oral** de les diferents propostes o punts de vista presentats.
7. La classe, **arribar a acords.**
8. **Anotar les decisions acordades,** llegir-les en veu alta i **aprovar-les.**

DESPRÉS de l'assemblea

Qui se n'encarrega? El secretari o la secretària.

9. Escriure l'**acta de la reunió** en el diari de classe i/o en el llibre d'actes.
10. El delegat de la classe, **transmetre els acords** (l'acta) a l'equip directiu i al tutor o la tutora.

ACTA DE L'ASSEMBLEA

DATA:

DELEGAT/ADA:

SECRETARI/ÀRIA:

ABSENTS:

ORDRE DEL DIA:

PRECS I PREGUNTES:

ACORDS:

Poseu-vos d'acord!

10 **Prepareu l'assemblea!**

1. **ASSIGNEU** els càrrecs necessariss per a fer l'assemblea.
2. **REFLEXIONEU,** cada un de vosaltres, sobre aquestes qüestions amb relació a la vosta convivència a l'aula i al centre:

torn de paraula · cortesia · assertivitat · llenguatge no agressiu

11 **Raona les teves propostes; és a dir, pensa com les justificaràs i/o defensaràs.**

1. **INFORMA'T** del que calgui per a poder donar una opinió fonamentada.
2. **PARLA** amb respecte:
   — Si has de parlar d'un conflicte real, fes-ho de manera respectuosa i, si no n'està al corrent tothom, comenta a les persones implicades que en vols parlar.
3. **ORGANITZA** el teu discurs amb connectors. Per exemple:

EXPLICATIUS
- és a dir
- en altres paraules
- dit d'una altra manera
- en resum, ...

D'ORDRE
- abans que res,
- Per començar
- En primer/segon lloc...
- Finalment, per acabar...

DE CONTRAST
- però
- en canvi
- no obstant això
- malgrat tot

12 **Feu l'assemblea i arribeu a un consens! Quins han de ser els bons usos del llenguatge oral a l'aula?**

1. **RECOLLIU** les vostres propostes en l'acta de la reunió.
2. **SINTETITZEU** les vostres propostes en punts.
3. **ELABOREU UN MURAL** o un cartell amb les vostres propostes sintetitzades; per exemple, en forma de decàleg.
   — Podeu il·lustrar cada punt amb una fotografia, una imatge o un dibuix que en reflecteixi el missatge essencial.

Actuo

Raona quins dels consensos i/o conclusions a què heu arribat sobre els bons usos del llenguatge oral creus que has d'aplicar fora de l'àmbit educatiu i per què, i què faràs per aplicar-los. Raona també per què és positiu exercir la ciutadania activa en processos participatius com les assemblees.

REVISA'T

1. Us sembla útil debatre els vostres problemes en una assemblea? Per què?
2. T'hi has sentit còmode? Explica-ho.
3. En quins aspectes creus que has de millorar quan parles davant la resta de la classe?

3

I a tu, què et fa gràcia?

No tot fa gràcia!

Sabies que, només a la Unió Europea, 24 milions de menors pateixen o han patit assetjament escolar? I que l'excusa més habitual dels assetjadors és dir que es tractava d'un joc o d'una broma?

L'assetjament no fa gràcia. Combat-lo!

Saps que els antics romans es feien un tip de riure quan veien les lluites de gladiadors? Avui, aquells espectacles ens esgarrifarien. L'humor ha existit sempre, però va canviant en funció del context històric i cultural. D'acudits, també se n'han fet sempre. El que no és tan antic són els **mems,** aquestes imatges amb missatges breus, crítics i còmics que tracten temes d'actualitat.

T'atreveixes a crear-ne un a partir d'un **joc lingüístic?**

Només hi ha una condició: has de riure amb els altres, mai dels altres. Les bromes humiliants mai no fan gràcia!

Aprendràs a...

- Reconèixer els recursos lingüístics en què es basen uns mems.
- Aplicar estratègies per a crear mems humorístics no ofensius basats en l'ambigüitat lèxica.
- Reflexionar sobre els límits de l'humor.

Per què en diem «mem»?

Un mem és un contingut humorístic que arriba a molta gent. Generalment és una imatge amb una frase, o un vídeo breu, que són compartits, imitats o utilitzats per un gran nombre de persones.

Des d'on us han arribat els mems que heu vist?

1 **Segurament tots heu vist una bona pila de mems. Això us ajudarà a l'hora de crear-ne un, però saber d'on ha sortit el nom de *mem* tampoc no us anirà gens malament. Aquest text us ho explica:**

L'ORIGEN DEL MOT *MEM*

El terme *mem* té els seus orígens en les teories de transmissió de la cultura, i cal buscar-lo en *El gen egoista* (1976), de Richard Dawkins. En aquest llibre, el zoòleg i científic fa servir la paraula *mem* per a explicar com es transmeten la cultura i les idees de cervell a cervell mitjançant l'aprenentatge, la imitació, l'ensenyament i l'assimilació.

Dawkins anomena «mem» la unitat mínima d'informació que es pot transmetre, i va triar aquesta paraula per la seva semblança amb la paraula *gen*. Aquest científic creu que el mem és per a la cultura el que el gen és per a la biologia.

Cap a l'any 2001, aproximadament, el concepte *mem* es va popularitzar per referir-se a aquests acudits que han envaït les xarxes socials.

El terme *mem* ve de la paraula grega *mimema,* que vol dir 'alguna cosa imitada'.

- Quina relació creieu que hi pot haver entre un gen i un mem?
- Quines altres paraules provenen del mot grec *mimema?* Investigueu-ho.
- Què hi tenen a veure, els mems, amb la imitació o el fet d'imitar?

Per què fan gràcia els mems?

Analitzem-ne alguns!

a

b

c

d

Què diuen i com ho diuen?

2 **A més d'entretenir a través de l'humor, els mems solen tenir moltes altres finalitats. Quina creieu que és la del mem *a?***

- Què són els accents diacrítics? Quines paraules n'han de dur?
- Què va provocar l'aparició d'aquest mem? Busqueu-ne altres que també en parlin i compartiu-los. Per què fan riure?

3 **Fixa't ara en el mem *b.* Quin personatge hi reconeixes?**

- Qui és el capità Haddock? Per què la persona que n'ha fet el mem ha triat aquest personatge i no un altre?
- Un dels renecs és una paraula composta. Quina és? Digues què significa i indica de quina classe són les dues paraules que la formen.
- Com és una persona que és un sabatot? Quina és l'arrel d'aquest mot?

4 **També hi ha molts mems que juguen amb l'ambigüetat que poden tenir algunes paraules. És el cas dels mems *c* i *d:***

- Quin mot de cada mem és ambigu? Per què ho és?

> Diem que una paraula o una oració són **ambigües** quan poden significar dues o més coses diferents. Per exemple, l'oració *Dona'm el gat* és ambigua, ja que es pot referir a l'animal o a l'eina per a canviar la roda d'un cotxe.

- Sabríeu dir més paraules que, en diferents contextos, puguin resultar ambigües? Poseu-ne exemples!
- Penseu en acudits la gràcia dels quals estigui basada en l'ambigüitat lèxica d'un mot. Per exemple...

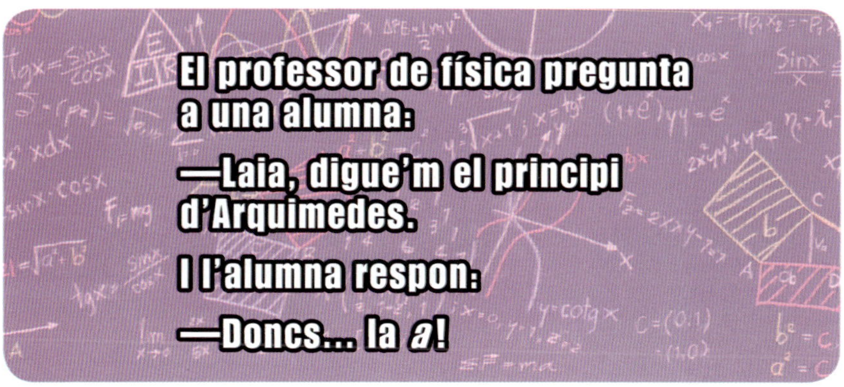

5 **També hi ha mems que basen la seva gràcia en les característiques que la gent —amb raó o sense— atribueix a persones molt conegudes o mediàtiques.**

— Se us acudeix cap mem d'aquest tipus o n'heu vist mai cap?

— Creus que algú d'un altre país o alië a la realitat del nostre podria entendre uns mems d'aquest tipus? Per què?

> Hi ha mems de diversos tipus. Alguns tenen l'única voluntat de fer-nos **riure** plantejant-nos situacions amb què ens puguem sentir identificats fàcilment. N'hi ha que sorgeixen amb la intenció de denunciar o **criticar** un fet d'actualitat o de donar-ne l'**opinió** amb sentit de l'humor.

6 Cert o fals? Torneu a mirar els mems anteriors, si cal!

a) Els mems sempre tenen el mateix nombre d'imatges.

b) Els textos dels mems solen ser llargs.

c) Les imatges solen ser decoratives; no tenen a veure amb el text.

d) En tots els mems hi ha d'haver un personatge conegut.

e) Se solen construir a partir d'un contingut que ja existeix.

f) Com més simple i clar sigui el text del mem, molt millor.

Un mem és un **missatge** i, com a tal, a més de tenir una **funció comunicativa,** també té una **estructura** determinada.

7 Molts mems tenen les dues parts bàsiques de qualsevol acudit. Fixeu-vos-hi:

PLANTEJAMENT
Es genera una expectativa o una suposició errònia sobre com continua el text.

GIR
L'expectativa no es compleix; la continuació del mem no és l'esperada i es produeix la sorpresa que causa la hilaritat.

Teniu clar què és, això de l'ambigüitat lèxica?

• 8 **Quina és la paraula clau en què es basa la gràcia d'aquest mem? Busqueu-ne el significat al diccionari!**

Mots polisèmics
Homònims i precisió lèxica
Fitxes 76 i 78

- Quantes entrades té la paraula que has buscat? Quin significat té en el plantejament del mem?
- Després de llegir el gir, quin significat adquireix la paraula *dret?* Està recollit en la mateixa entrada del diccionari que la del plantejament, o en una altra?

• 9 **Tornem al primer *mem* de l'activitat 7. Quin significat té, el mot *dret* en el plantejament? I en el gir?**

- En quina situació faríeu arribar aquest mem a algú? Per què l'hi faríeu arribar? Expliqueu-ho.

•• 10 **Feu una primera prova. Completeu aquest mem amb tants girs com se us acudeixin. A més del plantejament, us heu de fixar en l'expressió del gat que el protagonitza: si està trist, espantat, enfadat...**

— Compartiu els mems resultants amb la resta de la classe per saber si s'entenen i quins fan més gràcia.

Reflexionem

11 **Quins han de ser els límits de l'humor? Té gràcia una broma o un acudit que només fa riure a una part de la classe? Comenteu les il·lustracions següents:**

- Què hi passa, en aquesta escena? Qui riu? Qui pateix?
- Penseu que aquesta escena té gràcia? Per què?
- Què creieu que fan les persones que presencien una escena com aquesta? Comenteu-ho a la classe i mireu d'arribar a un acord sobre com podeu actuar si mai us trobeu en una situació semblant.

- Descriu l'escena, fixant-te sobretot en els personatges, en els dibuixos i en el que diu una de les vaques.
- On és la gràcia d'aquesta vinyeta? A què es refereix la vaca que parla?

12 **Què us fa gràcia a la classe? Comenteu els acudits i les situacions amb què rieu més i classifiqueu-les:**

Algú hi pateix	Tots podem riure

- Quins comportaments heu de canviar?

Endavant amb els mems!

13 **Treu l'humorista que portes dins i crea el teu mem lingüístic:**

1 **PENSA** el tema del teu mem. Recorda que el contingut ha de ser lingüístic. Per exemple:

a) Recordar amb humor alguna norma ortogràfica, un concepte lèxic...

b) Reivindicar l'ús d'algun mot o expressió del català.

c) Mostrar com et sents quan no entens o no et surt algun contingut de llengua; o al revés, com et sents quan l'entens o veus que te'n surts.

2 **DECIDEIX** com serà el teu mem:

a) Basat en l'ambigüitat lèxica.

b) No basat en l'ambigüitat lèxica.

3 **ESTRUCTURA** el mem:

- Quina foto i quin text hi haurà al plantejament?
- Quina foto i quin text hi haurà en el gir?

4 **REVISA** els textos; assegura't que són correctes i que les imatges no són ofensives.

5 **COMPARTEIX** el teu mem amb la resta de la classe.

- Quin us ha fet més gràcia? Per què?

REVISA'T

1. Creus que els mems lingüístics et poden ajudar a conèixer millor el funcionament de la llengua i a reflexionar-hi, i a recordar com s'escriuen algunes paraules? Per què?

2. T'ha agradat aquesta situació d'aprenentatge?

Actuo

- Has aconseguit crear humor sense ser ofensiu?
- Explica com creus que podràs aplicar en la teva vida diària el que has après i com de fàcil és passar-s'ho bé sense fer patir algú altre.

4

Tots els herois porten capa?

Reducció de les desigualtats

Guerres, conflictes, discriminacions, desigualtats... Combatre les injustícies i afavorir la pau són tasques heroiques que no hauríem de deixar només en mans d'uns pocs. Implica-t'hi!

Des de l'Antiguitat s'han explicat les proeses d'**herois** i **heroïnes** de tota mena; per exemple, les d'Ulisses, l'esforçat rei d'Ítaca a qui tant va costar tornar a la seva estimada illa.

I el teu **heroi** o **heroïna** ideal, com és?

Per fer-ne una bona **descripció,** descobreix els **herois clàssics** i què hi tenen en comú els superherois; reflexiona sobre què vol dir ser heroic i pregunta't si ens calen **persones heroiques** i per què. Comparteix la teva **descripció** amb els teus companys i companyes i elaboreu entre tots un **recull** de **descripcions** d'**herois** i **heroïnes!**

Aprendràs a...

- Conèixer alguns herois de l'Antiguitat i els seus atributs.
- Reconèixer els valors cívics que transmeten herois i heroïnes actuals i reflexionar-hi.
- Reconèixer els adjectius per entendre el propòsit comunicatiu d'una descripció i fer-los servir en les produccions pròpies.
- Aplicar estratègies per a planificar, redactar i editar una descripció amb correcció ortogràfica.

Per què són herois?

La paraula *heroi* prové de la grega *hḗrōs, hḗrōos* amb què els grecs es referien als éssers semimortals, generalment, fills d'una divinitat i una mortal, capaços de gestes fora de l'abast humà ordinari.

1 Toca investigar! Tria un d'aquests personatges i esbrina'n la història:

Odisseu o Ulisses

Heracles o Hèrcules

Pentesilea, reina amazona

- D'on era i de quina època?
- A qui es van enfrontar? Per què?
- Quines qualitats tenia?

2 Informeu-vos també sobre una d'aquestes persones:

Margarita Salas

Teresa de Calcuta

Òscar Camps

- D'on és o d'on era? Si la persona és morta, indica els anys en què va viure.
- A què és dedica o a què es dedicava? Quina és o quina era la seva causa?
- Creus que és una persona heroica? Per què?

3 Quins adjectius us sembla que descriuen millor els personatges anteriors?

4 Feu una llista de les cinc característiques principals d'un heroi o heroïna. Poseu-la en comú amb la resta de la classe i completeu-la amb les aportacions dels vostres companys i companyes.

- Quines característiques o qualitats es valoraven en els herois clàssics?
- Són les mateixes ara? N'hi ha de compartides?

Com es fa una descripció?

Analitzem-ne un model!

Quan algú ha passat moltes dificultats o peripècies per aconseguir un propòsit, diem que ha passat per una **odissea.**

D'on ve aquest mot?

Ve del grec *Odýsseia,* un poema grec molt antic, compost per Homer al s. VIII a. C., que explica el viatge llarg i ple de perills d'un heroi —Odisseu, o en llatí, Ulisses— que torna a casa seva després d'una guerra.

L'ODISSEA

Ulisses era el rei d'una illa no gaire gran que es deia Ítaca, a més de tres o quatre illetes més petites dels voltants. Ulisses també era un rei savi i bo, estimat dels seus súbdits, i vivia feliç en la companyia de la seva muller, la fidel Penèlope, una dona de gran bellesa, i del seu fill, encara petit, que es deia Telèmac. Per tot plegat, a Ulisses, embarcar-se en aquella aventura que no se sabia com acabaria, li venia més aviat costa amunt, i fins i tot va fer veure que era boig a fi d'eludir el compromís. Però quan es va demostrar que no era pas gens boig, sinó que només ho feia veure, no va tenir més remei, després d'haver abraçat la seva dona i el seu fill, que embarcar-se amb els altres prínceps grecs cap a la guerra de Troia. I, de fet, va ser gràcies a ell que la guerra es va guanyar i que Troia va ser destruïda. [...]

Va arribar un moment, però, que els grecs es van adonar que només amb la força de les armes no aconseguirien mai de vèncer els troians. Aleshores Ulisses, el rei d'Ítaca, va tenir una idea que va ser la solució final del conflicte. Seguint les seves instruccions, els grecs van construir un cavall de fusta gegantí, el van deixar abandonat a la platja, es van embarcar i van fer veure que abandonaven la lluita i se'n tornaven al seu país. Però les naus, un cop van haver desaparegut de la vista dels troians, que s'ho miraven de dalt de la muralla estant, es van quedar amagades darrere unes illetes que hi havia molt a prop.

Els pobres troians van contemplar, cofois i satisfets, com els vaixells dels grecs s'allunyaven mar enllà. I van decidir fer entrar a la ciutat aquell gran cavall de fusta que els grecs, en la seva retirada, havien deixat abandonat a la platja. No es podien imaginar, els troians, que una petita colla de prínceps, Ulisses, Menelau, Diomedes i alguns altres, triats entre els més valents, s'havien quedat, amagats, silenciosos, sense fer soroll, dins la gran panxa buida del cavall de fusta —el famós cavall de Troia. [...]

L'astut Ulisses, el rei d'Ítaca, devia ser un dels qui tenien més ganes de tornar a veure el dolç país natal, on el devien esperar la tendra i fidel Penèlope i el seu fill Telèmac, que havia deixat quan era tot just un infant petit i que ara ja devia ser un noiet ben espavilat. Però va ser precisament ell, Ulisses, malgrat la protecció de què gaudia de la deessa Atena, la filla predilecta de Zeus, el pare dels déus, qui més va trigar a tornar a trepitjar la terra de la seva illa estimada. No va ser sinó amb el seu coratge, la seva astúcia i l'ajuda divina que va poder superar tots els obstacles i totes les dificultats amb què va topar al llarg d'un altre període de deu anys ben bons.

Homer, *L'Odissea* (adaptació d'Albert Jané). Bambú.

Què diu?

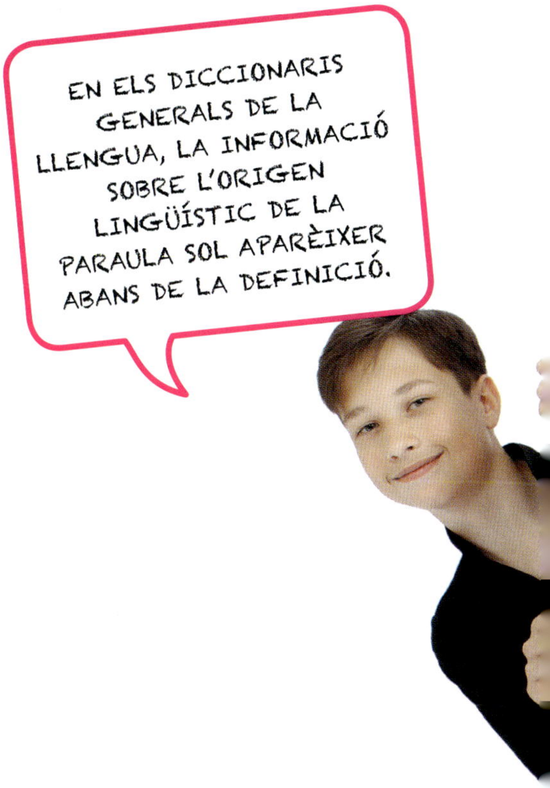

5 **A qui es descriu? Contesta:**

- De quina època és? En quines oracions del text t'has fixat per contestar?
- D'on era? Per què en va marxar?
- Qui formava la seva família?

6 **Cert o fals? Justifica la resposta amb oracions del text.**

Ulisses...

a) té ganes d'anar a Troia. **b)** va ser fora d'Ítaca almenys vint anys.

c) té els déus en contra. **d)** no vol tornar a Ítaca.

7 **Busca la paraula *odissea* al diccionari en línia següent, llegeix el text que hi ha a sota del terme i digues quina és l'odissea d'Ulisses.**

https://links.edebe.com/GAzrgz

8 **Pensa quin altre títol igualment adequat podria substituir el del fragment.**

Com ho diu?

9 **La descripció que has llegit és un fragment d'una narració. A quina part diries que correspon, al principi, al nus o al desenllaç? Per què? Explica-ho.**

El text narratiu
Fitxa 37

10 **Localitza tots els adjectius que s'han utilitzat per a descriure Ulisses.**

- Fan referència al seu aspecte físic o a la seva manera de ser?
- Són adjectius variables o invariables? Per què?

— Ara, escriu el substantiu corresponent a cada un dels adjectius anteriors:

savi ⟶ *saviesa*

11 **Torna a llegir el final del text. De totes les qualitats d'Ulisses que indiquen els adjectius de l'activitat 10, quina va ser la més important perquè Ulisses pogués tornar a Ítaca?**

El text descriptiu
L'adjectiu
Fitxes 16 i 46

12 **En una descripció, el narrador pot mostrar la manera de ser d'un personatge situant-lo en el seu context, explicant com viu i on, què fa o què ha fet, quina relació té amb els altres... Contesta:**

- En quin paràgraf se situa Ulisses en l'espai i el temps?
- En el darrer paràgraf, el narrador diu que Ulisses és astut; però, en quins paràgrafs ens ho mostra?

13 **Com t'imagines Ulisses físicament? Inventa-te'n l'aparença i descriu-lo fent servir tants adjectius com puguis.**

Sentit propi i sentit figurat Fitxa 74

14 Què signifiquen les paraules destacades d'aquesta oració del text?

> [A Ulisses, embarcar-se en aquella aventura] li **venia** més aviat **costa amunt.**

- Que li resultava difícil emprendre aquella aventura.
- Que tenia moltes ganes d'emprendre aquella aventura.
- Que li feia mandra enfilar un camí tan costerut.
- Que no volia viatjar a un punt tant al nord de la costa.

— La frase ***venir costa amunt...***

- És una frase feta i, per tant, té un sentit literal.
- És una frase feta i, per tant, té un sentit figurat.

— Ara, fixa't en el verb ***embarcar-se,*** que surt dues vegades en el primer paràgraf. Té un sentit literal o figurat?

Per trobar paraules de significat semblant i oposat, pots consultar un diccionari de sinònims i antònims.

Sinònims i antònims Fitxa 77

15 El vocabulari d'una obra literària mai no es tria a l'atzar. Substitueix els adjectius destacats d'aquest fragment pels sinònims que hi ha entre parèntesis i contesta:

> Ulisses era un rei **savi** (*erudit*) i **bo** (*satisfactori*), estimat dels seus súbdits, i vivia **feliç** (*alegre*) en la companyia de la seva muller, la **fidel** (*lleial*) Penèlope, una dona de gran bellesa, i del seu fill, encara **petit** (*esquifit*), que es deia Telèmac.

- Continua tenint el mateix sentit el text? Per què?

— Ara, reescriu el fragment substituint els adjectius destacats per antònims.

16 Troba els adjectius del text referits a...

Penèlope	...
Telèmac	...
els troians	...

17 Les grans obres deixen petjada; en les persones, quan les llegeixen, i, sovint, en el llenguatge. La paraula *odissea,* que prové de l'obra d'Homer, n'és un exemple. En saps cap altra?

- Quins adjectius i noms comuns tenen l'origen en una obra literària?
- De quina obra o relat provenen? Feu-ne una llista!

— Què té a veure amb l'*Odissea* el comentari del cavall de la foto?

18 Llegir un text sense punts ni comes seria com anar a Ítaca en barca sense descansar! Comprova-ho amb aquest fragment de l'*Odissea,* que explica quins prínceps i reis grecs es van unir contra el rei de Troia:

> Entre aquests prínceps i reis hi havia Aquil·les que era considerat el més valent de tots Àiax que tenia una força física descomunal Diomedes protegit per la deessa Atena el savi Nèstor que donava consells molt assenyats i Ulisses que era no solament molt coratjós sinó també prudent i astut com cap altre I no hi podien faltar naturalment Menelau el més directament implicat en aquella lluita i el seu germà Agamèmnon [...].
>
> Homer, *L'Odissea.* Adaptació d'Albert Jané. Bambú.

- On situaries les comes i el punt que hi falten?

19 Troba en la descripció que has llegit exemples dels usos següents de la coma:

- Delimita o separa aclariments o incisos.
- Separa els elements d'una sèrie o enumeració.
- Indica que l'ordre natural dels elements dins l'oració s'ha invertit.

Recorda que mai no es posa coma entre el subjecte i el verb, ni entre el penúltim i l'últim element d'una enumeració.

20 Fixa't ara en el guió de la darrera línia d'aquest fragment. Què indica?

> No es podien imaginar, els troians, que una petita colla de prínceps, Ulisses, Menelau, Diomedes i alguns altres, triats entre els més valents, s'havien quedat, amagats, silenciosos, sense fer soroll, dins la gran panxa buida del cavall de fusta —el famós cavall de Troia.

- Un aclariment, una observació, un comentari...
- Que parla un personatge.
- Que l'oració està inacabada perquè el narrador dubta o s'interromp.

— Per què en l'exemple següent el guió funciona com un signe doble i en l'anterior no?

> No es podien imaginar, els troians, que l'estratagema que havia ideat Ulisses —el famós cavall de Troia— seria el causant de la seva derrota.

21 Us imagineu l'*Odissea* publicada amb faltes ortogràfiques? I és clar que no! Feu un núvol de paraules amb tots els mots del text que us semblin difícils o que més dubtes us generin.

- Podeu fer servir el generador de núvols de paraules en línia *WordClouds.*

— Quines grafies us generen més dubtes? Consulteu-ne les normes ortogràfiques i elaboreu un esquema o mapa de conceptes per recordar-ne les normes.

- Trieu cada grup una grafia diferent.

Com es fa un esquema?

I tu, qui descriuràs?

22 **A més dels personatges que ja heu treballat, quins altres herois i heroïnes posaríeu al vostre recull? Cada un de vosaltres ha de fer-ne la descripció d'un. Tria el teu!**

- Quin és el seu *poder?*
- Contra què o contra qui lluita?
- És exemplar?
- Diries que és un model a seguir? En què?
- A qui donaries a conèixer-ne la història? Per què? Quin profit en trauria?

– Recupera la llista de les característiques principals dels herois i les heroïnes que heu fet a l'activitat 4.

  - Té alguna d'aquestes qualitats el personatge que has triat?

23 **Digues quin és l'adjectiu que descriu millor el teu heroi o heroïna.**

Endavant amb el recull d'herois i heroïnes!

24 **Descriu el teu heroi o heroïna:**

Fes servir un to seriós i un llenguatge formal.

1 **ESCRIU** la descripció de l'heroi o heroïna en tercera persona:

— Situa'l en el temps i en l'espai i explica'n breument la història.

- Contra què lluita, quina és la seva causa, a quins reptes o perills s'ha enfrontat...

— Descriu-ne els trets d'identitat i de caràcter, la seva manera de ser.

— Si ho consideres convenient, descriu-lo físicament.

— Per acabar, explica per què l'has triat. Pots tenir en compte les qüestions següents:

- Què aporta?
- Quins valors representa?
- Et sembla exemplar? Per què? Se'n pot fer cap aprenentatge?
- En què fa reflexionar la seva història?

— Posa-hi un títol atractiu que inclogui l'adjectiu que millor defineix el teu heroi o la teva heroïna. Per exemple: *Ulisses, l'heroi* ***astut.***

2 **REVISA** la descripció amb la llista de comprovació i esmena tot el que sigui millorable.

3 **EDITA.** Posa't d'acord amb els teus companys i companyes per fer un recull de totes les descripcions i editar-lo.

— Podeu fer-ne un àlbum digital o en paper, una presentació oral, una carpeta de projecte...

— Hi heu d'incloure un text breu en què expliqueu l'objectiu del recull. Redacteu-lo entre tots.

4 **COMPARTEIX** i comenta el recull amb els teus companys i companyes.

- Quin heroi o heroïna del recull t'ha cridat més l'atenció?
- Sobre quin valor o valors t'ha fet reflexionar?
- Què n'has après?

REVISA'T

1. Quina activitat t'ha agradat més? Quina t'ha agradat menys? Per què?
2. En què t'ha ajudat treballar en equip?
3. En què creus que has de millorar?

Actuo

- Explica què faràs i com ho faràs per assemblar-te a l'heroi o heroïna del recull que més t'ha agradat.
- Pensa també si hi ha poques heroïnes al recull. Si és així, raona per què creus que és així i digues què faries per canviar-ho.

5

Com funciona un cercador?

Per a trobar la informació que necessitem és imprescindible fer servir **cercadors** com ara Google. Li preguntem qualsevol cosa i sempre ens dona resposta, i molt ràpidament. Però...

▶ **Com pots valorar aquestes respostes?**

▶ **Quins trucs hi ha per afinar una cerca?**

▶ **Aprèn tots els secrets per millorar les teves cerques i sorprèn els teus *profes* quan hagis de buscar informació per fer treballs!**

Una eina que cal usar bé

Internet és una eina magnífica al teu servei, però, com totes les eines, s'ha d'utilitzar bé.

A Internet tens al teu abast tot tipus d'informació. Saber-la trobar amb eficàcia i avaluar-la amb criteri et donarà una base important sobre la qual construir els teus aprenentatges. Treu-ne partit amb criteri!

Aprendràs a...

- Avaluar la fiabilitat i la pertinència dels resultats d'una cerca a Internet en funció dels objectius.
- Fer ús dels cercadors d'Internet; reflexionar-hi i reconèixer-hi biaixos algorítmics.
- Aplicar estratègies per a fer cerques a Internet.

Com funcionen els cercadors?

Els **cercadors rastregen la informació** disponible a Internet i ens presenten la que, segons el seu **algoritme,** més encaixa amb la nostra cerca. Però cal fer-se preguntes: sempre és fiable aquesta informació? Existeixen altres cercadors?

Un **algoritme** (o algorisme) és una seqüència finita d'instruccions que condueixen a la resolució d'un problema.

1 **Quan fem una cerca a Internet, sovint assumim que tots els resultats són bons, útils. Però sempre és així? Resoleu les activitats i descobriu-ho:**

a) Trieu un tema que us interessi i penseu quines paraules clau introduireu al cercador per trobar-ne informació.

- Decidiu tres opcions de cerca diferents per buscar-lo.

b) Introduïu en el cercador la primera opció i contesteu:

- Quants resultats heu obtingut? En quantes pàgines?
- Compareu els continguts dels primers resultats amb els de la darrera pàgina. Són molt diferents o més aviat són similars?
- Centreu-vos ara en els resultats de la primera pàgina:
  - De quina data són?
  - Quina informació interessant hi heu trobat? És la que buscàveu?

c) Feu el mateix amb les altres dues opcions de cerca.

- Quina de les tres heu trobat més útil? Per què creieu que és la més útil?

2 **Els cercadors donen resposta a les nostres consultes en qüestió de segons, però al darrere d'aquesta operació hi ha processos complexos. En parelles, informeu-vos sobre un d'aquests temes i expliqueu-lo després a la resta del grup:**

La història de Google

https://links.edebe.com/vnxxFv

Com funciona la cerca de Google

https://links.edebe.com/rhx

Quins altres cercadors existeixen. Per exemple...

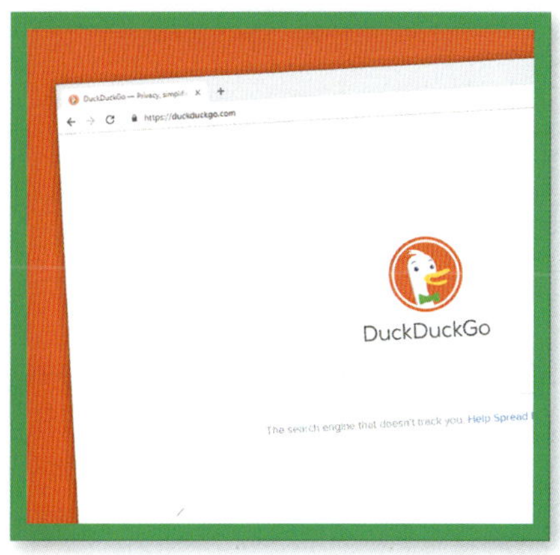

https://links.edebe.com/purCy

Com busco la informació?

3 **Imagina't que per a fer un treball de ciències has de buscar a Internet informació sobre els pops. Amb quina d'aquestes opcions de cerca en podràs trobar informació més ràpidament? Prova-ho!**

Amb l'**operador AND**, el cercador trobarà pàgines en què apareguin les dues paraules alhora.

a pop **b** pops **c** pop AND animal

— Ara, comprova què passa si escrius aquestes paraules al cercador:

a vacuna **b** vacuna -covid

— Per a què serveix el guionet que has escrit?

4 **Hi ha moltes espècies de pops, i ara vols saber com és el pop mesquer. Cap problema. Google permet cercar imatges a Internet. Fixa-t'hi:**

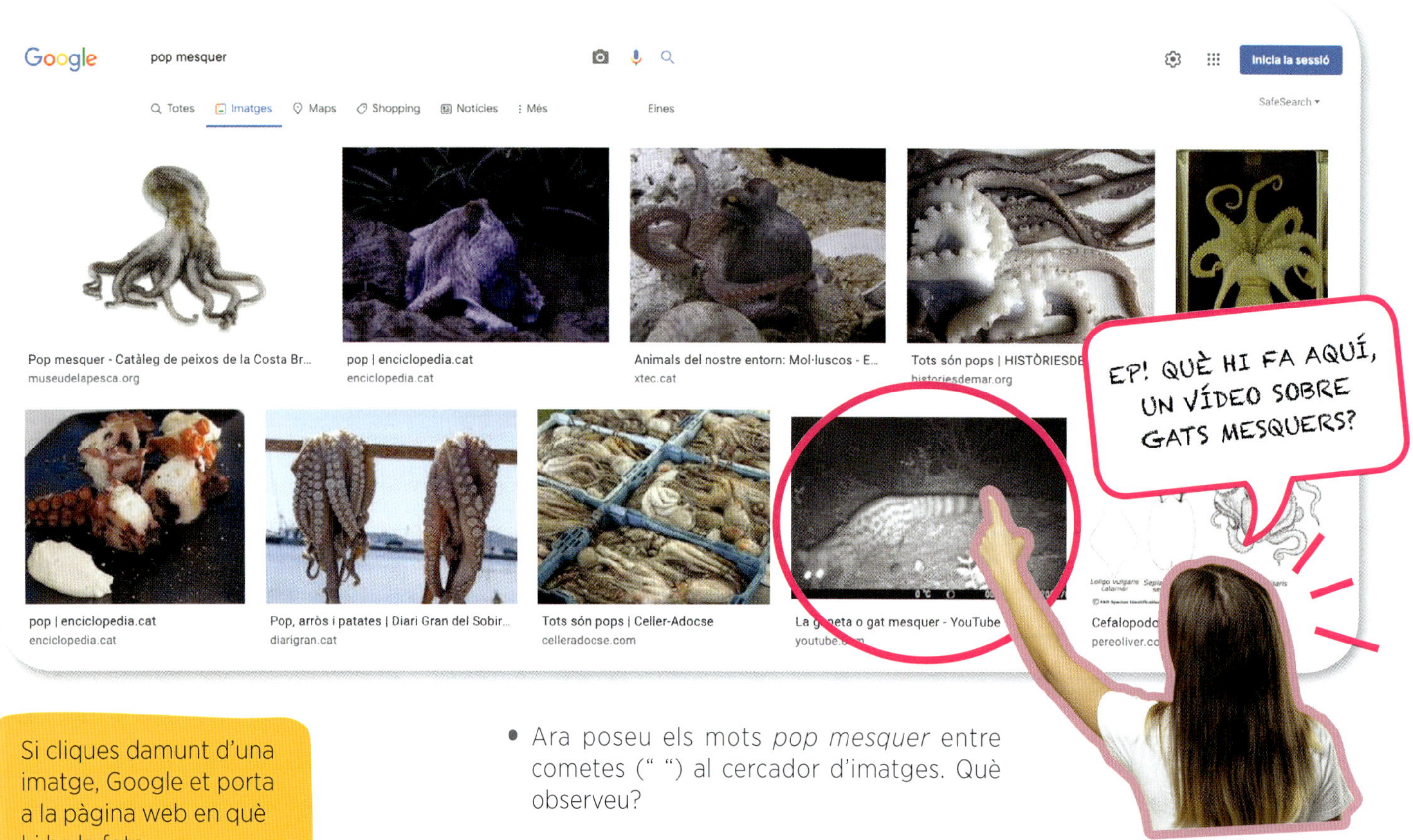

Si cliques damunt d'una imatge, Google et porta a la pàgina web en què hi ha la foto.

- Ara poseu els mots *pop mesquer* entre cometes (" ") al cercador d'imatges. Què observeu?

5 **També vols saber quina és l'espècie de pop de mida més gran, però ja has llegit tres pàgines sobre pops i encara no l'has trobat... I si fas servir les cometes perquè el buscador trobi una concordança exacta?**

Amb l'**operador OR** podem buscar entrades en què aparegui una de les dues paraules (o paraules entre cometes) que hàgim introduït al cercador.

"el pop més gran" OR "pop gegant"

— Fes més cerques fent servir les cometes i/o l'operador OR. Per exemple, per a saber quin és l'edifici més alt del món, el desert més extens... El que vulguis!

6 **Què passa si introduïu al cercador d'imatges les paraules següents?**

futbol · actriu · CEO

La paraula CEO (inicials dels mots anglesos *Chief Executive Officer*) s'usa per a referir-se a una persona que té un alt càrrec directiu.

- Quines imatges us surten? No us crida res l'atenció? Comenteu-ho.
- Què vol dir la paraula *biaix?* Tenen biaixos els algoritmes? Per què?

Com avaluo la informació?

Els cercadors (Google, DuckDuckGo...) no són una font d'informació, sinó que recopilen informació d'altres **fonts.** Per a avaluar la informació que trobem a Internet, cal saber qui la difon i quina relació té amb aquesta informació.

Anomenem **font** la persona, el document o la institució que és origen d'una **informació.**

7 **Les fonts són diverses. Se us acudeixen més exemples de cada tipus?**

Tipus de font	Descripció	Exemple
Testimonial	Persona que parla d'un esdeveniment que ha presenciat o viscut.	Un veí que parla d'una inundació causada per un aiguat.
Experta	Persona que té un gran coneixement sobre un tema, perquè l'ha estudiat i/o hi treballa.	Una psicòloga que explica què és l'anorèxia.
Documental	Qualsevol tipus de document que aporta informació sobre un fet.	Un certificat de naixement.
Interessada	La que té interès en què es difongui una determinada informació.	Una empresa que ven alarmes pot estar interessada que es difonguin estudis advertint d'un increment de la inseguretat ciutadana.

— Ara, torneu a les cerques de l'activitat 1. Fixeu-vos en les cinc primeres pàgines web i contesteu:

a) Quines en són les fonts?

b) Us semblen fiables? Per què?

Una pàgina web amb faltes d'ortografia et sembla una font d'informació fiable? Per què?

8 **Hi ha fonts d'informació que són específiques de les xarxes i d'Internet. Mireu el vídeo següent i contesteu:**

https://links.edebe.com/chzhx

a) Què són els bots? I els trols?

b) Per què diríeu que algunes persones trolegen?

c) Per què creieu que hi ha gent que fa servir comptes falsos?

Fonts d'informació fiables
Fitxa 81

Vegem-ne ara un cas pràctic!

9 **Sovint, en el dia a dia, segur que se us plantegen situacions en què heu de buscar informació. Per exemple...**

TRIEU UNA DE LES TRES PRIMERES SITUACIONS. LA QUARTA LA FAREM SERVIR D'EXEMPLE PERQUÈ US AJUDI A TROBAR INFORMACIÓ SOBRE LA QUE HÀGIU TRIAT.

a

Fareu un viatge de fi de curs a Rennes, a França, i heu de trobar informació sobre com s'hi va i/o quins llocs d'interès hi ha per visitar.

b

Vols un patinet elèctric, però alguns municipis comencen a regular-ne l'ús, i els teus pares volen que t'informis sobre la regulació d'aquest vehicle a la teva localitat.

c

La teva mare i tu heu vist un vídeo a TikTok que recomana la medicina ortomolecular; a tu t'ha cridat l'atenció, però la teva mare no ho veu gens clar i vol que te n'informis per altres canals.

d

Els avis volen posar plaques solars a casa seva, i vols ajudar-los a trobar informació sobre els tipus d'instal·lacions que hi ha i si podrien sol·licitar ajuts per a instal·lar-les.

— Haureu de buscar informació sobre la situació triada tenint en compte el que heu après fins ara i les activitats de les pàgines següents.

Un cop hàgiu resolt les activitats, haureu d'**explicar** a la resta de la classe **com** heu trobat la informació.

10 En primer lloc, decidiu quines paraules clau utilitzareu per a fer la cerca a Google. En el cas de la situació *d,* posarem:

"plaques solars"

	Què voleu saber?	Paraules clau
Situació ...	...	...

Quines posareu vosaltres? Feu captures de les vostres cerques i anoteu-ne els passos, perquè després els haureu d'explicar.

11 En segon lloc, examineu els resultats que us ofereix el cercador. Quines són les fonts d'informació?

— En el cas de les plaques solars, veiem que molts dels resultats que apareixen en primer lloc estan etiquetats com a «anunci» i, per tant, són continguts comercials d'empreses privades. Potser no és el que busquem.

— I vosaltres, què heu trobat?

Els cercadors ordenen les respostes a les nostres cerques:

PRIMERES POSICIONS → les pàgines que creuen que s'adapten millor a la nostra cerca.

DARRERES POSICIONS → les que hi estan relacionades, però no tant.

Però compte! De vegades, les pàgines que apareixen primer no són per importància, sinó per negoci. Hi ha empreses que paguen a Google perquè les seves pàgines apareguin primer associades a determinades paraules clau.

12 Per millorar la cerca anterior, hem canviat les paraules clau i hem buscat la informació en un lloc institucional afegint-hi el mot *site* amb dos punts i l'adreça del web oficial de la Generalitat de Catalunya:

Google plaques solars site:www.gencat.cat

— Un dels resultats obtinguts és el de l'Institut Català de l'Energia (ICAEN). Anem a la pàgina web d'aquest organisme i trobem la informació que necessitem.

— Ara, vosaltres. Refineu la vostra cerca per millorar els resultats. Podeu...

- Canviar les paraules clau.
- Fer servir operadors booleans. (AND / OR)
- Escriure les paraules entre cometes. (" ")
- Buscar la informació en un lloc institucional o especialitzat.

13 **Ara que ja hem trobat una font fiable i de qualitat, mirem la pàgina i veiem que proporciona la informació que volíem (sobre ajuts per a instal·lar energies renovables, el que la llei diu sobre el tema...). Però...**

— Com podem saber si hi ha hagut informació d'última hora sobre el tema?

— Quan feu la cerca a Google, aneu al botó «Eines», seleccioneu el botó «Qualsevol moment» i trieu l'opció del desplegable que us sembli més adient:

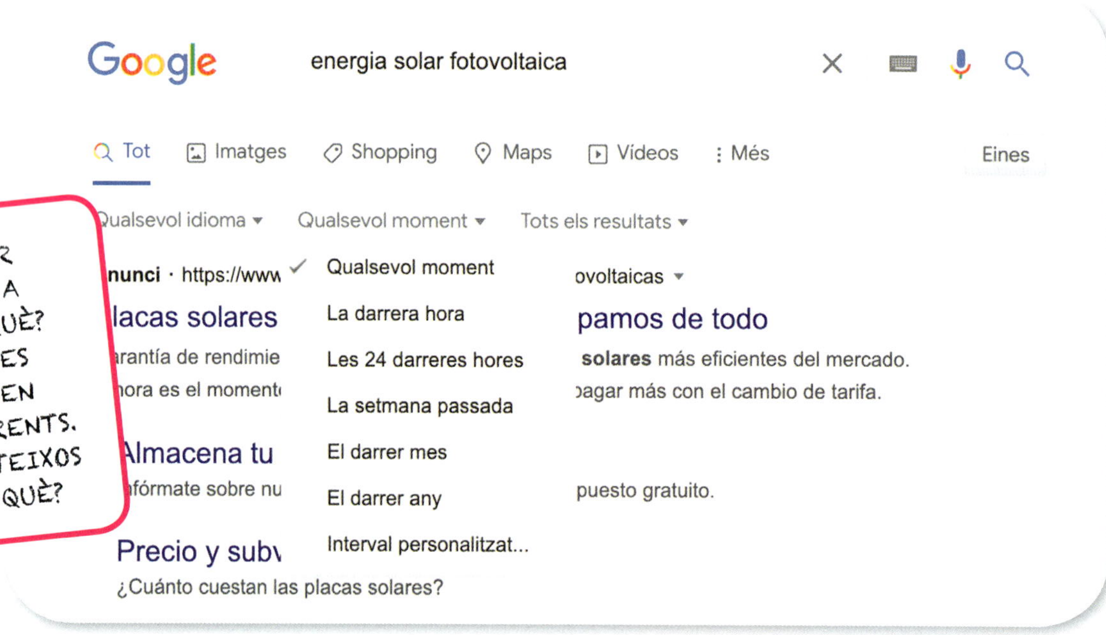

14 **Heu trobat tota la informació que necessitàveu? Què en fareu?**

a) Com arribareu a Rennes? Què hi visitareu? Per què val la pena visitar-ho o anar-ho a veure?

— I si en feu un itinerari? Il·lustreu-lo amb imatges dels centres d'interès de Rennes!

b) Hi ha cap ordenança municipal que reguli el patinet elèctric a la teva localitat? Què diu?

— Les ordenances municipals i els textos administratius són poc amens i més aviat avorrits. Què us semblaria fer-ne un bon esquema o diagrama que ajudi la gent a entendre-la?

c) Ja ho saps tot sobre l'anomenada *medicina ortomolecular?*

— Una amiga hi ha mostrat interès. Potser seria bona idea enviar-li un escrit explicant-li bé en què consisteix i què en pensen els experts, segons les fonts que has consultat, d'això de la medicina ortomolecular.

El text descriptiu
El text expositiu
Fitxes 16 i 19

Com es fa un esquema?

Ens interessa... el *com*!

15 **Expliqueu a la resta de la classe com heu aconseguit la informació:**

1 **ESPECIFIQUEU** sobre què us heu informat:

a El viatge a Rennes

b La regulació dels patinets elèctrics

c La medicina ortomolecular

2 **EXPLIQUEU I MOSTREU** el procés que heu seguit per fer la vostra cerca:

— Podeu reproduir els passos que heu seguit durant la vostra cerca en un ordinador portàtil i compartir-ne la pantalla en un projector amb la resta de la classe.

— Si l'opció anterior no és possible, mostreu els passos que heu seguit mitjançant captures.

Com heu avaluat la informació?

- Quines fonts heu consultat?
- De quin tipus eren?
- Eren fiables totes? Per què?

Com heu buscat la informació?

- Quines paraules clau heu fet servir? En quin moment?
- Vau haver d'afinar la cerca? Com ho vau fer?

— Si durant la cerca heu necessitat buscar i mirar imatges concretes o n'heu de buscar per a elaborar un itinerari, un text explicatiu o un esquema, expliqueu com les heu trobat!

16 **Us atreviu a redactar els textos proposats a l'activitat 14?**

REVISA'T

1. T'ha semblat útil aquesta situació d'aprenentatge? En què? Explica-ho.
2. Què t'ha agradat més? Què t'ha agradat menys? Per què?
3. En què t'ha ajudat treballar en parella? Explica-ho.

Actuo

Un dels reptes del segle XXI és assegurar la qualitat de l'educació per a afavorir la igualtat d'oportunitats a tothom. Això no és del tot possible sense millorar l'accés a Internet i l'ús de la tecnologia a una part important de la població; no només la que viu a molta distància de tu, sinó també del teu entorn. Explica què faries per ajudar aquestes persones a treure'n el màxim partit.

6

Tens un minut. Combat la pobresa!

A l'escala de la Rut hi ha una família que té dificultats per pagar el rebut de la llum cada mes. «Els tallaran la llum! Cal que els ajudem!», pensa. «Però, com?».

Hi ha injustícies com aquestes a prop teu? Troba-hi una solució i defensa-la amb un ***elevator pitch!***

Que què és un *elevator pitch?* Una pista: per a fer-lo, caldrà que triïs molt bé les paraules, perquè en podràs fer servir molt poques!

Fi de la pobresa

La pobresa no és només la manca total d'aliments o dels productes bàsics necessaris per a viure. Pensa-hi: és possible tenir feina i ser pobre? La pobresa és sempre igual o n'hi ha de diversos tipus?

La pobresa ens ateny a tots; no te'n desentenguis!

Aprendràs a...

- Reflexionar sobre problemàtiques socials i promoure'n solucions.
- Reconèixer l'estructura d'un discurs per comprendre'l.
- Reconèixer les modalitats oracionals del discurs per entendre'n el propòsit comunicatiu.
- Aplicar estratègies per a planificar, redactar, assajar i pronunciar un discurs.

Sabies que hi ha diversos tipus de pobresa?

1 Quines injustícies relacionades amb la pobresa observes al teu entorn?

2 La pobresa no és sempre igual. Investigueu i digueu a què ens referim quan parlem de...

...pobresa energètica

...pobresa acadèmica

...pobresa alimentària

...pobresa del temps

3 Proposeu iniciatives per combatre les injustícies que heu observat. Feu una pluja d'idees!

- Anoteu la vostra idea en un Post-it del color corresponent.
- Si ho voleu, podeu fer servir una pissarra digital com la del Padlet.
- Comenteu les iniciatives: valoreu quines podeu dur a terme de veritat, si cal modificar-ne cap...

— Trieu una iniciativa de cada grup. Quina t'agradaria dur a terme?

4 Imagineu que només teniu un minut per convèncer algú que la vostra iniciativa és la millor. Com ho faríeu? Molt fàcil! Amb un *elevator pitch!*

— Haureu de fer un *elevator pitch* o discurs breu per convèncer algú que us ajudi.

Però, què és un *elevator pitch?*

Analitzem-ne un model!

Per a què serveix?

Si aprens a fer un *elevator pitch* milloraràs la teva **capacitat de síntesi** i seràs capaç de convèncer algú que faci alguna cosa.

Saps que, per llei, les companyies no poden tallar els subministraments bàsics de llum, gas i aigua a les llars vulnerables? I que, per tant, a la nostra escala s'està incomplint la llei?

Hola, bon dia! Soc la Rut Guillamet, del 3r 2a, i tinc un pla per a prevenir la pobresa energètica d'aquest edifici.

He sabut que la família del 5è 1a s'ha quedat sense llum. I tot això només perquè estan a l'atur i no han pogut pagar els últims rebuts... És una injustícia!

Vull instal·lar plaques solars al terrat per millorar l'eficiència energètica de l'edifici.

Amb les plaques previndrem futurs casos de pobresa energètica a l'escala i, a més, amb l'electricitat que generarem nosaltres mateixos, podrem ajudar els veïns del 5è 1a a tenir llum a casa mentre no solucionen els seus problemes amb la companyia elèctrica.

Què me'n dius? Votaràs que sí a la proposta? Si pots, ajuda'ns i col·labora-hi! Avui mateix demanaré al president de l'escala que convoqui una reunió de veïns per parlar del tema.

Què diu?

5 A qui diries que s'adreça la Rut?

6 Què vol dir l'adjectiu *vulnerable?* Què és una llar vulnerable?

7 Quina és la intenció de l'*elevator pitch* de la Rut?

a) Relatar uns fets.

b) Explicar un tema per donar-lo a conèixer.

c) Donar instruccions o indicar un procediment.

d) Expressar idees o opinions per convèncer el receptor o influir-hi.

e) Informar sobre com és un paisatge, una persona, un ambient...

— Què vol aconseguir la Rut?

Com ho diu?

8 **D'acord amb la intenció del discurs, de quin tipus de text es tracta?**

a) Narratiu

b) Expositiu

c) Instructiu

d) Argumentatiu

e) Descriptiu

Per a determinar la **tipologia** d'un text, fixa't en la **intenció comunicativa:** relatar, informar, donar instruccions, convèncer, explicar un tema per donar-lo a conèixer...

El text persuasiu. El discurs
Fitxa 21

9 **Com ha organitzat la Rut el seu *elevator pitch?* Relaciona per indicar a quin paràgraf correspon cada part:**

Paràgraf 1	A	Proposa una solució.
Paràgraf 2	B	Capta l'atenció de l'interlocutor.
Paràgraf 3	C	Explica els beneficis de la proposta.
Paràgraf 4	D	Fa una crida a l'acció.
Paràgraf 5	E	Es presenta.
Paràgraf 6	F	Planteja el problema.

— Quins paràgrafs corresponen al plantejament del discurs?

— Quins corresponen al desenvolupament? I a la cloenda?

10 **Què signifiquen les paraules angleses *elevator* i *pitch?* Sabríeu deduir per què aquest tipus de discurs rep aquest nom?**

11 **D'acord amb el model que has llegit...**

Quin d'aquests començaments és el més adequat per a un *elevator pitch?*

- Últimament he estat investigant sobre la pobresa energètica i he llegit molts llibres sobre el tema...
- Sabies que el fred i la humitat permanent comporten problemes respiratoris com l'asma o la bronquitis?

Quina frase et sembla que transmet més decisió?

- Gràcies a tu instal·larem plaques solars.
- Si ens dones el teu suport, intentarem posar plaques solars al terrat.

Quin d'aquests finals és el més adequat per a un *elevator pitch?*

- Si em dones el teu telèfon, un dia et trucaré per parlar-ne i concretar els detalls.
- Em dones el teu telèfon i et truco demà per parlar-ne?

Un **elevator pitch** és un **discurs** breu que vol convèncer l'oient de comprar alguna cosa o d'acceptar una idea. Se'n diu *elevator pitch* o *elevator speech* perquè està pensat per a poder-se fer en el temps que dura un viatge en ascensor.

Les **paraules** d'un discurs han de ser **precises** i s'han de triar molt bé per tal que l'emissor pugui aconseguir la reacció volguda en l'oient: **commoure'l, convèncer-lo...**; en definitiva, moure'l a **fer** alguna cosa (una aportació econòmica, comprar un producte...) o que **canviï** d'opinió sobre alguna qüestió.

Sinònims i antònims
Homònims i precisió lèxica
Fitxes 77 i 78

12 Trobeu a la sopa de lletres sinònims d'aquestes paraules de l'*elevator pitch* de la Rut. Després, contesteu:

- llum
- pobresa
- injustícia
- reunió
- instal·lar
- ajudar

S	R	P	F	A	J	T	Q	C	X
I	C	L	A	R	O	R	T	U	E
Z	O	R	S	I	S	T	I	R	T
U	L	R	I	N	T	E	W	L	R
K	L	A	V	I	I	G	N	Z	O
I	O	F	O	Q	C	A	M	X	B
N	C	A	F	U	I	S	P	B	A
U	A	S	S	I	S	T	I	R	D
E	R	T	H	T	S	M	K	V	A
R	I	Q	U	A	S	A	G	D	H
W	X	E	S	T	R	E	T	O	R

- Són intercanviables els mots de la sopa i els del discurs? Per què?
- Tindria la mateixa força el discurs de la Rut si els hagués fet servir? Raoneu-ho.

13 L'expressió *llar vulnerable* que ha fet servir la Rut és un eufemisme. Quins altres eufemismes coneixeu?

- Què us sembla que la Rut hagi fet servir un eufemisme?
- Quina funció diríeu que fan? Els trobeu necessaris o tot el contrari? Per què?

14 La Rut té molt clar quin ha de ser el futur del terrat de l'escala de veïns. Parlant de futur, assenyala tots els verbs del discurs que estiguin en aquest temps verbal.

- On n'hi ha més, al principi o al final? Per què?

15 Mireu ara el vídeo del discurs i escolteu la Rut. Oi que la seva entonació no és igual tota l'estona? Anoteu les oracions en què la Rut...

a) Fa una pregunta.

b) Expressa una emoció: indignació.

c) Declara alguna cosa; és a dir, afirma o nega alguna qüestió.

d) Prega al seu veí que dugui a terme una acció determinada.

L'oració. Tipus d'oracions
Fitxa 53

16 Les oracions anteriors que heu anotat s'anomenen *interrogatives, exclamatives, declaratives* i *imperatives.* Resoleu les qüestions següents:

- Amb quin signe o amb quins signes de puntuació es marca l'entonació de cada una en el text?
- En quin mode està el verb de l'oració imperativa? Inventeu-ne més que expressin ordre i consell.

Què més has de tenir en compte per fer un *elevator pitch?*

Fins ara t'has fixat en el llenguatge verbal, però l'emissor o l'emissora d'un discurs pot valdre's d'un altre recurs molt potent: el llenguatge **no** verbal.

Comunicació verbal i no verbal
Fitxa 2

17 Demostreu que sabeu de què va això de la comunicació no verbal! Quin paper juga el llenguatge no verbal en cada una d'aquestes situacions?

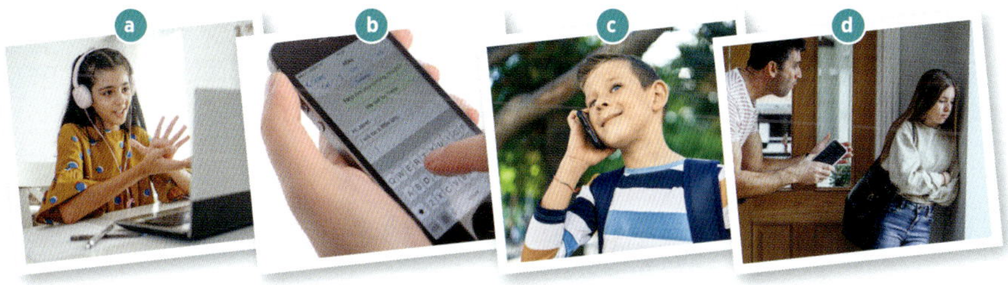

18 Es pot comunicar sense dir res? Què comuniquen aquestes persones? Com ho comuniquen?

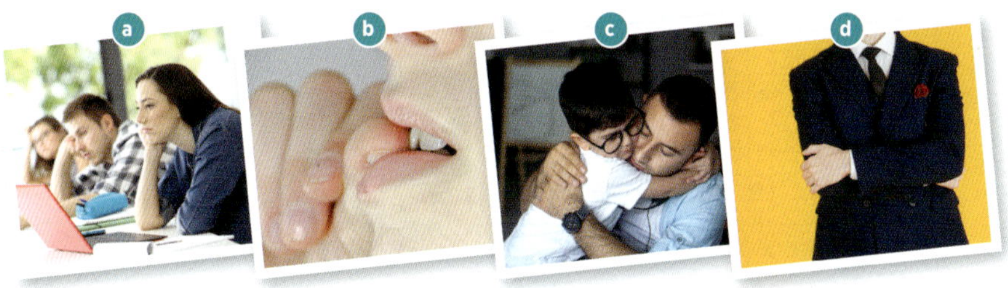

19 Torneu a mirar el vídeo. Com valoreu el llenguatge no verbal de la Rut?

Com serà el teu *elevator pitch?*

• 20 **Abans de posar-te a escriure, para't un moment a pensar com serà el text que escriuràs:**

- Quin tipus de pobresa vols combatre?
- A qui va adreçat el text?
- Quin objectiu té el teu discurs o què vols aconseguir?
- Quina idea principal vols transmetre?
- Anota d'una manera resumida què diràs en cada paràgraf seguint el model del discurs de la Rut:

- PARÀGRAF 1:
- PARÀGRAF 2:
- PARÀGRAF 3:
- PARÀGRAF 4:
- PARÀGRAF 5:
- PARÀGRAF 6:

— Si hi afegeixes algun paràgraf, assegura't que sigui...

- Breu. El discurs ha de durar un minut com a màxim!
- Necessari, segons el propòsit comunicatiu: plantejar el problema, proposar una solució, explicar els beneficis de la teva proposta.

•• 21 **Una cosa més! La redacció del discurs és una tasca individual, però necessitaràs l'ajut d'algun company o d'alguna companya per tal de...**

- Valorar el contingut del discurs.
- Ajustar la durada del discurs.
- Assajar el discurs.
- Valorar el teu llenguatge no verbal.
- Gravar el discurs.

• 22 **Et poses nerviós o nerviosa quan has de parlar en públic? Què pots fer per a evitar-ho? Parla'n amb els companys!**

Endavant amb l'*elevator pitch!*

23 Redacta el teu discurs:

1 **ESTRUCTURA** el text en sis parts, com en el discurs que has llegit:

- **PLANTEJAMENT**
  - Capta l'atenció de l'interlocutor.
  - Presenta't.
  - Planteja el problema.
- **DESENVOLUPAMENT**
  - Proposa una solució.
  - Explica els beneficis de la proposta.
- **CLOENDA**
  - Fes una crida a l'acció.

2 **REVISA'N** l'estructura, el vocabulari, l'ortografia i la gramàtica amb la llista de comprovació.

3 **ASSAJA** el teu discurs amb el teu company o la teva companya i pregunta-li si l'entén. Demana-li que valori aquests aspectes:

- El **llenguatge:** si és correcte, adequat...
- El **ritme** i l'**entonació:** si has parlat massa ràpid o massa lent; massa fort o massa fluix...
- La **dicció** i la **pronúncia:** si has parlat amb fluïdesa o t'has embarbussat...
- L'**actitud** i el **llenguatge no verbal:** si has mantingut una postura correcta; si parlaves amb convicció...

4 **ENREGISTRA'T** fent el discurs i passa'l a la resta de la classe.

— Demana a un company que actuï de receptor del discurs i a un altre, que t'enregistri amb el mòbil.

5 **VALORA** els discursos de la resta de la classe.

- Quin discurs us sembla més efectiu? Per què?
- Quin planteja la millor iniciativa?

Actuo

- De totes les iniciatives plantejades en els discursos, tria'n una i porta-la a terme de veritat!
- Documenta l'experiència amb fotografies i escriu un text on expliquis com vas obtenir l'ajut necessari per a fer-la realitat, com la vas dur a terme i amb qui, com va anar, com et vas sentir mentre hi treballaves, quins en van ser els resultats...

REVISA'T

1. T'has sentit còmode pronunciant el teu *elevator pitch?* Explica-ho.
2. Quina activitat t'ha costat més? Per què?
3. Quins aspectes del teu discurs et sembla que has de millorar?

7

Qui va trair la família?

«Avui, mentre era a les golfes fent neteja amb la meva àvia, he trobat un quadre amb un arbre genealògic. De sobte, catacrac!, m'ha caigut i s'ha trencat. L'àvia ha fet un crit, m'ha mirat i ha empal·lidit. Entre els vidres, hi hem trobat una nota esgrogueïda ben reveladora. Ajudeu-me a saber quin secret amaga i qui l'ha escrita!»

Aquesta podria ser una història que t'expliqués algú de la teva colla, però també podria ser l'inici d'un *breakout*. Ho comproveu?

- **Sereu capaços de crear-ne un de semblant?**
- **Quin serà l'enigma o misteri que amaga la família del vostre?**
- **Quins enigmes lingüístics caldrà resoldre per a descobrir-lo?**

Aprendràs a...

- Identificar les parts i els elements d'una narració.
- Reconèixer els trets bàsics de la narrativa digital i distingir entre una narració lineal i una de no lineal.
- Aplicar estratègies per a planificar, crear i editar un *breakout* digital.

Noves tecnologies... A favor!

El joc sempre ha sigut un motor d'aprenentatge, i això no ha canviat. Ara, però, tens al teu abast les noves tecnologies digitals, que pots usar de manera creativa per als teus aprenentatges. Amb el *breakout* que et proposem fer treballaràs la llengua, milloraràs la teva aptitud pel treball cooperatiu i per a resoldre problemes, aprendràs a treballar sota pressió i, el millor de tot, posaràs a prova els teus companys!

Quins ingredients té una bona història?

Totes les històries expliquen uns fets que passen a unes persones o a uns personatges en un espai i en un temps determinats.

El text narratiu
Fitxa 37

1 **Perquè un *breakout* funcioni, ha d'explicar una bona història. Però què fa «bona» una narració? Per descobrir-ne algunes claus, feu una llista de novel·les que us hagin atrapat i sotmeteu-les a aquest breu qüestionari:**

A quina part de la narració...

...apareix el **protagonista** i comences a saber-ne coses?
- Al principi.
- Al nus.
- Al desenllaç.

A QUI LI PASSA?

... s'explica quin és l'**espai** o l'entorn en què tenen lloc els fets o te'n fas una idea?
- Al principi.
- Al nus.
- Al desenllaç.

ON LI PASSA?

... identifiques de quin **temps** o de quina època és el protagonista o te'n fas una idea?
- Al principi.
- Al nus.
- Al desenllaç.

QUAN LI PASSA?

... sorgeix un **conflicte** o problema en la vida del protagonista o intueixes que està a punt de sorgir?
- Al principi.
- Al nus.
- Al desenllaç.

QUÈ LI PASSA?

— En les primeres pàgines d'una novel·la, s'explica tot del protagonista (la seva història, els seus secrets, la seva relació amb altres personatges...)? Per què?

— En quina part de la narració es resol el conflicte del protagonista? En quina s'expliquen les seves peripècies per resoldre'l?

El **principi** d'una narració és molt important perquè ha de **captar l'atenció** dels lectors. Per això de seguida s'hi presenta o s'hi insinua el **conflicte** del protagonista, i així els lectors **mantenen l'interès** i continuen llegint.

2 **Si llegeixes una novel·la i arribes fins al nus, vol dir que l'autor o l'autora ha sabut mantenir el teu interès. Per què és important el nus d'una narració? Pots explicar-ho amb exemples de novel·les de la llista.**

— Totes les novel·les tenen un principi, un nus i un desenllaç?

Heu vist ja el **breakout?** Vosaltres també n'haureu de crear un! Quin serà el misteri familiar del vostre? Com el començareu? Quin serà el conflicte que cal resoldre?

El narrador

Anem pas a pas. El primer que heu de decidir és quin tipus de narrrador fareu servir per a explicar la vostra història. Ja sabeu de quins tipus n'hi ha?

3 **Llegiu aquests possibles inicis d'un *breakout*. En què es diferencien? Contesteu les preguntes que hi ha a continuació.**

La paraula
Els determinants
Els pronoms
Fitxes 43, 47 i 49

a

Avui, mentre era a les golfes fent neteja amb la meva àvia, he trobat un quadre amb un arbre genealògic. De sobte, catacrac!, m'ha caigut i s'ha trencat. L'àvia ha fet un crit, m'ha mirat i ha empal·lidit. Entre els vidres, hi hem trobat una nota esgrogueïda ben reveladora.

Ajudeu-me a saber quin secret amaga i qui l'ha escrita...

b

Avui, mentre era a les golfes fent neteja amb la seva àvia, la Jordina ha trobat un quadre amb un arbre genealògic. Tot d'una, catacrac!, li ha caigut i s'ha trencat. L'àvia ha fet un crit, l'ha mirada i ha empal·lidit. Entre els vidres, hi han trobat una nota esgrogueïda ben reveladora.

Ajudeu la Jordina a saber quin secret amaga i qui l'ha escrita...!

I vosaltres, quin tipus de narrador triareu per al vostre *breakout*?

a) Quin text està explicat per un narrador «des de dins», que participa en la història que narra?

b) Quin està explicat «des de fora», per un narrador que no participa en la història?

c) En quines paraules us heu fixat per a contestar les preguntes anteriors? A quina categoria gramatical pertanyen? En quin text indiquen primera persona gramatical? En quin indiquen la tercera persona?

d) Qui és el narrador «des de dins»?

— Fixeu-vos ara en l'últim paràgraf de tots dos textos. A qui s'adreça el narrador? Té sentit que s'hi adreci? Per què?

I el *breakout* que heu vist, quin tipus de narrador té?

En aquest cas, l'apel·lació a la persona que llegeix —és a dir, tu— és molt més evident que en els començaments transcrits en aquesta pàgina.

4 **Ara que teniu clar com ha de ser el principi d'una història i que ja heu triat el tipus de narrador de la vostra, podeu començar a pensar en el principi o plantejament de la història del vostre *breakout*:**

— Escriviu-lo seguint el model del que ja heu vist, sobre un misteri familiar. Quin serà? Quin enigma caldrà resoldre?

Els personatges

En tota narració de ficció, els personatges són imprescindibles, i el vostre *breakout* no n'és cap excepció. Qui seran?

5 Tota història protagonitzada per una família necessita un arbre genealògic! Qui seran els personatges del vostre? Ep! Però abans de crear-lo, heu de tenir molt clar qui és i com és cada un dels personatges. I si en feu una fitxa, com fan els guionistes professionals?

Nom del personatge

Edat

Descripció física

Trets de caràcter

Professió o ocupació

Parentiu

Relació amb les altres persones de la família

Indica de qui és fill o filla, germà o germana, cosí o cosina, cunyat o cunyada...

Si està enemistat amb algú, amb qui es fa poc o molt i per què...

Recordeu que en una descripció és important buscar l'**adjectiu** més adient per a cada tret i també **metàfores i comparacions** que l'enriqueixin!

El text descriptiu
El retrat robot
Fitxes 16 i 25

6 Ara, decidiu qui serà el protagonista de la vostra història, qui en serà l'antagonista i quins personatges secundaris hi haurà.

Personatge protagonista:

Personatge antagonista:

Personatges secundaris:

Expliqueu la història del *breakout*

Creus que les històries dels *breakouts* es narren com les que trobem a la literatura o al cinema? Què deuen compartir i què no amb les històries dels videojocs? Investigueu-ho...

En els **videojocs,** sovint són els jugadors els qui decideixen què hi passa i què no: triar un camí o un altre, agafar un objecte o deixar-lo on és... Totes aquestes decisions fan variar la història que s'explica.

7 **Penseu en videojocs que conegueu o busqueu-ne informació d'algun. S'hi explica alguna història? Si és així, qui l'explica? Hi ha uns personatges, un espai i un temps per a l'acció?**

— És important que un videojoc expliqui una història? Per què?

— Penseu en les històries que hi ha en els videojocs. Us sembla que tenen una trama ordenada amb un plantejament, un nus i un desenllaç? Raoneu breument la vostra resposta.

El text narratiu
Fitxa 37

8 **És hora de crear la vostra història. Recupereu el plantejament del *breakout* que heu pensat abans i, si cal, reviseu-lo i milloreu-lo. Després, penseu un nus i un desenllaç que hi siguin adequats. Teniu clars tots els elements de la narració?**

Quines missions hauran de superar els usuaris del *breakout* per aconseguir resoldre l'enigma plantejat al principi? Com les hauran de resoldre?

LA TRAMA
Què passa?

EL NARRADOR
Qui explica la història?

ELS PERSONATGES
A qui li passa?

L'ESPAI
On passa?

EL TEMPS
Quan passa?

Si heu aconseguit ser discrets, heu de saber que els jugadors que participaran en el vostre *breakout* seran els companys i companyes dels altres grups. Us atreviu a participar en una **lliga de *breakouts?***

Per cert, d'on ha sortit la paraula *breakout?*

9 Abans de crear el *breakout* és important que en feu un guió que reculli tot el que ha de contenir:

QUI VA TRAIR LA FAMÍLIA?

LA NARRATIVA

A partir de tota la història que heu pensat, que fa de fil conductor, expliqueu breument quin és l'escenari de les missions i què cal fer-hi. Per exemple:

En unes velles golfes, hi ha tota una sèrie d'objectes que pertanyien als diferents familiars. Cal descobrir a quin familiar pertanyia cada un i quin objecte amaga la veritat que permetrà resoldre l'enigma.

LES MISSIONS: Us proposem que en feu 6. Numereu cada missió i expliqueu què passa en cada una i què cal fer-hi. Per exemple:

Cal obrir l'armari de les golfes, que amaga una pista important, i resoldre la pregunta que s'hi amaga.

LES REGLES: Expliqueu-hi qualsevol norma important del joc, com ara si cal respondre les preguntes en un temps determinat.

LES PROVES: Redacteu cada una de les proves que hauran de respondre els jugadors per aconseguir superar la missió. Heu de tenir clar quina és la solució en cada cas. Per exemple:

Quin és el nucli d'un sintagma nominal?

- ☐ Un verb
- ☐ Un nom
- ☐ Un adverbi
- ☐ Una preposició

LES RECOMPENSES: Expliqueu què s'obté responent correctament la pregunta. Per exemple:

La clau que obre el cadenat de la porta de les golfes.

LA RECOMPENSA FINAL: Expliqueu l'objectiu final del *breakout*. Per exemple:

Conèixer la identitat del traïdor o traïdora de la família.

Quines altres proves podeu fer?

Escriviu una pregunta adequada a cada una de les respostes correctes d'aquestes possibles proves:

- .... ?

☐ Exhortativa positiva.

☐ Exhortativa negativa.

☐ Ni una cosa ni l'altra. És un complement indirecte!

- .... ?

☐ És un complement argumental.

☐ És un complement adjunt.

☐ Ni una cosa ni l'altra. És un complement directe!

☐ Ni una cosa ni l'altra. És un complement indirecte!

Hi ha diverses eines que us poden anar bé per a crear el vostre *breakout* digital. Busqueu la que s'adapti millor a les vostres necessitats amb l'ajut del vostre professor o de la vostra professora.

10 **És el moment de donar forma al vostre *breakout* digital. Per a crear-lo, tingueu en compte les qüestions següents:**

1. Busqueu la plantilla que millor s'adapti al guió del vostre *breakout*.

2. Busqueu un fons o un escenari que tingui una estètica adient o relacionada amb la vostra història. També hi podeu incloure imatges pròpies.

3. Recordeu que heu de tenir molt clar el nombre de pantalles que necessitareu per al vostre *breakout* i quantes en destinareu a:
   - l'explicació de la trama
   - els personatges
   - les proves

4. Quan tingueu el *breakout* acabat, reviseu-ne tots els textos. Que no s'escapi cap error ortogràfic!

5. Jugueu al vostre *breakout* per assegurar-vos que tot funcioni correctament!

L'AVANTATGE DE TRIAR UNA PLANTILLA ÉS QUE JA TINDREU MOLTA FEINA FETA: ELS ESCENARIS I LA INTERACTIVITAT JA ESTAN CREATS!

Que comenci la lliga de *breakouts*!

11 **Ha arribat l'hora de la veritat: és el moment de jugar als *breakouts* dels altres grups i que tothom jugui al vostre. Quin serà el més entretingut?**

1 **PRESENTEU** el vostre *breakout* a la resta de la classe: sense desvetllar res del final, expliqueu-ne breument la trama i qualsevol norma o detall que calgui saber abans de jugar-hi.

2 **JUGUEU** als *breakouts* dels altres grups i, en acabar, anoteu el que us hagi agradat més i menys de cadascun.

3 **VOTEU** per decidir quin *breakout* us ha agradat més. Valoreu-los segons els criteris següents:

EL PLANTEJAMENT. Enganxa o atrapa? Et fa venir ganes de jugar-hi?

EL CONFLICTE. Està ben pensat? És creïble o versemblant, interessant, enginyós, divertit... o tot el contrari?

LA NARRATIVA. La trama està ben travada o ben articulada? Les missions són enginyoses, lògiques, coherents? Hi ha errors lingüístics en els textos?

LES PROVES. Estan ben relacionades amb la trama? Estan ben plantejades i no contenen errors? Són adequades o massa fàcils o difícils?

EL GRAU DE DIFICULTAT. És adequat o, contràriament, és massa fàcil o difícil?

EL JOC. Tècnicament està ben creat? Has sabut en tot moment què havies de fer, cap a on has d'anar...

Establiu un **barem de puntuació** per a cada una d'aquestes respostes! Qui obtingui més punts serà el guanyador!

I EL GRUP GUANYADOR ÉS...

REVISA'T

1. Què t'ha costat més? Què t'ha costat menys?
2. Has sabut arribar a acords amb els teus companys? Com et sents quan una proposta teva no és acceptada o només ho és en part?
3. T'ha sorprès el resultat final del vostre *breakout?* En quin sentit? Explica-ho.

Actuo

Segur que t'hauràs adonat dels beneficis del treball col·laboratiu per a crear continguts i experiències digitals com les del *breakout*. Reflexiona sobre com pots incorporar la col·laboració entre iguals en el teu dia a dia.

8

Hi ha vida més enllà del futbol?

L'escola de la Sara ha decidit participar als Jocs Esportius Escolars, que tenen l'objectiu de fomentar la transmissió de valors socials i l'adquisició d'hàbits saludables a partir de l'esport.

Mentre escollien amb quin esport participarien, els alumnes s'han adonat que n'hi ha molts que no coneixen, i han decidit fer-ne **reportatges** per donar-los a conèixer.

- **I tu, coneixes tots els esports? Saps en què consisteixen el cros, el bàdminton, l'esgrima...?**
- **Ets fan d'algun esport que gairebé ningú no coneix?**
- **Sents curiositat per cap esport minoritari?**

Aprendràs a...

- Mostrar una actitud crítica davant d'estereotips i actuacions discriminatòries de gènere.
- Aplicar estratègies de cerca d'informació.
- Aplicar estratègies per a planificar i redactar un reportatge tenint en compte mecanismes de cohesió textual.

L'esport és activitat física... i molt més!

L'esport afavoreix la salut i el benestar, i també valors com la companyonia, el treball cooperatiu, la responsabilitat, la superació personal, el respecte pel contrari, la disciplina... Però t'has parat a pensar que també pot ser un vehicle de transmissió d'actituds discriminatòries? Evitar-ho depèn de tots nosaltres!

Esports minoritaris? Pensem-hi...

La Sara voldria participar als Jocs Esportius Escolars amb **tennis de taula,** i l'Adrià amb **gimnàstica aeròbica,** però s'han quedat sols! Es veu que són **«esports minoritaris»**...

1 Què vol dir l'adjectiu *minoritari?* Són minoritaris els esports següents?

Rugbi

Jujitsu

Esgrima

- Un esport pot ser minoritari en un lloc i molt practicat en un altre? Contesteu-ho amb exemples.
- Per quines altres raons pot ser minoritari un esport? Penseu-hi.
- Quins altres esports minoritaris coneixeu? Feu-ne una llista.

Sabies que a la Xina el tennis de taula **no** és un esport minoritari?

2 Coneixeu tots aquests esportistes? Quin esport practica cadascun? Esbrineu-ho.

futbol | escalada | gimnàstica artística | cúrling | surf

Leo Messi

Simone Biles

Niklas Edin

Alexia Putellas

Stephanie Gilmore

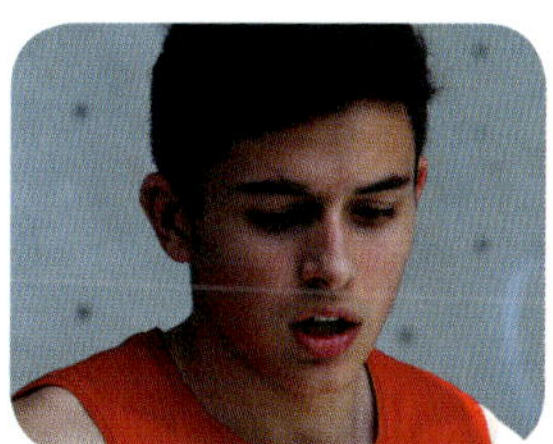
Alberto Ginés

- Per què en coneixes alguns i d'altres no?
- Tots els esport tenen la mateixa visibilitat als mitjans de comunicació? A què ho atribuïu?

3 Ara fixeu-vos en aquests titulars. Què crida molt l'atenció?

Rafa Nadal guanya l'Open d'Austràlia | Europa Press 3'

Poliesportiu

Rafa Nadal es converteix en el millor de la història amb un triomf èpic

El balear s'imposa a Daniïl Medvedev i es converteix en el tenista que més Grand Slams ha guanyat

«Rafa Nadal es converteix en el millor de la història amb un triomf èpic», *Món Esport,* 20-1-2022.

Esports ›

Història del tennis

Les tres dones que han aconseguit més Grand Slams que Nadal

L'australiana Margaret Court, amb 24, és qui ha aconseguit més victòries

Serena Williams i Steffi Graff, amb 23 i 22 respectivament, també superen el mallorquí

Roger Pascual, «Les tres dones que han aconseguit més Grand Slams que Nadal», *El Periódico,* 21-1-2022.

Durant els Jocs Olímpics de Tòquio...

L'esportista de tennis de taula **María Xiao** va denunciar una notícia que havia obviat el seu nom des del seu compte de Twitter, tot i que ella n'era una de les protagonistes. Tractava d'una partida de tennis de taula que havia fet amb un altre esportista, un futbolista. A ella s'hi van referir com a «una olímpica»; a ell, pel seu nom. El mitjà va rectificar.

El mateix mitjà va fer una notícia sobre **Diana Taurasi.** El nom d'aquesta prestigiosa jugadora de bàsquet estatunidenca sí que sortia al titular, però acompanyat de l'incís «la Jordan femenina». Diana Taurasi té cinc ors olímpics; Michael Jordan, dos.

- Hi ha esports poc visibilitzats en els mitjans de comunicació, i sovint passa el mateix amb les esportistes. Teniu coneixement d'altres titulars que invisibilitzin una esportista o s'hi refereixin amb relació a un home (una parella o exparella, el seu pare...)? Compartiu-los!
- El bàsquet i el futbol femenins, en comparació amb els masculins, encara tenen poca visibilitat als mitjans. Diríeu que això comença a canviar?

Com és un reportatge?

Us agrada cap esport minoritari? N'hi ha algun del qual us agradaria saber més coses? Posa't d'acord amb els teus companys i companyes per triar-ne un, perquè n'haureu de fer un **reportatge.**

Aquí en tens un model.

Redacció 28-8-2020 3 min

Caminar al mar: la marxa aquàtica treu el cap a Catalunya

Aquesta modalitat esportiva comptarà amb el seu primer Campionat de Catalunya

Si sou dels que responeu «mar» a la tradicional dicotomia «mar o muntanya?» i alhora us agrada l'excursionisme, potser és el moment de descobrir una disciplina esportiva que trenca esquemes. La marxa aquàtica va sorgir a Dunkerque l'any 2005 i es va estendre a Normandia i a Bretanya en una nova manera de practicar esport a la platja per afavorir la fortalesa muscular i cardiovascular dels seus practicants així com el treball en equip.

La dinàmica és ben simple: es tracta de caminar pel litoral, però amb bona part del cos ja enfonsada a l'aigua. De fet, l'aigua ha de superar la cintura i enfilar-se com a màxim fins al diafragma. Vaja, que les cames han de quedar submergides en tot moment. Els participants avancen en un grup, en fila, i poden fer ús d'un rem per equilibrar-se i impulsar-se endavant més fàcilment. Més enllà de l'esforç físic l'exercici també serveix per millorar la coordinació i la postura corporal. Les rutes de la marxa aquàtica es fan en itineraris definits prèviament en platges de poca fondària i en què es vetlla que no hi hagi risc de causar un impacte ambiental rellevant.

El primer Circuit de Catalunya, el primer Campionat de Catalunya

L'any 2019 la marxa aquàtica va irrompre a Catalunya amb la celebració d'una prova de l'Aqua Walking Tour a Roses. Aquest circuit internacional aplega proves a diferents països mediterranis: Catalunya, França, Algèria, Tunísia i Itàlia, i va brillar amb força a l'Empordà en el seu debut català, fins al punt que la Federació d'Entitats Excursionistes de Catalunya (FEEC) ha optat per apostar per la marxa aquàtica i incloure-la com una disciplina més en el seu ampli ventall de modalitats esportives. Amb l'Aqua Walking Tour d'enguany suspès per la Covid-19, inclosa la prova que s'havia de disputar el maig a Salou, la FEEC tira endavant des d'aquest diumenge 30 d'agost la primera edició del Circuit Català de Marxa Aquàtica.

La cita comptarà amb cinc proves i conclourà a Cambrils el 4 d'octubre amb la disputa del primer Campionat de Catalunya de Marxa Aquàtica. Salou, Creixell, Castelldefels, Roses i Cambrils seran les platges pioneres de la marxa aquàtica al nostre país. Segons indica el reglament del circuit elaborat per la FEEC, els recorreguts de les proves s'hauran de disputar en un 95 % en un medi aquàtic, tenir una distància d'entre dos i quatre quilòmetres i una durada d'entre 45 minuts i 2 hores. Tot està a punt, doncs, perquè comenci una cita que de ben segur serà vista amb certa incredulitat inicial per part dels banyistes però que promet arrelar ben aviat a Catalunya.

«Caminar al mar: la marxa aquàtica a Catalunya». *Fosbury. Esport i compromís,* 28-8-2020.

Què diu i com ho diu?

• 4 **Havies sentit parlar de la marxa aquàtica abans de llegir el reportatge?**

- Creus que és un esport minoritari? Per què?
- És gaire antic aquest esport? A quin país va néixer?

• 5 Com es practica?

- En quin paràgraf s'explica?
- El reportatge s'ha escrit només per a explicar com es practica la marxa aquàtica? Què més s'hi destaca? És a dir, quin és el motiu pel qual s'ha escrit?
- On es dona aquesta informació de manera resumida?

•• 6 **A més de l'encapçalament, que inclou el títol i el subtítol, com s'ha organitzat el reportatge? Seríeu capaços de resumir amb un sol sintagma o una sola oració què s'explica en cada paràgraf del cos del reportatge?**

El sintagma
L'oració. Tipus d'oracions
Fitxes 44 i 53

PARÀGRAF 1	...
PARÀGRAF 2	...
PARÀGRAF 3	...
PARÀGRAF 4	...

•• 7 **El reportatge és un gènere periodístic. De quin tipus diries que és el que has llegit, informatiu o mixt? Per què?**

GÈNERES PERIODÍSTICS

- **INFORMATIUS**: Informen sense donar opinions o fer valoracions.
  - Notícia
  - Reportatge
  - Entrevista
- **D'OPINIÓ**: Transmeten la informació alhora que la interpreten. Per tant, aporten judicis i valoracions.
  - Editorial d'un diari
  - Articles i columna d'opinió
  - Crítica
- **MIXTOS**: Combinen la informació i l'opinió.
  - Crònica
  - Reportatge
  - Entrevista

— Segons la seva intenció comunicativa, a quina tipologia textual pertany?

La tria d'una **tipologia textual** o d'una altra per part d'un emissor respon a una intenció **comunicativa determinada:** un reportatge informatiu és un tipus de **text expositiu.** Però oi que en molts d'aquests tipus de text hi pots trobar característiques d'altres tipologies?

•• **8** **Recordeu aquests dos fragments del reportatge? Torneu-los a llegir:**

Es tracta de caminar pel litoral, però amb bona part del cos ja enfonsada a l'aigua. De fet, l'aigua **ha de superar** la cintura i enfilar-se com a màxim fins al diafragma. Vaja, que les cames **han de quedar** submergides en tot moment. Els participants avancen en un grup, en fila, i **poden fer** ús d'un rem per equilibrar-se i impulsar-se endavant més fàcilment. [...]

Els recorreguts de les proves **s'hauran de disputar** en un 95 % en un medi aquàtic, tenir una distància d'entre dos i quatre quilòmetres i una durada d'entre 45 minuts i 2 hores.

El verb (II)
Fitxa 51

— Les formes verbals destacades són perífrasis verbals i funcionen com un sol verb. Quines indiquen obligació? Quina indica possibilitat?

— Amb quina tipologia textual relacioneu els fragments? Per què?

• **9** **Imagina't que dones classes de marxa aquàtica. Com explicaries als teus alumnes com s'ha de practicar aquest esport el primer dia de classe?**

- Fes servir verbs en imperatiu!

El text expositiu
El text instructiu
Fitxes 19 i 23

•• **10** **Com que pot passar que a un periodista se li escapi alguna falta, existeix la figura del corrector. Feu de correctors i correctores i trobeu les deu faltes que hi ha en aquest fragment d'un reportatge en preparació:**

DANIELA TEROL: EL FUTUR DE L'*SKATE* CATALÀ

L'auge de l'*skate* com a modalitat esportiva ha generat en els darrers anys nous espais de competicio

La inclusio de l'*skate* al programa olimpic a partir dels propers Jocs de Tòquio 2020 és un dels elements que sens dubte han ajudat a fer explotar una disciplina que cada cop aplega més afició. Una de les *skaters* més veteranes de casa nostra és la barcelonina Silvia Serret, que continua competint a un altíssim nivell amb 40 anys. Amb experiencia en diverses cites internacionals, Serret ha estat una de les grans protagonistes del Circuit Nacional de Skate estrenat el 2017 per part del Comitè Nacional de Skateboarding. [...]

La guanyadora de l'any passat en la categoria de rampa va ser la sorprenent Daniela Terol. La catalana va despuntar i brillar aliena al fet de tenir només 9 anys i es va endur el títol. Aquest cop ho tindrà més dificil, després de participar (i guanyar) nomes en la primera prova del circuit. La final de València puntua doble i malgrat això Serret és la indiscutible favorita al triomf final: compta amb 3800 punts, 1000 més que la segona classificada i 1800 més que Terol. Si Serret acaba entre les quatre primeres, el títol és seu facin el que facin les seves rivals. Seria un nou exit notable en el palmares d'una esportista amb un fort compromís social i solidari més enllà de l'*skate.*

Daniela Terol, debut en un mundial amb només 10 anys

Aquest duel intergeneracional al maxim nivell és un dels grans al·licents de l'*skate,* un esport d'arrel urbana obert a tothom i que Daniela Terol ja viu des del primer dia com una oportunitat competitiva a l'elit. La jove talent acaba de fer el debut amb la seleccio espanyola absoluta aquest mes de novembre amb només 10 anys.

«Daniela Terol: el futur de l'*skate* català».
Fosbury. Esport i compromís, 28-11-2018.

Compara i contrasta

11 Aquest text és un primer esborrany del reportatge que heu llegit. Al redactor en cap no li va agradar gens... Sabríeu dir per què?

La marxa aquàtica arriba a Catalunya

La marxa aquàtica va sorgir a Dunkerque l'any 2005. Es va estendre a Normandia i a Bretanya. La marxa aquàtica era una nova manera de fer esport a la platja per afavorir la fortalesa muscular i cardiovascular dels seus practicants. La marxa aquàtica també era una nova manera de practicar el treball en equip.

La dinàmica és ben simple. Es tracta de caminar pel litoral, però amb bona part del cos ja enfonsada a l'aigua. L'aigua ha de superar la cintura i enfilar-se com a màxim fins al diafragma. Les cames han de quedar submergides en tot moment. Els participants avancen en grup, en fila. Els participants poden fer ús d'un rem per equilibrar-se i impulsar-se endavant. L'exercici va bé per fer esforç físic. L'exercici serveix per millorar la coordinació i la postura corporal. Les rutes de la marxa aquàtica es fan en itineraris definits prèviament en platges de poca fondària. En aquestes platges de poca fondària es vetlla que no hi hagi risc de causar un impacte ambiental rellevant.

L'any 2019 la marxa aquàtica va irrompre a Catalunya amb la celebració d'una prova de l'Aqua Walking Tour a Roses. L'Aqua Walking Tour aplega proves a diferents països mediterranis: Catalunya, França, Algèria, Tunísia i Itàlia, i va brillar amb força a l'Empordà en el seu debut català. La Federació d'Entitats Excursionistes de Catalunya (FEEC) ha optat per apostar per la marxa aquàtica i incloure la marxa aquàtica com una disciplina més en el seu ampli ventall de modalitats esportives.

La cita comptarà amb cinc proves i conclourà a Cambrils el 4 d'octubre amb la disputa del primer Campionat de Catalunya de Marxa Aquàtica. Salou, Creixell, Castelldefels, Roses i Cambrils seran les platges pioneres de la marxa aquàtica al nostre país. El reglament del circuit elaborat per la FEEC indica: els recorreguts de les proves s'hauran de disputar en un 95 % en un medi aquàtic, tenir una distància d'entre dos i quatre quilòmetres i una durada d'entre 45 minuts i 2 hores. Tot està a punt. La cita amb el Campionat de Catalunya de Marxa Aquàtica serà vista amb certa incredulitat inicial per part dels banyistes. Promet arrelar ben aviat a Catalunya.

Un text està format per un conjunt d'oracions relacionades entre elles. Aquestes oracions es poden presentar l'una darrere l'altra, de manera inconnexa, o bé connectades entre elles per mitjà de connectors. El text anterior presenta un **estil fragmentat,** amb oracions breus, mal lligades o poc articulades, repeticions...; per això diem que està **mal cohesionat.**

a) En què es diferencia de la versió definitiva, la que hi ha a la pàgina 65?

b) Quina us sembla millor? Per què? Justifiqueu l'elecció amb el màxim d'exemples possible!

c) Què us sembla el títol? Per què el del reportatge que ja heu llegit és millor?

d) Quins altres elements característics d'un reportatge escrit trobeu a faltar en aquest esborrany?

La cohesió textual
Els connectors
Fitxes 14 i 15

Dona a conèixer el teu esport!

12 **Prepara i escriu el teu reportatge:**

1 **TRIA** un esport minoritari o minoritari entre nosaltres. Per exemple:

beisbol

lacrosse

bitlles catalanes

escalada interior

pilota basca

2 **BUSCA'N INFORMACIÓ.** Assegura't que consultes fonts fiables.

3 **REPRODUEIX L'ESTRUCTURA** del reportatge que has treballat:

1. Origen o història de l'esport triat.
2. Com es practica o com funciona.
3. Indrets on és més popular i quina és la seva implantació a Catalunya.
4. Competició o competicions oficials. Característiques.

4 **ESCRIU** un paràgraf per a cada idea i fes servir connectors.

5 **VALORA** si hi pots afegir un quadre informatiu o destacat amb alguna informació d'interès: jugadors i jugadores destacats, competicions...

6 **PENSA** un títol i un subtítol adequats que destaquin i resumeixin la informació més rellevant del reportatge i afegeix-hi una fotografia representativa per a il·lustrar-lo.

- Recorda que els títols mai no acaben amb un punt!

7 **REVISA** el text amb la llista de comprovació i corregeix tot el que calgui.

Bastons de *lacrosse*

REVISA'T

1. En què t'ha fet reflexionar aquesta situació d'aprenentatge? Explica-ho.
2. Quan has de buscar informació a Internet per fer un treball, et costa o, contràriament, penses que has millorat?
3. T'ajuda treballar en parella? En què t'ajuda o per què no t'ajuda?

Actuo

Explica què faries i com ho faries per donar més visibilitat als esports minoritaris, a les categories femenines dels esports i a les esportistes en general.

9

Una obra de por!

Tots fem cultura

Un dels articles de la Declaració Universal dels Drets Humans diu que tothom té dret a gaudir i a participar de la vida cultural de la seva comunitat. El teatre és un acte cultural, i tu hi pots participar com a espectador o espectadora o... com a autor o autora!

Endavant! Et dono la benvinguda al meu laboratori. Soc Viktor Frankenstein, el creador d'una de les criatures més terrorífiques de la literatura. N'has sentit a parlar, de mi o de la meva creació? La nostra història la va narrar Mary W. Shelley al segle XIX i, des d'aleshores, no ha parat de fer por. Ara, fins i tot n'han fet una **obra teatral!**

▶ I vosaltres, us atreviu a **convertir una narració de por** en un **text teatral?**

▶ Quines narracions de por coneixeu?

Aprendràs a...

- Analitzar i posar en valor elements gràfics dels llibres de por.
- Aplicar estratègies de cerca d'informació.
- Conèixer i valorar una obra rellevant de la literatura universal així com de la literatura juvenil.
- Aplicar estratègies per a planificar i redactar un text teatral atenent les convencions pròpies del gènere.

Què ens fa por... en els llibres?

1 **Comencem per les cobertes... Vaja! Algú ha esborrat els títols d'aquestes! Tot i així... En què us fan pensar? Quines sensacions us desperten?**

- De quin tipus (aventures, viatges...) diries que són aquestes novel·les? Per què?
- Quins elements gràfics tenen en comú?

— Ara, fixeu-vos en els noms dels autors i de les autores, esbrineu-ne els títols i busqueu-ne informació. Quin d'aquests llibres us agradaria llegir? Per què?

2 **Quines obres de ficció us han fet més por? Trieu-ne una de cada gènere que conegueu tots i comenteu-ne les característiques:**

- conte
- novel·la
- novel·la gràfica o còmic
- llegenda urbana
- teatre

- El **temps** de la història: l'any, l'època en què té lloc.
- L'**espai:** el lloc on transcorren els fets.
- Els **personatges.**
- La **trama** o l'**argument**: la manera i l'ordre en què es presenten els fets.

— Tenen elements en comú les obres que heu triat? Quins? Expliqueu-ho!

Què en sabeu, de *Frankenstein?*

3 **Les novel·les de por no són una cosa d'ara. *Frankenstein* és del segle XIX! Què en sabeu, d'aquesta obra? Toca investigar!**

a) Qui la va escriure? Anoteu-ne les dades biogràfiques bàsiques: any i lloc de naixement i de mort.

b) Quan i on la va escriure? Per què la va escriure allà?

c) Expliqueu-ne l'argument d'una manera resumida. Qui és Frankenstein? Què va fer? Quines en van ser les conseqüències?

Els gèneres literaris
El text narratiu
Fitxes 35 i 37

4 **Un científic que desafia les lleis naturals! Què en deurien pensar, d'això, els lectors del segle XIX? Busqueu informació i contesteu:**

- El títol complet de l'obra és *Frankenstein o el Prometeu modern*. Qui era Prometeu? Què hi té a veure Prometeu, amb Frankenstein? Per què és «modern»?
- De quin gènere és considerada precursora, *Frankenstein?*

Sabíeu que *Frankenstein* és el resultat d'un repte? Informeu-vos-en i expliqueu-ne les circumstàncies.

I com es fa, això de transformar una narració en text teatral?

Primer, llegeix aquest fragment de *Frankenstein*...

En el fragment que llegiràs, la criatura ja ha adquirit vida, però Frankenstein, l'estudiant de medicina que l'hi ha donada a partir de diversos cadàvers, quan s'adona de la monstruositat que ha creat, se'n desentén i fuig, esgarrifat. L'endemà, mentre deambula sense rumb pels carrers...

Què angoixa Frankenstein?

Vaig continuar caminant així durant llarga estona, intentant que l'exercici físic alleugés la càrrega que oprimia el meu esperit. Vaig recórrer els carrers sense saber on era ni què feia. D'aquesta manera, vaig arribar finalment davant de l'hostal en què solien parar les diligències i els carruatges. Em vaig aturar sense saber per què i vaig romandre durant uns minuts amb els ulls fixos en un cotxe que s'aproximava des de l'altre extrem del carrer. En acostar-se, vaig observar que era la diligència Suïssa. Es va parar al meu costat i, en obrir-se la porta, vaig distingir en Henry Clerval [...].

—Estimat Frankenstein! —va exclamar—. Quina alegria trobar-te tan bon punt he arribat!

Res no podia igualar la meva alegria en veure'l. Li vaig estrènyer la mà i a l'instant vaig oblidar el meu horror i la meva desgràcia. Per primera vegada en molts mesos, una serena i tranquil·la felicitat em va embriagar.

—Estic molt content de veure't. Però explica'm com has deixat el meu pare, els meus germans i l'Elizabeth.

—Molt bé i molt contents, encara que una mica preocupats per saber tan poc de tu. Però, estimat Frankenstein —va prosseguir, després d'aturar-se de cop, mirant-me fixament a la cara—. Sembles malalt, tan prim i pàl·lid! Com si fes unes quantes nits que no dorms.

—Ho has endevinat. Últimament he estat tan profundament ocupat en un assumpte, que no m'he concedit a mi mateix el descans necessari, com veus.

A quins «fets» diries que es refereix?

Tremolava visiblement. No suportava pensar en els fets de la nit anterior i, encara menys, parlar-ne.

Per què puja al laboratori? Què hi espera trobar?

Aviat vam arribar a la meva residència. Em vaig adonar, llavors, que la criatura podria ser encara allà, viva i en llibertat. Temia trobar-me de nou amb aquell monstre, però més encara que el veiés en Henry. Li vaig pregar que m'esperés uns minuts al peu de l'escala i em vaig precipitar cap a la planta de dalt. Quan ja tenia la mà al pom de la porta, em vaig aturar, i un fred estremiment em va sacsejar. La vaig obrir de cop, com acostumen a fer els nens quan esperen trobar un fantasma, però no va passar res. El laboratori era buit i el meu dormitori també estava lliure de l'espantós hoste. Quan em vaig assegurar que efectivament el meu enemic havia fugit, vaig baixar corrent a buscar en Clerval picant de mans de tan content com estava. No era capaç de contenir-me. [...]

—Estimat Víctor —va exclamar en Henry—, què et passa, per Déu? No riguis així. Estàs molt malalt! Quina és la causa de tot això?

Què creu haver vist?

—No m'ho preguntis —vaig cridar, tapant-me els ulls amb les mans, ja que havia cregut veure l'horrible espectre esmunyint-se a l'habitació—; ell t'ho pot dir. Oh! Salva'm! Salva'm!

Vaig imaginar que el monstre m'agafava i vaig caure a terra pres d'un atac de nervis. Inconscient, no vaig recuperar el sentit durant molt de temps.

Mary W. Shelley, *Frankenstein*
(adaptació d'Emilio Fontanilla). Barcanova.

.... i, ara, fixa't com s'ha transformat en un text teatral!

ESCENA 5

A casa de FRANKENSTEIN.
A fora és fosc.

FRANKENSTEIN, *pàl·lid, fet un sac de nervis, camina d'una banda a l'altra del menjador i veu, a través de la finestra, els llums d'una motocicleta que s'aproximen a casa seva. Se sent com s'apaga el motor i, segons després, s'obre la porta i apareix per la dreta de l'escenari* HENRY CLERVAL.

CLERVAL *(molt entusiasmat)*: Estimat Frankenstein! Quina alegria trobar-te aquí i tornar-te a veure finalment! *(Els dos personatges s'estrenyen les mans i s'abracen).*

FRANKENSTEIN *(content, més tranquil)*: Jo també estic molt content de veure't, amic meu. Però, digue'm, com es troben el pare, els meus germans i la meva cosina, l'Elizabeth?

CLERVAL *(Es treu l'abric i el penja al penjador que hi ha a l'esquerra de l'escenari, al costat d'un mirall)*: Molt bé i molt contents, encara que una mica preocupats per saber tan poc de tu. Sembla que hagis desaparegut del mapa i he de reconèixer que jo també estic una mica molest. *(Es mira* FRANKENSTEIN *de dalt a baix, sorprès)* Però, estimat FRANKENSTEIN, no m'havia adonat del teu mal aspecte. Ja em sorprenia que deixessis la porta oberta... Prim com un fideu i pàl·lid com la neu. Vols dir que ja dorms prou?

FRANKENSTEIN *(amb els braços oberts; cada cop tremola més)*: Tens raó... La feina m'absorbeix de mala manera. Amb prou feines tinc temps per a res. Però, amic meu, estic convençut que aviat... *(s'interromp i calla).*

El mirall de la sala s'il·lumina i reflecteix la imatge de la CRIATURA, *esmunyint-se de la residència.* CLERVAL *no sembla haver vist res.* FRANKENSTEIN *crida i cau de genolls, amb les mans al cap.*

Compara i analitza

5 **El text teatral és una adaptació fidel de la narració? Per a poder respondre amb arguments, analitzeu els dos textos. Digueu en què es diferencien pel que fa a...**

El temps
Quan tenen lloc els fets?

L'espai:
On tenen lloc els fets?

El diàleg dels personatges
Com s'indica aquest diàleg?

— En què us heu fixat per a contestar?

El text conversacional
El text narratiu
El teatre
Fitxes 17, 37 i 42

6 **Ara centrem-nos en el narrador del primer text. Qui és? Assenyaleu les parts en què aquest narrador explica...**

a) La por que sent, l'estat de nerviosisme en què es troba.

b) Que creu haver vist la criatura esmunyint-se de l'habitació.

7 **Aquest narrador hi és, en el text teatral? En quina part del segon text obteniu la informació sobre la por i el nerviosisme de Frankenstein?**

- Quin nom reben les indicacions sobre l'escenografia i els gestos i moviments que han de fer els actors i les actrius mentre actuen?
- Com es destaquen aquestes indicacions? Per què creieu que es fa així?

L'ATREZZO? QUÈ ÉS L'ATREZZO? SONA A PARAULA ITALIANA!

8 **Us heu fixat que en el text teatral hi ha uns quants parèntesis? Per què n'hi ha tants? Què indiquen?**

— Ara, poseu exemples que mostrin quins usos tenen els parèntesis en un text narratiu o explicatiu, que no sigui teatral.

9 **En el vostre text teatral també haureu d'escriure acotacions. Fixa't que, en el text que has llegit, n'hi ha de dos tipus. Les classifiques?**

Tenen a veure amb l'**escenografia**

Fan referència a la **interpretació** dels actors

10 **Afegiries algun element més d'*attrezzo* en el fragment teatral? Quin o quins? Per què?**

— Modifica alguna acotació per a afegir-los o escriu-ne una de nova.

Preneu bona nota d'aquestes paraules, perquè el protagonista o els protagonistes de la vostra obra també han d'estar espantats!

11 **Com que els dos fragments, cada un a la seva manera, expliquen la mateixa història, tots dos mostren la por del personatge principal. Amb quines paraules ho fan?**

- Anoteu les paraules de cada text que pertanyin al camp semàntic de la por.

12 **Una altra diferència entre els dos textos és l'ús dels temps verbals. Sabríeu dir quin temps verbal predomina...**

- ...en les intervencions del narrador del primer text?
- ...en les acotacions del text teatral?

— Quina explicació hi doneu?

El verb (I)
L'oració. Tipus d'oracions
Fitxes 50 i 53

13 **Fixa't en els verbs d'aquestes oracions del primer text (paràgraf 7). Sí, són verbs en passat. Però... per què ho saps, que estan en passat?**

Tremolava visiblement. No **suportava** pensar en els fets de la nit anterior.

— Per cert, quin és el subjecte de les oracions anteriors? Per què no hi apareix? Quin nom rep aquest tipus de subjecte?

— Ara, imagina't que estàs adaptant *Frankenstein* al gènere teatral.

- Converteix les dues oracions anteriors en una acotació de la teva obra perquè l'actor que faci de Frankenstein sàpiga com ha d'interpretar el personatge en aquest moment de la història.
- En quin temps verbal ho faràs?

14 **Us atreviu a escriure una definició de text teatral? Feu-ho sense buscar informació, segons el que heu après amb les activitats anteriors i amb la vostra experiència.**

— Compareu la vostra definició amb la que trobareu a la fitxa 37 d'aquest llibre i, si cal, corregiu-la o amplieu-la.

I, ara, la gran pregunta: de quina obra narrativa de por us agradaria fer l'adaptació al gènere teatral?

Una **adaptació** és una reelaboració d'una obra literària en una altra llengua, un altre gènere o un altre mitjà expressiu.

Trieu-ne un fragment que us agradi i que sigui especialment terrorífic.

Adaptació fidel o lliure?

Ja sabeu que heu de transformar un text literari narratiu de por en un text teatral. Per tant, haureu de decidir si en feu una **adaptació fidel** o una de **lliure.** Abans de decidir-ho, reflexioneu!

15 **Heu vist que el fragment teatral que heu llegit no té lloc al segle XIX, com en la novel·la. Què en penseu, d'això? A l'hora de comentar-ho, tingueu en compte qüestions com les que hi ha a continuació:**

Veieu bé que es facin aquest tipus d'adaptacions o versions? Per què?

L'obra de Mary W. Shelley ha estat adaptada al cinema unes quantes vegades. La imatge mostra una escena de la pel·lícula *El jove Frankenstein* (Mel Brooks, 1974), que en va fer una adaptació lliure, en clau d'humor, de gran èxit. Anys abans, el 1931, ja s'havia dut aquesta obra al cinema. Encara avui, per a moltes persones, la imatge del personatge de la criatura de Frankenstein és la de l'actor d'aquesta pel·lícula caracteritzat com el monstre.

Les obres de William Shakespeare (1564-1616) se segueixen representant i contínuament se'n fan adaptacions. L'escena que mostra la imatge correspon a una adaptació de *Hamlet* (1601) del 2009.

- Penseu en el personatge de Frankenstein. Com seria en el segle XXI? Tindria els mateixos dilemes?
- I la criatura? Avui seria igual de sorprenent o d'impactant que al segle XIX? Faria la mateixa por? Per què?
- Un Frankenstein actual s'expressaria amb el mateix tipus de llenguatge que el del segle XIX?
- En una adaptació teatral d'una obra antiga, el llenguatge dels personatges s'ha d'adaptar perquè s'assembli més al del públic actual? Per què?

16 **Ja heu decidit l'obra que voleu adaptar: en fareu una adaptació fidel o una de lliure?**

- Què implica canviar el context (el temps, l'espai...) d'una obra literària? Expliqueu-ho amb exemples.

Endavant amb les adaptacions!

17 Redacteu el vostre text teatral a partir del text narratiu triat.

1 **SI EN FEU UNA ADAPTACIÓ LLIURE,** decidiu què canviareu...

- Del temps i del lloc de la història
- Del protagonista o la protagonista
- De l'argument i/o la trama.

2 **SI EN FEU UNA ADAPTACIÓ FIDEL,** penseu com escenificareu la informació que només dona el narrador però que no diuen els personatges en els seus diàlegs.

3 **PENSEU** bé els diàlegs i les acotacions abans de redactar-los.

- Heu de tenir molt clara la manera de ser dels personatges perquè el públic només sabrà com són pels seus diàlegs i per la posada en escena.

4 **ESCRIVIU** el text i reviseu-lo amb la llista de comprovació. Heu d'escriure el nom de cada personatge al davant de la seva intervenció i les acotacions necessàries:

- Sobre l'**escenografia** (sobretot en l'acotació inicial)
- Sobre els **personatges** (intercalades en el diàleg)

5 **PASSEU-LO** a net a l'ordinador tenint en compte que:

- Els noms dels personatges s'escriuen amb majúscula inicial i versaletes.
- Les acotacions solen escriure's entre parèntesis i amb lletra cursiva.

6 **PREPAREU** l'escenari i elaboreu el decorat segons les acotacions.

- Disfresseu-vos o caracteritzeu-vos segons els personatges.

7 **BUSQUEU** informació a Internet que us ajudi a projectar bé la veu i assageu les vegades que calgui.

El públic de l'última fila també us ha de sentir!

Actuo

Potser, a l'hora d'interpretar el teu text teatral, t'has adonat de coses que no vas tenir en compte a l'hora d'escriure'l i que ara canviaries: diàlegs feixucs; acotacions poc precises, innecessàries o massa llargues... No passa res, dels errors també se n'aprèn. Aprofita'ls! Escriu una llista de consells per a futurs creadors teatrals perquè no caiguin en els teus errors i que incloguin també les tècniques d'actuació teatrals que hagis après.

REVISA'T

1. Amb quina activitat o amb quines activitats has après més coses? Per què?
2. Quina t'ha semblat la més difícil? Per què?
3. Què has aportat a l'adaptació teatral que heu fet?

10

Les coneixes?

La Laura vol ser escriptora. Li agradaria escriure una novel·la, i ara és a la biblioteca buscant-ne unes quantes per a agafar idees. «Quantes autores!», pensa, «Com pot ser, que no en conegués cap?». Quan hagi llegit un parell d'aquestes novel·les, farà un **vídeo** i l'enviarà als companys i les companyes per donar-ne l'opinió i **recomanar-ne la lectura.**

- **I a tu, et passa com a la Laura?**
- **T'atreveixes a fer com ella i preparar la teva pròpia videoressenya?**
- **Pas a pas, activitat a activitat, aprendràs les claus per a fer com els bibliotubers i donar a conèixer al teu públic la novel·la de la teva autora preferida.**

Aprendràs a...

- Aprofundir en una obra de la literatura juvenil actual per fer-ne una crítica.
- Reconèixer l'estructura d'una videoressenya per comprendre-la i entendre'n el propòsit comunicatiu.
- Relacionar l'entonació d'oracions concretes de la videoressenya amb els signes de puntuació corresponents per fer-ne un ús ortogràficament correcte.
- Aplicar estratègies per a planificar, redactar i editar una videoressenya d'una novel·la de la literatura juvenil.

Dona-les a conèixer!

El 18 d'octubre és el Dia de les Escriptores. És una commemoració iniciada l'any 2016 per recuperar el llegat de les dones escriptores, fer visible la seva tasca literària i combatre la discriminació soferta al llarg de la història. Potser a tu no t'ho sembla, però encara hi ha molta feina a fer, i tu també hi pots contribuir!

Quines autores coneixeu?

1 **La Laura s'ha adonat que pràcticament no coneix escriptores. I vosaltres, quines escriptores coneixeu? Feu-ne una llista!**

— Individualment, esbrineu el nom de tres autores de la literatura juvenil, anoteu el títol d'una de les seves novel·les i busqueu-ne informació.

- Si heu llegit alguna novel·la d'una autora que us hagi agradat, anoteu-la!

— Compartiu la vostra recerca i completeu-la amb la de la resta de la classe.

— Acompanyeu cada títol d'una explicació breu del tema de què tracta.

- Quina novel·la us agradaria llegir? Per què?

Quan passeu la llista a l'ordinador, recordeu que els títols dels llibres s'escriuen generalment en cursiva:
Patricia Martín, *Una de zombis*.
Estrella Polar.

... i si alguna de les novel·les pertany a una altra tradició literària, no us oblideu del traductor o de la traductora!
Sandra Cisneros, *La casa de Mango Street* (trad. de Míriam Cano).
L'Altra Editorial.

2 **Comenteu el missatge d'aquesta biblioinstagramera. Què en penseu? Amb motiu de què l'ha escrit? Qui són les autores de les fotografies?**

@Ldelectures • Seguir ...

@Ldelectures • #Diadelesescriptores

Avui és el Dia de les Escriptores.

Veureu, per a una dona, no sempre ha sigut fàcil escriure o llegir. De fet, en alguns indrets del món, més dels que no ens pensem, que una dona escrigui una novel·la o llegeixi un poema està mal vist.

Avui, i tota la resta de l'any, hem de visibilitzar la part de la història de la literatura escrita per les dones. La signada amb pseudònim o amb majúscules.

A més, aquest any, he volgut aplaudir les autores que escriuen en la nostra llengua i per als nostres joves.

896 m'agrades

18 D'OCTUBRE DE 2021

Entra per a indicar que t'agrada o comentar-ho.

— Quina pluja de títols! Quines de les autores del *post* anterior han escrit aquestes obres? Quins títols més hi podeu afegir?

Nocturn per a Mafalda

La noia de la mitjanit

Germanes, gossos, friquis i altres espècimens

Mai de la vida et deixaria tirada

50 coses sobre mi

Xènia, estimar no fa mal

Comptant núvols

L'efecte Frankenstein

Duna, diari d'un estiu

Analitzem una videoressenya

Ja sabeu que heu de fer una **videoressenya.** Aquí en teniu una d'una bibliotubera que us servirà de model. Escolteu-la i llegiu-ne la transcripció!

Els **bibliotubers** s'enregistren per donar l'opinió sobre les seves lectures o sobre qüestions relacionades amb els llibres i en pengen els vídeos al seu canal de YouTube.

Els **biblioinstagramers,** en canvi, publiquen les ressenyes dels llibres que llegeixen a Instagram.

Hola, hola *quèllegistes*! El 12 d'agost és el dia que els Perseids, també anomenats Llàgrimes de Sant Llorenç, assoleixen el pic d'activitat. Segons explica la *Viquipèdia,* els Perseids són la pluja de meteors provocada per la cua de pols còsmica que el cometa Swift-Tuttle deixa anar al seu pas. [...]

Si us ve de gust llegir llibres que parlin de les estrelles sota la llum dels estels (i amb una llanterna per no deixar-vos-hi la vista, *sisplau*) us porto algunes recomanacions. Preparats? Comencem!

Començo, precisament, per una novel·la que està ambientada per aquestes dates: *Pluja d'estels*, de Laia Aguilar, guanyadora del Premi Josep Pla 2020. Un grup d'amics es reuneixen cinc anys després d'un tràgic accident en una casa al cap de Creus, un lloc idíl·lic de cara al mar, amb l'excusa de contemplar una pluja d'estels. Durant la trobada es diverteixen i comparteixen confidències, però també afloren fets del passat sense resoldre. *Pluja d'estels* és una novel·la de personatges que no saben com gestionar, i potser no volen afrontar, el seu dolor i les seves incerteses. Cap dels protagonistes s'imagina com acabarà la nit, una nit que els té reservada una darrera sorpresa. [...]

Per acabar, voldria fer una menció d'honor a tot un clàssic juvenil: *No està escrit a les estrelles*, de John Green, un llibre que va marcar un abans i un després a la meva vida com a lectora. La novel·la, irònica i punyent, ens ensenya a apreciar el que tenim i a viure la vida al màxim. Ja que, no perquè aquesta s'acabi i tinguem por de fer mal a les persones que apreciem, hem de deixar d'estimar. A més, us animo també a veure la pel·lícula. És un magnífic recordatori que les bones adaptacions de llibres no són un mite urbà. Vosaltres també l'heu vist? Heu llegit cap novel·la de John Green? [...]

Així, què? Ja sabeu quins llibres llegireu sota la llum dels estels? I quin desig demanareu? Deixeu-m'ho als comentaris (els llibres, eh? No el desig, que, si no, no es faria realitat). Fins a la propera, *quèllegistes*. Adeu!

«Llibres per llegir sota els estels», per Mixa. Canal de YouTube *Paraula de Mixa,* 7-8-2021.

Què diu i com ho diu?

3 **Què has entès de la videoressenya?**

a) Què són els Perseids? Quin altre nom reben?

b) De quines obres fa una ressenya la Mixa? Què tenen en comú? Indica'n els noms dels autors.

c) Quina de les dues obres diries que ha agradat més a la Mixa? Per què?

d) Creus que tots dos llibres s'adrecen a lectors i lectores de la vostra edat? Per què?

e) A més dels llibres, què més recomana la Mixa?

La crítica
Fitxa 27

4 **El contingut de cada videoressenya depèn de la temàtica del llibre, però totes tenen una estructura semblant:**

Presentació
El bibliotuber es presenta i/o saluda l'audiència.

Presentació del llibre
Dades bàsiques del llibre: editorial, títol, autor o autora; si és el cas, il·lustrador o il·lustradora i traductor o traductora, i any de publicació.

Motiu de la tria
S'expliquen les raons per les quals s'ha escollit el llibre: per la coberta, pel tema, perquè se n'ha fet una versió cinematogràfica...

Exposició de l'argument
Es resumeix l'argument de la novel·la sense revelar-ne detalls importants que puguin espatllar-ne la lectura.

Opinió raonada sobre la lectura
El bibliotuber argumenta per què recomana el llibre; en dona l'opinió raonada. També pot comentar a qui la recomana especialment, llegir-ne un fragment o explicar fets que hi estiguin relacionats.

Cloenda
El bibliotuber s'acomiada. Sovint ho fa anunciant el llibre sobre el qual farà la videoressenya següent.

- Segueix aquesta estructura la Mixa? A quina d'aquestes parts correspon cada paràgraf de la transcripció?

— Busqueu més videoressenyes, de la Mixa o d'algun altre bibliotuber, i comproveu si segueixen l'estructura anterior.

5 **Quines d'aquestes qüestions no serien adequades en la videoressenya d'una novel·la?**

a) Explicar-ne el desenllaç.

b) Relacionar-la amb altres llibres o amb pel·lícules.

c) Parlar d'altres novel·les que hagi escrit l'autor o l'autora.

d) Centrar-se només en els aspectes negatius.

e) El bibliotuber, ensenyar el seu quadern de lectura i llegir-ne algunes reflexions anotades.

f) No ensenyar la coberta del llibre.

6 **Us heu fixat que la Mixa, i la majoria dels bibliotubers, utilitzen la segona persona? Per exemple:**

Ja **saps** quin llibre **llegiràs?**

- Per què diríeu que ho fan?
  - Busqueu-ne més exemples en el vídeo de la Mixa i en altres videoressenyes.

7 **Oi que l'entonació de la bibliotubera no sempre era igual? Oi que feia les pauses necessàries i parlava amb un ritme adequat? Com es reflecteix, això, en la transcripció de la videoressenya?**

- Quins hi heu observat? Estaria ben feta, aquesta transcripció, si no n'hi hagués? Per què?

8 **Torneu a escoltar el fragment següent fixant-vos en l'entonació de la Mixa i en els signes de puntuació que hem fet servir per a transcriure'l:**

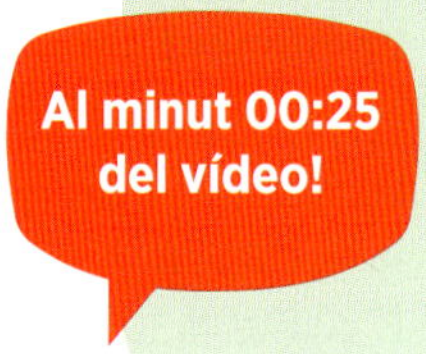

Si us ve de gust llegir llibres que parlin de les estrelles sota la llum dels estels (i amb una llanterna per no deixar-vos-hi la vista, *sisplau*) us porto algunes recomanacions.

- Què indiquen aquests parèntesis? Per què no s'ha fet servir un altre signe de puntuació? Digueu quin noi o quina noia té raó i expliqueu per què els altres s'equivoquen.

a Que la Mixa fa un **incís.** Com que aquest incís s'allunya del tema, es transcriu amb parèntesis.

b Indiquen un **incís,** però els incisos només es marquen amb comes! Us heu equivocat!

c Que la Mixa fa un **incís.** Com que és un comentari imprescindible per a entendre el que diu, es marca amb parèntesis.

Un **incís** és una explicació o un comentari que es fa enmig d'un discurs o d'una conversa. Quan es fa un incís, s'interromp el tema principal per a reprendre'l a continuació.

Els incisos es poden marcar amb **comes, guions** o **parèntesis,** segons el grau d'allunyament de l'incís respecte del sentit del discurs; de menys a més allunyat: comes, guions i parèntesis.

De quina novel·la us agradaria fer la videoressenya? Per exemple...

Heu comprovat si ja hi ha alguna videoressenya sobre aquest llibre? Busqueu-la, mireu-ne d'altres, també, i preneu nota de com ho fan!

- TÍTOL: ....
- AUTORA: ....
- EDITORIAL: ....
- LLOC I ANY D'EDICIÓ: ....
- COL·LECCIÓ: ....

9 **Fes-te les preguntes següents. Un cop hi hagis reflexionat, comenta'n les respostes amb els companys que hagin llegit la mateixa novel·la que tu. Penseu el mateix? Heu arribat a les mateixes conclusions?**

a) Què m'ha agradat més del llibre? Què m'ha agradat menys?

b) A quines persones pot agradar especialment aquesta lectura?

c) M'he sentit identificat o identificada amb algun dels personatges? Per què?

d) Què li preguntaria, a l'autora, si la tingués al davant?

e) Mentre la llegia, la novel·la m'ha fet pensar en cap altre llibre o en cap fet d'actualitat?

Descobreix els aspectes tècnics del missatge audiovisual.

El missatge audiovisual
Fitxa 18

Què més has de tenir en compte?

10 **Ara que ja has vist unes quantes videoressenyes, és hora de parar atenció als aspectes tècnics.**

- Quins plans faràs servir?
- Faràs desplaçaments de càmera o la deixaràs fixa?
- Saps què són les transicions? N'hi haurà, en el teu vídeo? De quin tipus?

— Valora si t'enregistraràs tu mateix o tu mateixa, deixant la càmera fixa, o si demanaràs a un company o a una companya que s'encarregui de gravar-te.

11 **Si tu apareixes en un primer pla, has pensat què s'hi veurà, darrere teu?**

La prestatgeria, com ha fet la Mixa.

La biblioteca del vostre centre.

La coberta del llibre que ressenyis.

Un indret relacionat amb l'argument del llibre.

12 **I la música? Busca una música que s'adigui amb el tema de la novel·la que heu escollit.**

Ja has acabat de llegir la novel·la?

Els biblioinstagramers, quan comenten un llibre, afegeixen al final de cada *post* diverses etiquetes —els *hashtags*—, per valorar-ne la lectura: #innoblidable, #trepidant, #superemotiva...

Ep! La biblioinstagramera @Ldelectures està a punt de fer un *post* sobre la novel·la que has triat! Quines cinc etiquetes pot utilitzar?

Càmera i... acció!

13 **Realitza la videoressenya de la novel·la que has llegit amb l'objectiu de donar-ne a conèixer l'autora i de fomentar la lectura d'una obra seva.**

1 **ESCRIU** un esborrany de la ressenya abans d'enregistrar-la. Recorda que...

- Ets un bibliotuber que comença. **Saluda i presenta't,** explica qui ets!
- **Presenta el llibre.** Explica de què va i resumeix-ne l'argument sense desvetllar-ne detalls importants.
- **Adreça't a l'espectador!** És una manera de connectar-hi més.
- **Argumenta** per què n'aconselles la lectura.
- **Acomiada't.** Per què no avances de quina altra obra faràs una videoressenya?

2 **REVISA** el teu discurs amb la llista de comprovació i, si escau, corregeix el que calgui.

— Assegura't que has utilitzat correctament els signes de puntuació!

3 **MEMORITZA** el text! Oi que no has vist cap bibliotuber que llegeixi?

4 **DECIDEIX** on gravaràs la ressenya i de quins efectes visuals i sonors et valdràs.

5 **EDITA** la videoressenya assegurant-te que:

- Segueix l'estructura necessària.
- El contingut s'ajusta als propòsits de la videoressenya.
- Els aspectes tècnics són adequats i estan ben fets: la imatge és nítida, el so és correcte i s'ajusta bé a la imatge, les cortinetes són adequades...

6 **POSEU EN COMÚ** les videoressenyes i valoreu-les. Són adequades?

— Quantes escriptores coneixes ara que abans no coneixies?

— Fomenten la lectura entre els joves?

Actuo

Què faràs per donar a conèixer l'autora que has escollit? Pots fer arribar la teva proposta a la biblioteca perquè en faci difusió a través de les xarxes socials o també pots esbrinar si pots fer arribar la videoressenya a l'autora. Segur que li fa molta il·lusió!

REVISA'T

1. Les activitats t'han ajudat a conèixer més autores de la literatura juvenil?
2. Fer la videoressenya t'ha servit per a fer una lectura més acurada i profunda?
3. Què canviaríeu d'aquesta situació d'aprenentatge per a millorar-la?

11

Escoltem un llibre?

Per Sant Jordi i el Dia Internacional del Llibre, l'Eloi i els seus companys i companyes han pensat que seria molt bona idea regalar un audiollibre a les famílies del seu centre com a record. Però no un audiollibre qualsevol, l'enregistraran ells mateixos! Quins nervis, i quina responsabilitat! I vosaltres, us hi atreviríeu?

Abans d'enregistrar-lo, haureu de practicar la **lectura en veu alta.**

- **Quina obra escollireu? I de qui?**
- **Regalem lectura! Som-hi?**

Protegim el patrimoni cultural

La Diada de Sant Jordi, tan arrelada a casa nostra, forma part del nostre patrimoni cultural intangible, immaterial. Protegir-la és seguir la tradició del llibre i de la rosa, però també ho és fomentar la lectura cada dia de l'any.

Aprendràs a...

- Aplicar estratègies de cerca d'informació per a conèixer autors i autores de la literatura catalana del segle xx, així com de la literatura juvenil actual.
- Reconèixer determinats sons i fenòmens fonètics per a pronunciar-los correctament i saber-ne aplicar la norma ortogràfica.
- Aplicar estratègies per a preparar, realitzar i editar una lectura expressiva en veu alta d'un text narratiu literari.

Això va de llegir en veu alta!

1 Comencem! Saps què és un audiollibre? N'has escoltat mai cap o n'has sentit a parlar?

2 Per què és important llegir en veu alta? Escolteu què hi tenen a dir els alumnes que surten en aquest vídeo. Hi esteu d'acord?

https://links.edebe.com/ifn

Es pot estar «connectat» a la lectura?

Escoltar una narració és una cosa del segle XXI o, tot el contrari, és un costum que hem recuperat del passat?

Què hem de tenir en compte per a ser bons locutors i bones locutores?

✓ **Quins avantatges té escoltar un llibre en lloc de llegir-lo?**

✗ **Té inconvenients? Quins?**

3 De qui enregistrareu una narració? Escolliu un d'aquests autors o autores i busqueu-ne la informació que hi ha a continuació.

Pere Calders

Mercè Rodoreda

Jordi Sierra i Fabra

Maite Carranza

- Dades bàsiques: on i quan va néixer.
- Gèneres literaris que ha conreat.
- Obres rellevants que hagi escrit.
- Premis i reconeixements obtinguts.
- Com es va aficionar a la lectura i/o quan va començar a escriure.
- Alguna informació que t'hagi sorprès o cridat l'atenció.

Primer, llegim un conte...

El fragment que llegiràs pertany al primer conte per a nens i nenes que va escriure Pere Calders. El va publicar el 1936, en el recull de contes *El primer arlequí.*

EL BARRET PRODIGIÓS I LA BARRACA DE MONSTRES

Una vegada, en el món van ocórrer dos miracles que, per bé que cada un d'ells s'originà en un lloc distant de l'altre, l'atzar, o el poder que en va disposar la realització, s'enginyà per a relacionar-los de manera que tot fos menat cap a una trista fi.

Una nena, petita de quatre anys, va entrar un dia furtivament a la cambra de jocs del seu germà, que tenia un timbal meravellós, amb pell tibant, claus, manetes, tot el que cal, en fi, a un timbal considerable. La nena es delia per aquesta joguina [...] i el seu germà no la hi deixava ni mirar. Això augmentava el seu desig de jugar-hi, fins al punt que hauria donat deu vegades la seva casa de nines a canvi de poder repicar una mica el timbal. Aquell dia, o més justament, aquella nit, havia pres un determini desesperat, però que tanmateix era l'única solució: aprofitar-se que tothom a casa dormia (comptant-hi el seu germà, naturalment), per a poder entrar a la cambra de jocs i disposar-ne com a mestressa absoluta; cal dir que la seva ambició no anava més enllà del timbal, tot i que havia d'ésser ben forta per a fer-la saltar del llit i endinsar-se en una fosca absoluta que l'espaordia extraordinàriament. Però va passar per damunt de tot i arribà a la cambra de jugar. La finestra estava oberta i feia una lluna tan bella que ho il·luminava tot; tant, que la nena se'n sentí definitivament aconhortada i va deixar de banda els temors. El timbal estava en un racó de la cambra, a terra, voltat d'una colla de grossos daus de fusta, i d'unes quantes cartes espanyoles. No és pas que el seu germà fos un precoç jugador de cartes, però li agradaven, com una mena d'estampes boniques, i per això eren allí, sense haver servit mai per a altra cosa que per a ésser ordenades segons llurs números o llurs colors i tornar a ésser esbullades i barrejades tot seguit.

Delir-se per alguna cosa és tenir moltes ganes de fer-la.

Una persona pren un **determini** quan es decideix a fer una cosa.

Espaordir vol dir espantar.

Aconhortar (o conhortar) algú és animar-lo.

Esbullar és escampar o separar una cosa que estava unida.

La nena s'assegué a terra, es posà el timbal a la falda i va empunyar les manetes amb la consciència precisa que calia no fer soroll, i començà a copejar la pell del timbal suaument, tan baixet que no s'hauria sentit un esternut de grill, en el cas que els grills poguessin fer-ne. I aleshores

s'esdevingué un gran prodigi; un cavall d'espases de les cartes espanyoles es retallà clarament sobre el seu fons de cartolina blanca i va començar a moure's; el cavall, neguitós per una immobilitat excessiva, va fer uns quants bots, saltant ara sobre les cames, ara sobre els braços, i hauria llençat el seu genet a terra si aquest no hagués estat tan destre. Dominà el cavall i posant-lo a un pas que denotava molta noblesa, va passar per sota el pont que formaven les cames plegades de la nena i va travessar airosament la porta.

La nena, a qui la vista d'aquell miracle havia llevat tot el sentit de la prudència, va llençar un Oooh!... prolongat, ple de matisos i modulacions, que va despertar tota la seva família. És clar que de primer antuvi ningú no va creure res del que la nena deia, però la vista de la carta amb la silueta del cavall i el cavaller retallada netament els va fer pensar si s'hauria produït un concurs de circumstàncies prou especials perquè un cavall de cartes prengués vida, i el pare, agafant l'únic cavall que quedava en el joc, el va col·locar a terra, i va repicar el timbal baixet, prop seu, esperant que potser es mouria, però no va tenir pas més èxit del que tindríeu vós. I com que fet i fet tots tenien molta son, optaren per anar-se'n a dormir novament.

Un **prodigi** és una cosa extraordinària, meravellosa, que sembla que no pot ser.

Per a una **lectura expressiva** en veu alta, el primer que has de fer és **entendre** bé el text que llegiràs!

...i el comprenem

4 **Què has entès del fragment que has llegit?**

a) Per què la nena volia entrar a la cambra de jocs del seu germà?

b) Com s'ho va fer per a entrar-hi?

c) Què l'hauria pogut fer tirar enrere?

d) Què són les «cartes espanyoles»?

e) Què passa quan la nena comença a copejar el timbal?

f) Es repeteix el prodigi quan el pare agafa l'instrument?

5 **Sabríeu dir aquestes oracions d'una altra manera, sense que en canviï el significat que tenen en el text?**

a) Va entrar **furtivament** a la **cambra** de jocs.

b) Havia pres **el determini** d'entrar a la cambra de jocs i **disposar-ne com a mestressa absoluta.**

c) La nena va llençar un Oooh!... **prolongat, ple de matisos i modulacions.**

6 **Us heu fixat que, al principi del fragment, el narrador parla de «dos miracles» que tenen lloc en indrets diferents? El primer l'acabeu de llegir. Quin podria ser el segon?**

— Imagineu-vos-ho o inventeu-vos-ho i expliqueu-ho breument per escrit.

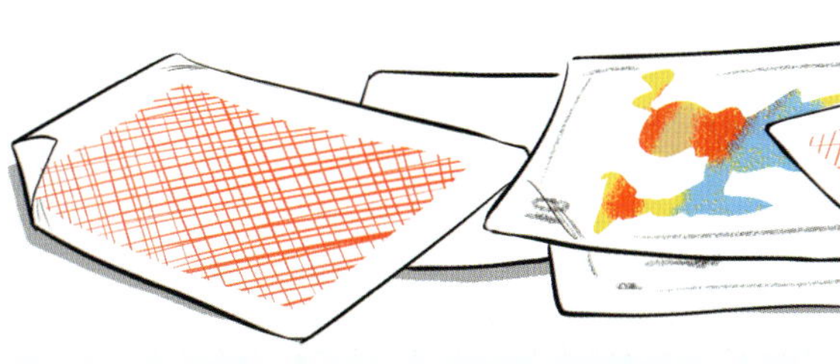

Com es fa una lectura expressiva?

La lectura silenciosa és molt important per a entendre un text. Però, què més heu de tenir en compte per a fer-ne una lectura en veu alta? Anem a pams!

7 **Escolteu l'àudio del fragment del conte que heu llegit fixant-vos en aquests aspectes:**

1. LA VELOCITAT

No heu de llegir ni massa ràpid ni massa lent. No tingueu pressa! Sol passar que, a mesura que avança el text, el lector accelera, com si tingués ganes d'acabar.

Llegiu el conte en veu alta! Demaneu al company o a la companya que us avisi quan us embaleu o quan aneu massa lents, i viceversa.

2. L'ENTONACIÓ

Heu de llegir el text respectant-ne les pauses (punts, comes...) i els signes d'exclamació (!) i d'interrogació (?). Els signes de puntuació van lligats a l'entonació, en marquen el to, les inflexions, les pauses i l'estil. Eviteu l'entonació monòtona!

Distingiu les pauses curtes de les llargues? Amb quins signes de puntuació s'indiquen?

3. LES PARAULES CLAU

Marqueu o emfatitzeu amb la veu aquelles paraules que poden ajudar el receptor a interpretar el text.

Practiqueu amb les dels dos primers paràgrafs del conte: *miracles, nena, timbal, delia, germà, desig, nit...*

4. LA DICCIÓ

És molt important articular obertament: cal vocalitzar i pronunciar les paraules correctament.

Fixeu-vos en les paraules del conte que hem subratllat! Sabeu pronunciar-les bé?

8 **Us imagineu la lectura en veu alta del text següent sense tenir en compte els signes de puntuació? Escolteu com quedaria!**

No he tingut cap més remei que fer-me càrrec de la situació. He somrigut amb somriure d'actriu, com quan la mama enganya el Tim.

—Però què fas plorant? No siguis tonto, si era una sorpresa!

El Tim ha callat en sec, s'ha empassat els mocs, s'ha eixugat les llagrimotes i se m'ha quedat mirant.

—Una sorpresa? [...]

—Xxxxxxt! És un secret, vine, vine amb mi. [...] Au, anem al parc i així no ens sentirà ningú.

—És un secret molt secret? —ha volgut confirmar el Tim.

—Secretíssim.

Sembla mentida com en són, de volubles, els nens. Fa uns minuts estava fet un flam i ara en canvi ha sortit cap al parc com un coet, més content que un gínjol. Gairebé no el podia enxampar.

—Espera! No corris tant!

Ha entrat al parc com una fletxa i ha tombat cap als gronxadors.

Maite Carranza, *La pel·lícula de la vida.* Cruïlla.

— Segur que vosaltres ho podeu fer millor! Llegiu el text en veu alta realitzant l'entonació pròpia de cada modalitat oracional.

— Per cert, quines són les modalitats oracionals?

L'oració. Tipus d'oracions
Fitxa 53

Pronunciem bé les paraules

9 Teniu problemes amb els sons de la essa? Llegiu aquestes paraules del conte i escolteu com es pronuncien:

Tenen el so de essa sorda

Tri**s**ta, con**s**iderable, Solu**c**ió, Trave**ss**ar, Gro**ss**os, é**ss**er, **s**ilueta, exce**ss**iva

Tenen el so de essa sonora

At**z**ar, Po**s**à, de**s**ig, Ale**s**hores, De**s**esperat, Noble**s**a, mati**s**os, airo**s**ament

Quan llegeixis, hauràs de reconèixer al moment els mots que tenen el so de essa sonora i de essa sorda per a pronunciar-los bé. Fixa't bé en les paraules que tenen el so de essa sonora. Com s'escriuen? Sabries deduir-ne la norma?

Essa sorda i essa sonora
Fitxa 66

La *s* a final de mot es pronuncia **sonora** en contacte amb un altre mot que comença amb vocal. Fixeu-vos-hi:

el**s** avis > el[z]avis
le**s** oques > le[z]oques
u**s** ho diré > u[z]ho diré

Què passa si pronuncieu sordes les *s* dels sintagmes nominals? Continuen significant el mateix? Proveu-ho!

— Busqueu-ne exemples en el conte!

10 Dubteu a l'hora de llegir mots amb la lletra *g*? Practiqueu! Escolteu com sonen aquests altres mots del conte i classifiqueu-los segons si la *g* sona com en *gol* o com en *geni*:

ori**g**inà - jo**g**uina - **g**ermà - ve**g**ades - prodi**g**i
se**g**ons - **g**enet - pren**g**ués - ju**g**ar

— Què observeu? En podeu deduir alguna regla?

El so de ***ja***, ***ge***, ***gi***, ***jo***, ***ju*** (*menjar, gerani, gimnàs, joia, Júlia*) de vegades es confon amb el so de la xeix. Escolteu aquestes oracions i inventeu-ne de semblants que us ajudin a recordar-ho.

Endavant àudio!

No són el mateix...

...uns bo**j**os al bosc que els boi**x**os del bosc.

No és el mateix...

...encon**gi**r un **j**ersei que encoi**xi**r un **x**eic.

Les grafies *g/j*, *tg/tj*, *x/ix*, *tx/ig*
Fitxa 69

Els dialectes del català
Fitxa 9

11 A quin bloc pertany el català de la persona que ha fet la locució del conte, a l'oriental o a l'occidental?

— Sabríeu dir tres característiques comunes pròpies d'aquest bloc? Agafeu d'exemples paraules del conte!

12 Obertes o tancades? Troba en el conte, com a mínim, cinc paraules que es pronunciïn amb *e* oberta i cinc que es pronunciïn amb *e* tancada.

— Ara, assenyala les vocals neutres d'aquests mots del conte si en el teu parlar hi ha vocal neutra. Són en posició tònica o àtona?

altre	germà	espases	genet
miracles	delia	agradaven	clarament
atzar	vegades	barrejades	formaven

— Com es pronuncia la vocal *o* en posició àtona en el vostre parlar?

13 Us heu fixat com es pronuncia cada una de les paraules següents? Relaciona cada paraula de l'esquerra amb el fenomen fonètic que li correspon.

TA**NM**ATEIX	**Emmudiment** El so [t] no es pronuncia a final de mot.
I**MM**OBILITAT	**Assimilació** El so [n] assimila el punt d'articulació de la lletra que la segueix: [m].
COMPTAN**T-HI**	**Geminació** El so consonàntic [m] es duplica.
PUN**T**	**Sensibilització** El so [t] es pronuncia davant de vocal.

En contextos formals, cal evitar la pronúncia *ieista* de la *ll* (és a dir, pronunciar [j] en lloc de [ʎ]). Per exemple: *meraveiós* i *pei*, en lloc de *mera**ll**ós* i *pe**ll***.

14 Què contestaríeu a la noia de la foto? En trobareu informació a...

https://links.edebe.com/qAFFex

Endavant les locucions!

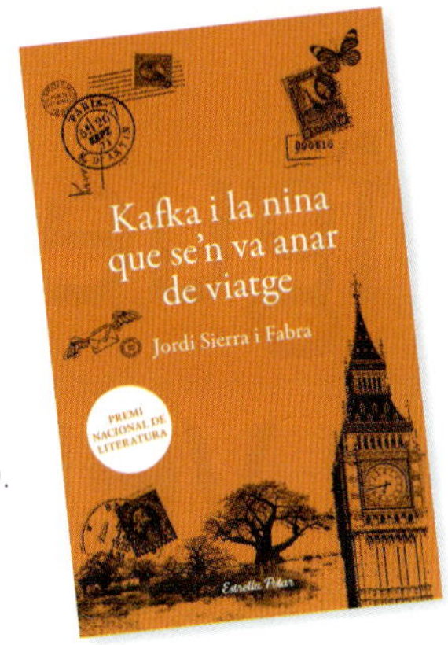

15 **Segons l'autor o l'autora que hàgiu triat, podeu fer la locució d'una d'aquestes lectures:**

- «Hedera helix», de Pere Calders (fragment).
- «El bruixot i la sargantana», de Mercè Rodoreda (fragment).
- *Kafka i la nina que se'n va anar de viatge*, de Jordi Sierra i Fabra (fragment del capítol b).
- *La pel·lícula de la vida*, de Maite Carranza (fragment del capítol 5).

16 **Assaja la lectura, en veu alta, del text escollit tenint en compte aquests consells:**

1. **COMPRÈN EL TEXT.** Primer fes-ne una lectura silenciosa i, després, una lectura compartida.
2. **TROBA-HI LES PARAULES CLAU** per fer-hi èmfasi quan llegeixis el text.
3. **SEGUEIX ELS SIGNES DE PUNTUACIÓ** per a poder fer les pauses adients i donar l'entonació correcta a cada oració segons la seva modalitat.
4. **MANTÉN EL RITME.** Si segueixes la puntuació correctament i entens bé el que llegeixes, aconseguiràs mantenir-lo i sabràs quan cal accelerar-lo o alentir-lo.
5. **LA VOCALITZACIÓ I LA PRONÚNCIA.** Si no articules correctament els sons de les paraules del text, no se t'entendrà bé.
6. **LA INTERPRETACIÓ.** No es tracta que et posis a actuar, però en el moment de llegir has de modular la veu segons:
   - Els fets narrats (si són dramàtics o còmics, tristos o alegres...).
   - El que estigui fent el personatge que parla (cridar, fer una confidència, plorar...) o el seu estat d'ànim.

17 **Ha arribat el moment de gravar l'audiollibre:**

1. **ENREGISTREU-VOS** amb una de les eines següents: Audacity, Anchor, Vocaroo...
2. **ESCOLTEU I REVISEU** la lectura segons els consells anteriors i la llista de comprovació.
3. **POSEU EN COMÚ** els àudios i trieu el fragment que regalareu a les famílies.

Actuo

Explica de manera raonada què penses dels audiollibres i si editar-ne i afavorir-ne la difusió et sembla una bona manera de contribuir a la tradició del llibre i de la rosa i a la cultura en general.

REVISA'T

1. Què t'ha agradat més d'aquesta experiència? Què t'ha agradat menys?
2. T'han servit els assaigs?
3. En què creus que has de millorar?

12

Digues-m'ho en vers!

Des de sempre, les persones han expressat sentiments mitjançant el ritme. De fet, les primeres manifestacions poètiques eren cantades!

La **poesia** és pertot arreu, el que passa és que sovint no la sabem veure.

- **I vosaltres, sabeu mirar el món amb ulls de poeta?**
- **Us atreviu a compondre un poema o la lletra d'una cançó?**

Contempla la natura

Estem en emergència climàtica, i al món hi ha guerres, sofriment i dolor. La poesia és l'expressió del jo, però no és aliena a aquesta realitat, i és una forma d'expressió tan vàlida com qualsevol altra per a reflexionar-hi. Deixa't emocionar per la natura i tradueix aquesta emoció en paraula poètica.

Aprendràs a...

- Valorar i comprendre diverses formes d'expressió poètica.
- Analitzar formalment un poema.
- Aplicar estratègies per a elaborar un text versificat amb intenció literària.

Una altra manera de dir les coses

Hi ha poemes que es mostren compromesos amb el que passa al món.

Poesia
Fitxa 33

1 **Coneixes aquest poema? Es titula «Podries», i és de Joana Raspall:**

Si haguessis nascut
  en una altra terra,
podries ser blanc,
  podries ser negre...
Un altre país
  fóra casa teva,
i diries «sí»
  en una altra llengua.
T'hauries criat
  d'una altra manera
més bona, potser;
  potser, més dolenta.
Tindries més sort
  o potser més pega...
Tindries amics
  i jocs d'altra mena;
duries vestits
  de sac o de seda,
sabates de pell
  o tosca espardenya,
o aniries nu
  perdut per la selva.
Podries llegir
  contes i poemes,
o no tenir llibres
  ni saber de lletra.
Podries menjar
  coses llamineres
o només crostons
  eixuts de pa negre.
Podries... podries...
  Per això, pensa
que importa tenir
  LES MANS BEN OBERTES
i ajudar qui ve
  fugint de la guerra,
fugint del dolor
  i de la pobresa.
Si tu fossis
  a la seva terra,
la tristesa d'ell
  podria ser teva.

Joana Raspall, «Podries»,
a *Com el plomissol. Poemes i faules*. Barcanova.

- Quin tema tracta aquest poema?
- Molts artistes han volgut fer una versió de «Podries». Per què creus que agrada tant aquest poema? Què hi han vist? Què hi veus tu?
- Han interpretat «Podries»...

SI POTS, ESCOLTA-LES!

...Gemma Humet. Al disc *Encara* (Satélite K, 2017).

...Juan Valderrama, amb Las Migas i Maria del Mar Bonet, al disc *Mujeres de carne y verso* (Kompetencia Records, 2019).

...Roba Estesa, a l'àlbum *Descalces* (Coopula, 2016).

Sílvia Bel (veu) i Marta Bellvehí (il·lustracions), per al projecte *Poesia Dibuixada*, impulsat per LletrA (UOC) i la revista *Catorze*.

2 La poesia també es pot fer al carrer:

- Què expressa aquest vers? De quina figura retòrica és un bon exemple?

Sovint la poesia ha sortit de les pàgines dels llibres per a instal·lar-se als carrers gràcies a diverses iniciatives.

Per exemple, els carrers de Tarragona es van omplir de versos gràcies a la iniciativa «Carrer Poesia», promoguda per l'Associació de Professionals i Estudiosos de Llengua i Literatura Catalanes (APELLC).

En aquest projecte, l'artista Gerard Martín va escriure amb pintura versos de la tarragonina **Montserrat Abelló** a les escales del carrer Castaños de Tarragona.

Què en sabeu, de la poeta Montserrat Abelló?

Si féssiu vostra la iniciativa de les escales, de quin poema hi reproduiríeu els versos?

AIXÒ DE «FER PARLAR EL VENTALL», QUÈ VOL DIR?

3 **L'art de carrer ha de ser breu per força... I, per poesia breu, la dels haikus, una forma estròfica japonesa en què s'evoca o se suggereixen sensacions i emocions de la forma més breu possible.**

Per què vull el mirall
ni fer parlar el ventall
si no hi ets tu?

Rosa Leveroni

Compàs d'espera
que cap encís no trenca,
fal·laç mentida.

Montserrat Abelló

La pau, pregonen,
i amb la boca petita
criden la guerra.

Miquel Martí i Pol

Nen i pissarra:
cada esquinçall de guix
una frisança.

Jaume Pont

- De què tracta cadascun d'aquests haikus? Expliqueu-ne el sentit!

Quina font d'inspiració, la natura!

4 **Molts poetes s'han inspirat en el paisatge per escriure les seves composicions. Aquesta, de Miquel Costa i Llobera, n'és un exemple.**

- Fixeu-vos en el títol. On és el cap de Formentor?
- Busqueu-ne imatges abans de llegir el poema!

EL PI DE FORMENTOR

Mon cor estima un arbre! Més vell que l'olivera
més poderós que el roure, més verd que el taronger,
conserva de ses fulles l'eterna primavera
i lluita amb les ventades que atupen la ribera,
com un gegant guerrer.

No guaita per ses fulles la flor enamorada;
no va la fontanella ses ombres a besar;
mes Déu ungí d'aroma sa testa consagrada
i li donà per terra l'esquerpa serralada,
per font la immensa mar.

Quan lluny, damunt les ones, renaix la llum divina,
no canta per ses branques l'aucell que encativam;
el crit sublim escolta de l'àguila marina
o del voltor qui passa sent l'ala gegantina
remoure son fullam.

Del llim d'aquesta terra sa vida no sustenta;
revincla per les roques sa poderosa rel;
té pluges i rosades i vents i llum ardenta,
i, com un vell profeta, rep vida i s'alimenta
de les amors del cel.

Arbre sublim! Del geni n'és ell la viva imatge;
domina les muntanyes i aguaita l'infinit;
per ell la terra és dura, mes besa son ramatge
el cel que l'enamora, i té el llamp i l'oratge
per glòria i per delit.

Oh! sí: que quan a lloure bramulen les ventades
i sembla entre l'escuma que tombi el seu penyal,
llavors ell riu i canta més fort que les onades
i, vencedor, espolsa damunt les nuvolades
sa cabellera real.

[...]

Miquel Costa i Llobera

Qui estima l'arbre? Com ho heu sabut?

Amb què compara el pi? Per què?

Què és la «testa» del pi? On està situat el pi?

Què és «la llum divina» que «renaix»?

De qui és la «viva imatge» el pi?

Per què és «vencedor» el pi? Qui o què venç?

Mon i **ses** són possessius àtons. De quins possessiu tònics són equivalents?

Atupar vol dir pegar, batre.

Guaitar vol dir mirar.

Mes és una conjunció; equival a *però*.

La **testa** d'una persona o d'un animal és el cap.

Encativar un ocell és privar-lo de llibertat.

El **llim** és el fang.

Revinclar vol dir retòrcer.

A lloure vol dir en llibertat, lliurement.

Un **bramul** és el crit del bou, la vaca... Quan, en una tempesta, el vent (o el mar) fan un soroll intens, diem que bramulen.

Què en sabeu, de Miquel Costa i Llobera? Busqueu-ne informació!

- Per què Costa i Llobera dedica el poema a un pi, i no a un altre arbre?
- A quin arbre dedicaries un poema, tu? Per què?

Expressar-se en vers és tot un art!

5 **T'ha sorprès l'ordre de les paraules d'alguns versos del poema anterior? Sabries reescriure'n aquests segons l'ordre gramatical habitual?**

a [L'arbre] conserva de ses fulles l'eterna primavera

b [L'arbre] No guaita per ses fulles la flor enamorada;

c no va la fontanella ses ombres [les de l'arbre] a besar;

d per ell la terra es dura, mes besa son ramatge
el cel que l'enamora [...]

— Quin és el subjecte dels versos *a, b* i *c?* Quants verbs hi ha en els versos del grup *c?* De quin tipus és cadascun?

— Acabes de veure exemples d'hipèrbaton. Quins altres recursos retòrics hi ha en el poema?

AL·LITERACIÓ	PERSONIFICACIÓ	COMPARACIÓ	METÀFORA
...	...	...	...

Un hipèrbaton és una figura retòrica que consisteix en una alteració de l'ordre gramatical dels mots.

L'estructura d'un poema: la mètrica
Els recursos retòrics
Fitxes 40 i 41

6 **Sabries fer el recompte sil·làbic dels primers versos del poema?**

														Nombre de síl·labes
Mon	co(r)	(r)es	ti	ma u(n)	(n)ar	bre!	Més	vell	que	l'o	li	ve	ra	6 + 6
més	po	de	rós	que el	rou	re,	més	verd	que el					
									na					
i	llui	ta amb												
					rer.									

a) Per fer el recompte sil·làbic, fins a quina síl·laba has de comptar?

- Només fins a l'última síl·laba àtona de cada vers.
- Només fins a l'última síl·laba tònica de cada vers.
- Fins a la penúltima síl·laba de cada vers.
- Fins a l'última síl·laba de cada vers.

b) Quantes síl·labes tenen els versos anteriors? Quin nom reben?

c) Com és la rima, consonant o assonant?

d) Què indica el signe en forma de U que hi ha en els dos primers versos?

7 **Practica la rima! Busca una paraula que rimi de manera assonant amb cadascuna de les següents:**

somiar - drac - plat - adormit - mira - rosa - cova - distret
mentida - cansat - sentir - vençut - mola

— Ara, busca paraules que rimin de manera consonant amb aquestes:

ballar - resistir - dalt - diner - racó - res - excés - això - por - joc
temut - enviat - primers - interès - serè - pardal

Busca *El pi de Formentor* cantat per Maria del Mar Bonet. T'ajudarà a fer l'activitat 8! «Mon cor estima un arbreee...».

8 **T'atreveixes a dir alguna cosa cenyint-te a la mètrica de l'estrofa que has analitzat abans? Prova de crear cinc versos amb la mateixa mètrica!**

													Nombre de síl·labes
A	vui	la	me	va	ma	re	m'ha	re	ga	la(t)	(t)un	lli	bre	6 + 6

TREBALLA LES RIMES!

Intenta no rimar un infinitiu amb un infinitiu o un participi amb un participi (*presumir* i *imprimir*, *cantat* i *rentat*...). Això és molt fàcil!

No passa res si ho fas en un o dos versos, però procura no fer-ho en tots; si no, el poema serà molt monòton!

TAMBÉ HI HA MOLTS HAIKUS DEDICATS A LA NATURA I EL MÓN NATURAL. EN BUSQUEU MÉS?

FLORS AL VENT

Les fulles mena el vent;
en la tarda morent
soc lluny de tu.

Rosa Leveroni

GIRAFA

Tens el cap petit
perquè la distància
te l'ha empetitit.

Pere Quart

Darrere el vidre
els arbres nus esqueixen
el blau de l'aire.

Llorenç Vidal

El *rap* és ritme!

Diuen que la paraula *rap* prové de l'acrònim anglès *Rhythm And Poetry*, és a dir, 'ritme i poesia'.

El **rap** és un estil musical que es va originar als anys vuitanta del segle XX entre la comunitat afroamericana dels Estats Units, que hi expressava el seu malestar des dels barris més desfavorits.

• 9 **Llegeix la cançó «Tinc poc temps», del raper Lildami, i escolta-la, si pots:**

TINC POC TEMPS

Dic més en cançons
que en persona parlant,
per això et vaig escriure un tema
quan *lo* nostre estava acabant.

No et dic com estic,
t'ho canto en un disc,
boca callada,
la música ho fa per mi

Em vaig comprar un cotxe potent
que feia molt soroll
per no sentir en silenci
quan el conduïa sol.

Em vaig comprar un anell d'or
que sempre brillava molt,
però no vaig ser capaç
de veure'l en la foscor.
I si ens fem lloc al calendari
i ens reservem una estona?
Aparco a prop del teu barri
i anem a fer un vol per la zona.

Perdona si vaig molt ràpid
i estic sent tan intens,
però tinc massa coses a dir i...
tinc poc temps.

Tinc poc temps.
Tinc poc temps.
Tinc poc temps. [...]

Lildami. «Tinc poc temps» (fragment),
dins l'àlbum *Tinc poc temps.* Halley Records. 2021.

- Quantes estrofes té aquest fragment? Quants versos té cadascuna?
- Per què diries que els de l'última són diferents?
- Encercla les paraules que rimen. Totes rimen igual?

En el *rap* hi ha un tercer **tipus de rima** anomenada «**rima amagada**». En principi, es tracta d'una rima que no està ben feta, perquè la vocal tònica no coincideix amb les dues paraules rimades, però com que acaben igual, sonen bé. Per exemple, *música* i *física* o *casa* i *cosa*.

Ara et toca a tu!

10 **Ha arribat el moment! Treu el poeta que portes dins i prepara un poema centrat en un element de la natura:**

1 **DECIDEIX L'OBJECTIU** de la teva composició. Per exemple:

a Mostrar la bellesa d'un element natural o expressar-ne l'admiració.

b Expressar el sentiment o l'emoció que fa néixer en tu la contemplació d'un element natural.

c Fer reflexionar sobre una injustícia relacionada amb el canvi climàtic.

2 **TRIA L'ELEMENT NATURAL** que et vagi millor per a transmetre l'objectiu del teu poema. Per fer-ho, pots fer-te preguntes com aquestes:

- Per què t'agrada aquest element? Per què no t'agrada?
- Com és? A què s'assembla?
- En què et fa pensar?
- Et porta algun record? Per què? És un record bo o dolent?

3 **FES SERVIR FIGURES RETÒRIQUES** per a donar expressivitat al llenguatge:

No és el mateix dir «Que bonics, els camps a la primavera» que dir...

Els camps són com tapissos de colors.

Els camps són tapissos de colors.

4 **TRIA EL TIPUS DE COMPOSICIÓ** que et vagi millor per a expressar-te:

a Un «vers de carrer»

b Un haiku

c Un poema de més d'una estrofa o la lletra d'un rap

5 **ESCRIU** el teu poema. Si vols fer-lo amb rima consonant, pots utilitzar el *Diccionari de la llengua catalana* de l'Institut d'Estudis Catalans. T'ajudarà, perquè permet cercar paraules amb la condició de cerca «acabada en».

Actuo

Ja que heu dedicat els vostres poemes a elements de la natura, per què no els feu servir per recordar a la població de la vostra localitat que estem en emergència climàtica? Elaboreu un cartell que ho expliqui i porteu les vostres poesies al carrer: escriviu-les en targetes i pengeu-les dels arbres d'una plaça, pinteu versos vostres en unes escales... Què més se us acudeix?

REVISA'T

1. Segueixes pensant el mateix de la poesia després de fer aquestes activitats?
2. Quina activitat t'ha agradat més i quina t'ha agradat menys? Per què?

El poder de les persones grans

REPTE

Les persones grans, al llarg de la seva vida, han passat per molts moments diferents: uns de molt feliços i més fàcils, i uns altres segurament no tant... Les seves experiències tenen un gran valor i poden ser sorprenents, misterioses i impressionants, com les històries que veiem al cinema o llegim als llibres. I si fins i tot són millors i resulta que ens les estem perdent?

Quantes coses que podem aprendre de les persones grans i com arribem a gaudir-ne! Però... què passarà el dia que no ens puguin explicar les seves històries? Desapareixeran i s'oblidaran per sempre?

1 Què et suggereix el que acabes de llegir?

2 Us proposem que recopileu i editeu les memòries de les persones grans del vostre entorn. Per a fer-ho, heu de preparar un àlbum (en versió paper i digital) que reculli la vida de la persona que trieu; després podreu regalar-li aquest àlbum i, també, fer-ne una còpia digital per a la biblioteca del centre.

Com ens organitzem?

Formeu petits grups per a dur a terme el projecte. Cadascun haurà de recollir, preparar i editar les memòries d'una persona gran.

3 **Amb la finalitat de treballar més bé plegats, cada component del grup tindrà assignat un rol amb unes responsabilitats determinades.**

— Llegiu amb atenció quins rols hi ha i quines responsabilitats comporten; després, repartiu-los entre els components de cada grup.

PORTAVEU

- Parla en nom del grup.
- Consulta els dubtes.
- Es comunica amb altres equips.

COORDINADOR

- Obté, reparteix i guarda el material de treball.
- Reparteix les tasques.

SECRETARI

- Apunta el treball que es fa.
- Recorda el que queda per fer.
- Comprova que tothom fa la feina.

MODERADOR

- Controla les intervencions i el nivell de soroll durant el treball en grup.
- Anima a la participació de tots els components.

INVESTIGUEM

Què en sabem?

Un cop triada la persona les memòries de la qual voleu editar, confirmeu si està interessada a participar en aquest projecte.

4 **Què sabeu sobre el repte que teniu al davant?**

— Quins aspectes poden formar part del projecte? Quines idees teniu sobre aquest tema?

— Compartiu les idees apuntades dins del grup, enumereu-les, milloreu o elimineu les que calgui i seleccioneu les més adequades.

Què sabem sobre...?			
Persones grans	Personatges del cinema i de la literatura	Textos per a l'àlbum	Tractament digital de text i imatges

5 **Ara, completeu aquesta altra taula sobre el que necessitem saber-ne.**

Què hem de saber sobre...?			
Persones grans	Personatges del cinema i de la literatura	Textos per a l'àlbum	Tractament digital de text i imatges

On busquem la informació?

Ha arribat el moment de buscar la informació en relació amb les preguntes que teniu i desenvolupar el projecte.

6 **Les idees que presentem en cadascuna de les fitxes següents us serviran per a perfilar la informació que necessiteu, tenint en compte a qui us adreçareu, on ho fareu i com aconseguireu aquesta informació.**

Persones grans

- Qui poden ser? Familiars, veïns, coneguts...
- On viuen o s'estan? A casa seva, en la d'algun familiar, en una residència, en un hospital...
- Com hi podem contactar? A través d'un familiar, per telèfon o per correu electrònic, amb un vídeo, amb una carta...
- Com podem obtenir la informació? Es pot preparar un guió amb preguntes, fer l'entrevista, prendre notes de veu i fer fotografies...

Personatges del cinema i de la literatura

- Alguns exemples de la història del cinema, de la literatura...
- Què els caracteritza? Com són de caràcter i quins actes i accions duen a terme?
- Com se'ls representa i com es narren les seves vides? Icones, dibuixos, fotografies, textos...
- Com recollirem la informació? Es pot apuntar en fitxes, classificar-la en carpetes a l'ordinador, guardar vídeos d'Internet...

INVESTIGUEM

Textos per a l'àlbum

- Quins textos poden ser els més adequats? Narracions, peus de foto, anecdotaris...
- Quines en són les característiques? Finalitat, estructura...
- Quins altres recursos poden ser necessaris? Fotografies, vídeos...
- Com podem redactar la informació? Seleccionar la persona narrativa, seguir un estil periodístic...

Important! Quan trieu un text, heu de citar-ne la font correctament: autor, títol i editorial.

Tractament digital de textos i imatges

- En què consisteix? Característiques, exemples...
- Què necessitem? Aplicacions, recursos, eines...
- Com podem tractar la informació? Seleccioneu un editor de textos adequat, trieu una presentació, dissenyeu les pàgines de l'àlbum digital, creeu plantilles...

Important! Per a escollir fotografies, us recomanem que consulteu un banc d'imatges lliures de drets. Així respectareu la propietat intel·lectual.

7 **Repartiu els temes entre els components de cada grup.**

— Tots els integrants dels diferents grups que investiguen sobre un mateix tema han de formar un grup d'experts per a intercanviar la informació, fer-ne un esquema...

— Després, cada expert torna al seu grup i explica als altres la informació que ha obtingut.

— Per acabar, completeu la fitxa del vostre grup amb les dades més rellevants.

Què sabem ara sobre...?

Persones grans	Personatges del cinema i de la literatura	Textos per a l'àlbum	Tractament digital de textos i imatges

AprenentatgeServei

CREEM

Proposem idees per a crear l'àlbum

8 **Ara que ja teniu la informació necessària, heu de pensar i arribar a un acord sobre com seran:**

- L'àlbum que recollirà la vida de la persona gran que heu triat.
- L'edició digital que es guardarà a la biblioteca del centre escolar.

— Les orientacions següents us poden servir d'ajuda. Hi podeu afegir tot el que considereu necessari:

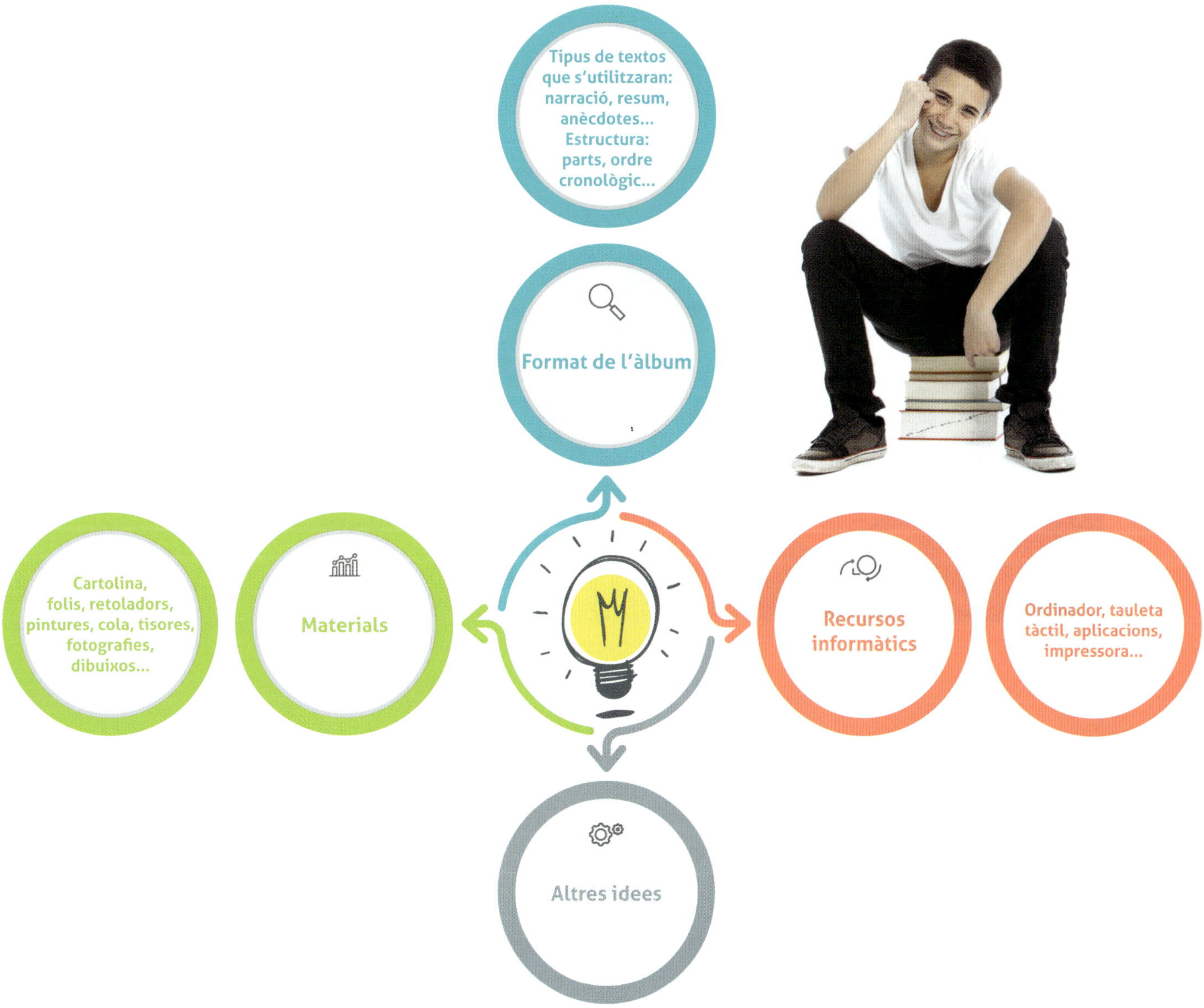

9 **Un cop decidit com seran els àlbums, distribuïu les tasques entre tots els components del grup i completeu el treball.**

— No us oblideu de revisar-lo abans de donar-lo per acabat!

PRESENTEM

Com ho presentem?

10 **Ha arribat el moment de lliurar els àlbums elaborats, en suport paper i digital, i explicar el vostre projecte. Serà un moment molt especial, per la qual cosa ho heu d'organitzar i preparar tot tenint en compte:**

- Qui convidareu i com ho fareu (les persones grans triades i les seves famílies, l'equip directiu i una representació de la comunitat educativa de l'escola, les vostres famílies...).
- El lloc de la presentació (quin serà, com el voleu ambientar, què necessitareu per a fer-ho...).
- La presentació (el públic al qual us adreçareu, els recursos que utilitzareu en la presentació —suport digital, projector, etc.—, pensar que tots hi heu de participar...).
- Podeu seguir un esquema com aquest per a preparar un guió de la presentació i assajar abans.

“Durant la presentació és important parlar amb tranquil·litat, vocalitzant bé, utilitzar un to de veu alt i clar i mirar el públic. Somrieu i... passeu-vos-ho bé!”

Presentació del projecte i dels àlbums

11 **És el moment de donar a conèixer el vostre projecte! Heu après molt i heu fet un gran servei a la comunitat, contribuint a la felicitat de moltes persones.**

Introducció	Desenvolupament	Desenvolupament	Conclusió
Salutació Presentació del text	Resum de les recerques	Lliurament dels àlbums	Explicació del que s'ha après Agraïments

QUÈ SÉ FER?

Valora què has après en aquest projecte	He de millorar	Just	Bé	Molt bé
He treballat amb ganes i interès.				
He estat respectuós amb els meus companys.				
He desenvolupat el meu rol correctament.				
He après sobre les persones grans i la seva vida.				
He après sobre els personatges del cinema i de la literatura.				
He après sobre textos i tractament digital.				
He preparat i realitzat la part de la recerca que em corresponia.				
He aportat informació, idees i propostes, i he estat capaç d'argumentar-les.				
He participat en la presentació del projecte.				

VALORO EL PROJECTE

- Què m'ha agradat més de l'experiència?
- Ha sortit com m'esperava?
- Què he trobat més fàcil? I més difícil?
- Com ho puc millorar?
- Què faria diferent?
- Què he après amb aquest projecte?
- Per a què em pot servir el que he après?

SABERS I DESTRESES

La llengua i els parlants

Comunicació

Els textos

Comprensió i expressió oral

Comprensió lectora

Educació literària

Reflexió sobre la llengua

Gramàtica

Ortografia

Lèxic

Destreses i alfabetització informacional

A-Z
A

ELS ELEMENTS DE LA COMUNICACIÓ

Els **elements de la comunicació**

La nostra vida quotidiana és plena d'actes de comunicació: el semàfor en vermell que ens diu que ens hem d'aturar, el so del clàxon d'un cotxe que ens indica que hem d'anar amb compte, l'àrbitre de bàsquet que gesticula expressant que un jugador ha fet passos, els titulars d'un diari que ens comuniquen les notícies més importants del dia, el professor que ens explica un tema a classe, etc. En totes aquestes situacions s'emeten o es reben missatges, és a dir, es produeix comunicació.

> La **comunicació** és el procés que té com a finalitat intercanviar **informació.**

Per tant, i tenint en compte els exemples anteriors, podem afirmar que aquest intercanvi d'informació es duu a terme de diverses maneres: amb els gestos, amb els senyals visuals i sonors, amb les paraules...

Perquè la comunicació sigui possible, és a dir, perquè es produeixi un intercanvi d'informació, calen diversos elements. Fixa't en aquest esquema i en les fotografies de l'esquerra:

Context

Situació i circumstàncies en què s'estableix la comunicació: *al carrer.*

Canal

Mitjà a través del qual la informació passa de l'emissor al receptor: *telèfon mòbil.*

Emissor

Qui emet el missatge: *la noia.*

Missatge

Informació que l'*emissor envia al receptor.*

Receptor

Qui rep el missatge: *el noi.*

Codi

Signes amb què s'elabora el missatge: *la llengua oral (la llengua catalana).*

ACTIVITATS

1. Observa les imatges i respon les preguntes.
   - Qui són l'emissor i el receptor en cada situació?
   - Quins poden ser-ne el missatge i el codi?
   - Quins són el context i el canal?

   — Ara, indica quins són l'emissor, el receptor i el missatge en cadascuna d'aquestes tres situacions comunicatives:

   - En Sergi està malalt i envia un correu electrònic a l'Àlex per demanar-li els apunts.
   - La Marina fa anys i telefona a casa de l'Alícia per convidar-la a la seva festa d'aniversari.
   - Un nadó acabat de néixer té gana i demana menjar a la mare.

a

b

c

LA COMUNICACIÓ VERBAL I NO VERBAL

La **comunicació** és la capacitat de les persones per a intercanviar missatges. Cada vegada que ens adrecem a algú, ho fem amb la intenció de comunicar-nos-hi, és a dir, de fer-li saber alguna cosa: idees, sentiments, desitjos...

Segons la forma en què es produeix, la comunicació pot ser verbal o no verbal:

COMUNICACIÓ

VERBAL

- Té lloc mitjançant la **paraula.**
- Pot ser complementada per mitjà del llenguatge no verbal: gestos, expressions facials, to de veu, etc.
- En funció del canal utilitzat (la parla o l'escriptura), pot ser **oral** o **escrita:**
  — Si és **oral,** la **comunicació** entre l'emissor i el receptor és **immediata,** per la qual cosa el llenguatge sol ser **espontani.**
  — Si és **escrit,** la comunicació entre l'emissor i el receptor no és simultània, per la qual cosa el llenguatge és més **planificat.**

NO VERBAL

- Té lloc mitjançant **gestos, mirades, postures, banderes**, etc., i no hi intervé la paraula.
- Aporta **informació** sovint **no controlada,** ja que els gestos, les postures corporals o les expressions facials de l'emissor solen ser inconscients.
- **Complementa el missatge verbal** fent-lo més entenedor o, fins i tot, el contradiu (per exemple, quan algú diu que està bé mentre plora).
- Pot tenir lloc sense que hi hagi cap tipus de missatge verbal.

Comunicació **verbal i no verbal**

Les emoticones

Les emoticones que fem servir en els correus electrònics i en els serveis de missatgeria instantània com WhatsApp, Telegram, etc., tenen la mateixa funció que la comunicació no verbal en una conversa cara a cara. Aporten informació al receptor del missatge i, per tant, eviten malentesos.

ACTIVITATS

1. Digues en quins d'aquests actes quotidians es produeix la comunicació i justifica la teva elecció en cada cas:

a) cantar
b) dutxar-se
c) acomiadar-se
d) mirar la televisió
e) encarregar una pizza
f) demanar perdó
g) rebre i llegir un correu electrònic
h) escoltar un *podcast*

2. Classifica les situacions que mostren les fotografies següents segons si s'hi produeix un acte de comunicació verbal o no verbal:

a

c

e
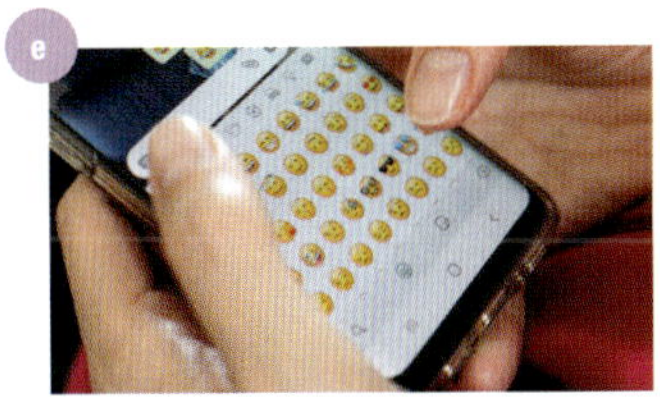

b

d

f

LA DIVERSITAT LINGÜÍSTICA

La **diversitat** lingüística

Els éssers humans disposem d'una eina de comunicació molt potent —el llenguatge—, que ens ajuda a expressar els pensaments, les vivències, els sentiments...

Cal remarcar, per tant, que és una facultat pròpia de la nostra espècie, ja que, si bé els animals també es comuniquen, no ho fan amb la mateixa complexitat.

> El **llenguatge** és la capacitat que tenim les persones de comunicar-nos mitjançant les paraules.

Al llarg de la història de la humanitat, el llenguatge s'ha anat diversificant en un gran nombre de llengües, algunes de les quals s'han extingit i d'altres s'han escampat arreu del món i han assolit milions de parlants.

> La **llengua** és el codi o conjunt de signes propis d'una comunitat de parlants.

Més sobre les **llengües d'Europa**

Les llengües d'Europa

En el continent europeu es parlen més de 50 llengües diferents. Algunes d'aquestes llengües han assolit una **extensió** important **més enllà de les seves fronteres originals** a causa de les colonitzacions en altres indrets del món (anglès, castellà, francès, portuguès...).

A Europa trobem:

Estats monolingües	Són aquells on només es parla una llengua.	Islàndia, Portugal i Albània
Estats multilingües	Són aquells on es parlen diverses llengües.	Espanya, Suïssa, Bèlgica...

L'auge de l'anglès

Actualment, l'**anglès** és la llengua que ha adquirit més **prestigi mundial** a causa de l'hegemonia dels Estats Units d'Amèrica al món. És emprada com a llengua d'ús en qualsevol tipus d'intercanvi internacional: polític, científic, tecnològic, etc.

ACTIVITATS

1. Explica la diferència que hi ha entre els conceptes *llenguatge* i *llengua*.

2. Busca a Internet la informació següent:
   - Quantes llengües es parlen a Amèrica?
   - Quina és la llengua més parlada al món? És també la llengua que té més prestigi internacional?
   - Quin lloc ocupa el català en la llista de llengües més parlades al món?

3. Argumenta i valora la riquesa que suposa la varietat de llengües que hi ha al món.

4. Per què podem afirmar que Espanya és un estat multilingüe?

5. Indica si les afirmacions següents són vertaderes o falses. Per a fer-ho, caldrà, en algun cas, que busquis informació a Internet:
   a) La llengua és el codi o conjunt de signes propis d'una comunitat.
   b) El llenguatge és una facultat de l'espècie humana.
   c) Actualment en el món es parlen sis milions de llengües.
   d) A Europa hi ha tantes llengües com estats conté.
   e) El català té més parlants que l'àrab.
   f) El xinès és la llengua amb més parlants.
   g) El castellà és la llengua que segueix el xinès en nombre de parlants.

LES FAMÍLIES LINGÜÍSTIQUES

Algunes de les nombroses llengües que es parlen al món comparteixen trets similars. Això fa pensar que tenen un origen comú. Per tant, formen part d'una mateixa **família lingüística.**

Quantes **famílies!**

> Una **família lingüística** és un grup de llengües que tenen un origen comú i que, per tant, comparteixen semblances entre elles.

El gràfic de la dreta mostra les principals famílies lingüístiques del món.

Fixa't, per exemple, en aquestes tres:

- **Sinotibetana:** conté llengües com el tibetà o el xinès.
- **Afroasiàtica:** inclou llengües com l'hebreu o l'àrab.
- **Indoeuropea:** en formen part la majoria de les llengües europees i algunes d'asiàtiques.

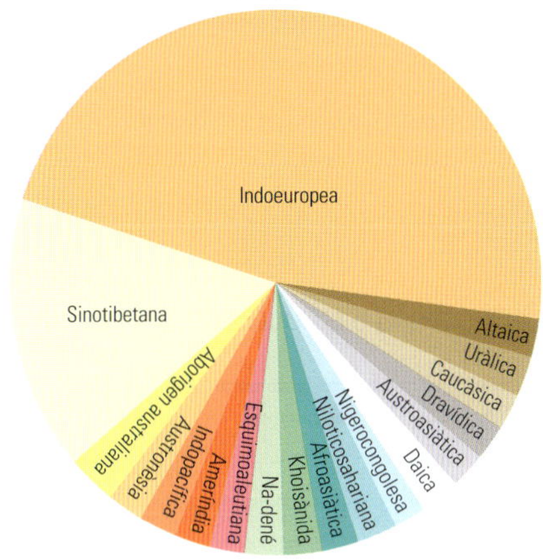

Com veus, la **família indoeuropea** és la que té un nombre més gran de parlants. Aquesta família va sorgir a partir d'una sola llengua molt antiga, l'**indoeuropeu.** Actualment aquesta llengua ha desaparegut, però va originar-ne moltes altres.

— Fixa't com s'assemblen aquestes paraules:

Català	Francès	Castellà	Portuguès	Occità
↓	↓	↓	↓	↓
mà	main	mano	mão	man

La semblança entre aquestes llengües ens permet dir que pertanyen a la mateixa família lingüística (la **indoeuropea**) i que provenen d'una mateixa llengua (el **llatí**).

Família indoeuropea

Indoiranià
Grec
Llatí
Germànic
Cèltic
Albanès
Armeni
Eslau
Bàltic

ACTIVITATS

1. **Completa les oracions amb les paraules corresponents:**

   sinotibetana - d'asiàtiques - el xinès - l'àrab - grup de llengües europees - família lingüística - origen comú - l'hebreu

   - Una família lingüística és un ... amb un ....
   - La sinotibetana és una ....
   - Les llengües ... i algunes ... pertanyen a la família indoeuropea.
   - El tibetà i ... pertanyen a la família ....
   - Llengües com ... i .... pertanyen a la família afroasiàtica.

2. **Llegeix aquest fragment d'un article sobre la pèrdua de diversitat lingüística al món i contesta les preguntes:**

   - Segons el text, quantes llengües desapareixeran?
   - Quins factors poden influir en la desaparició de les llengües? Pensa possibles mesures per a protegir aquestes llengües.

Un estudi de la revista *Nature Ecology & Evolution* compara la situació de risc i la pèrdua global de la biodiversitat en moltes llengües del món. Denuncien que, si l'emergència de la biodiversitat no era prou crítica, la de les llengües encara és pitjor.

Si no es prenen mesures efectives, els científics consideren que s'hauran perdut 1.500 llengües a finals de segle. Les previsions més pessimistes, el 90 % de les llengües. La pèrdua de diversitat lingüística està associada sobretot a la colonització i la globalització, però han volgut saber com l'afecten altres factors actuals. Científics de diversos centres de recerca australians i de l'institut alemany Max Planck han analitzat l'efecte de les polítiques de llenguatge, les característiques de la població, els canvis socials i econòmics, les condicions ambientals i el nivell de documentació lingüística.

Traduït de: Aitziber Agirre Ruiz d'Arkaute, «Emergència de llengües i emergència climàtica, dues crisis de bracet», *Zientzia.eus,* 1-4-2022.

LES LLENGÜES ROMÀNIQUES

Oi que **s'assemblen?**

D'on ve la nostra **llengua?**

El **llatí,** que pertany a la família indoeuropea, és la llengua que parlaven els romans durant l'expansió de l'Imperi romà. Es tractava d'un llatí vulgar, el que parlaven els soldats i els pagesos.

A partir del segle V, amb la fragmentació de l'Imperi romà, aquest llatí vulgar va seguir una evolució lingüística diferent en cadascuna de les províncies de l'Imperi. D'aquesta manera, van aparèixer les diverses **llengües romàniques.**

Les **llengües romàniques** són les que deriven del **llatí vulgar.** Constitueixen les llengües romàniques: gallec, portuguès, castellà, català, occità, francès, italià, retoromànic, sard i romanès.

Observa'n la distribució geogràfica en el mapa següent:

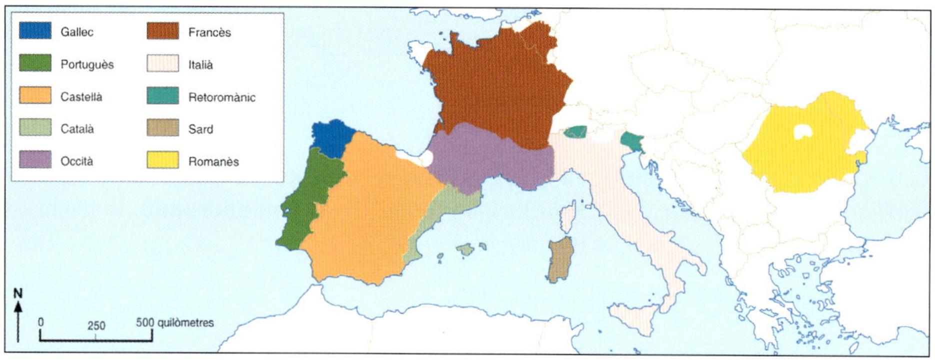

Hi ha també altres llengües romàniques que, per circumstàncies històriques, **no s'han pogut desenvolupar** amb total plenitud i que són molt a prop de desaparèixer. És el cas del francoprovençal, del cors o de l'asturlleonès.

Totes les llengües de la península Ibèrica són romàniques, tret del basc o èuscar, que ja es parlava abans de l'arribada dels romans. És, per tant, una de les llengües més antigues d'Europa i no se n'ha pogut establir una connexió clara amb cap família lingüística coneguda.

Llengües romàniques desaparegudes

Algunes llengües romàniques han desaparegut. És el cas del **mossàrab,** que es parlava a la península Ibèrica a l'Edat Mitjana, i del **dàlmata,** llengua de la costa oriental de la mar Adriàtica, extingida el 1898, quan en morí el darrer parlant.

ACTIVITATS

1. Què és el llatí vulgar? Què se'n deriva, d'aquest llatí?

2. Completa la taula següent:

Llatí	Francès	Italià	Castellà	Català
digitus	doigt	dito	dedo	...
auricula	...	orecchio	...	orella
pes	pied	...	pie	...
bracchium	bras	braccio	...	braç

3. Si haguessis de viatjar a Itàlia de vacances, creus que conèixer altres llengües romàniques com el català i el castellà et podria ajudar a comunicar-te i entendre l'italià? Per què?

4. Quina és l'única llengua de la península Ibèrica que no prové del llatí?

5. Fixa't en aquestes paraules de l'asturlleonès i digues quina creus que n'és la traducció al català:

Asturlleonès	Català
fierru	...
llobu	...
nueite/nueche	...
castiellu	...
home	...

LA LLENGUA CATALANA

El català, una de les llengües romàniques, és parlat per uns 10,5 milions de persones en quatre estats diferents. En aquestes zones, es parlen diverses varietats de català:

La **llengua catalana**

Espanya	El Principat de Catalunya, la major part del País Valencià, les Illes Balears, la Franja de Ponent (a l'Aragó) i la zona del Carxe (a Múrcia).
França	El Rosselló, el Vallespir, el Conflent i l'Alta Cerdanya.
Itàlia	L'Alguer (a Sardenya).
Andorra	En tot el territori.

El conjunt de territoris on es parla una llengua s'anomena **domini lingüístic.** El domini lingüístic del català inclou uns catorze milions de persones, dels quals deu milions i mig parlen català.

ACTIVITATS

1. Busca informació, si et cal, i indica si les afirmacions següents són vertaderes o falses:

a) El català es parla en una zona de Sardenya.
b) A França no es parla cap varietat del català.
c) A Múrcia es parla una varietat de l'italià.
d) A l'Aragó es parla una varietat de català.
e) A les Illes Balears no es parla català.
f) El català és la llengua oficial d'Andorra.
g) El català és parlat per 6,1 milions de persones.
h) La llengua europea amb menys parlants és el català.

2. Llegeix aquest fragment i, després, contesta:

Alguns primers elements quantitatius per enquadrar l'estat de salut de l'alguerès se troben a l'Enquesta d'Usos Lingüístics a l'Alguer 2015 (EULA), que indica en poc més del 30% la part de la població que sap parlar bé en alguerès, és a dir, que pot utilitzar aquest codi lingüístic per portar a terme una conversa quotidiana sense problemes. El percentatge de catalanoparlants arriba al 50% si hi incloem el 20% dels habitants que sí, tenen un cert nivell de competència activa en la nostra llengua, però no suficient per permetre'ls de començar i acabar converses en el mateix idioma sense la necessitat de passar a l'italià.

[...] Més de tres quarts de la població (77%) declara voler conèixer i utilitzar la nostra llengua, i el 92% és d'acord amb la possibilitat que aquesta sigui introduïda en la programació regular de l'escola pública. Les darreres dades citades resulten encara més satisfactòries si considerem que el 45% de la població resident no ha nat en ciutat.

Grup d'Estudi de Llengües Amenaçades (GELA), «Cròniques de l'extrem orient: la situació del català a l'Alguer», *Vilaweb*, 30-1-2021.

a) El text parla sobre els usos lingüístics a l'Alguer. On és l'Alguer? De quin estat forma part?
b) Què és l'alguerès? De quines altres maneres s'hi ha referit el redactor del text?
c) Quin percentatge d'algueresos parla català?
d) Quina és l'altra llengua que parlen els habitants de l'Alguer?
e) Segons el que has llegit, diries que el futur de l'alguerès és esperançador? Per què?

APROXIMACIÓ A LA LLENGUA DE SIGNES

Parlar amb les **mans**

Algunes persones sordes, per a comunicar-se, fan servir la llengua de signes. Les llengües de signes són llengües naturals, com el català, el castellà, l'anglès..., però tenen unes característiques que les diferencien de les llengües orals:

LLENGUA ORAL		LLENGUA DE SIGNES	
EMISSOR (PARLANT)		**EMISSOR (SIGNANT)**	
Codificació del missatge	Producció **vocal**	Codificació del missatge	Producció **gestual**
↓		↓	
RECEPTOR (OÏDOR)		**RECEPTOR**	
Percepció **auditiva**	Descodificació del missatge	Percepció **visual**	Descodificació del missatge

Què és la sordesa?

La sordesa és la dificultat o la impossibilitat d'utilitzar el sentit de l'oïda. Així doncs, una persona sorda és aquella que no hi sent o que té dificultats per a fer-ho.

Les persones sordes consideren que la sordesa és una diferència, no una malaltia ni una deficiència.

No hi ha una llengua de signes única

Cada país o comunitat lingüística fa servir la seva pròpia llengua de signes, reconeguda per la legislació vigent corresponent.

La Llengua de Signes Catalana (LSC) és la llengua de les persones sordes i sordcegues **signants** de Catalunya. També és la llengua amb què solen relacionar-se amb altres persones del seu entorn. A la resta del territori espanyol es fa servir la Llengua de Signes Espanyola (LSE).

Una **llengua de signes** és una llengua natural de producció gestual i percepció visual emprada per algunes persones sordes i sordcegues com a sistema lingüístic primari. Acompleix totes les funcions comunicatives i, com tota llengua viva, té unes característiques pròpies i està en evolució.

Les llengües de signes tenen una organització espacial: s'articulen amb la part superior del cos, a l'espai sígnic. L'**espai sígnic** és l'espai que va des de la cintura de la persona signant i que s'estén cap amunt fins allà on els braços poden arribar, sense estar estirats del tot.

No totes les persones sordes utilitzen la llengua de signes per a comunicar-se. Així, es parla de *persones sordes signants*, o *comunitat sorda signant*, per referir-se a les persones o al col·lectiu de persones sordes que es comuniquen preferentment en llengua de signes.

ACTIVITATS

1. Què és una llengua natural? Busca'n la definició i explica-la.
   — Ara, explica amb paraules teves el significat d'aquests conceptes:
   a) Persones signants.
   b) Signar.
   c) Espai sígnic.

2. Què volen dir les sigles LSC i LSE?

3. Investiga si la Llengua de Signes Catalana està reconeguda pel Parlament de Catalunya i, si és així, digues de quin any és la llei.

4. Assenyala les afirmacions que són vertaderes i explica per què les altres són falses.
   a) Les persones sordes no són mudes.
   b) La llengua de signes és universal.
   c) La llengua de signes és una llengua més, com qualsevol altra.
   d) Només les persones sordes poden aprendre la llengua dels signes.
   e) Totes les persones sordes són signants.

5. Investiga què és el Sistema de Signes Internacional (SSI) i per a què serveix. És una llengua natural? Per què?

LA VARIACIÓ LINGÜÍSTICA 8

No tots els parlants d'una mateixa llengua la fan servir de la mateixa manera. Això depèn del grup social, del camp professional, de l'època històrica o de la zona geogràfica a la qual pertany cada parlant.

Sabies que la **llengua és viva?**

Les diferències que trobem dins d'una mateixa llengua formen el que anomenem **variació lingüística.**

Hi ha diversos tipus de variació lingüística segons els factors que intervenen en una llengua (històrics, estilístics, socials o geogràfics).

Variació històrica

Inclou els canvis que es produeixen en una llengua al llarg del temps.

Les llengües van canviant amb el temps; per això, el català que es parlava al segle xv no és el mateix que l'actual. Algunes paraules queden en desús (*pennatge*), es creen paraules noves per a designar objectes nous (*tauleta tàctil*), expressions amb sentit propi passen a tenir un sentit figurat perquè els costums socials varien (*fer safareig*)...

Variació estilística

Té a veure amb els usos individuals i concrets de la llengua que un parlant desenvolupa en una situació determinada.

Registre

Les variacions que depenen de la situació s'anomenen **registres.** Segons el grau de formalitat del context, poden ser **informals** o **formals.**

		Què és?	Com és?
Registres informals	Col·loquial	És el llenguatge quotidià que fem servir en les nostres converses a casa, a l'escola o amb els amics.	És un llenguatge espontani i expressiu.
Registres informals	Vulgar	És el llenguatge que s'utilitza en ambients marginals, o, de manera premeditada, en situacions d'enuig, de broma, etc.	Es caracteritza per l'ús de codis més pobres (incorreccions, mots grollers...).
Registres formals	Estàndard	És l'usat en els mitjans de comunicació, en els documents formals o en l'ensenyament. És un model lingüístic per a tots els parlants de la llengua, siguin del territori que siguin.	Com la resta de registres formals, té cura del lèxic i de l'aplicació de les normes.
Registres formals	Cientificotècnic	És l'utilitzat en manuals, conferències o revistes especialitzades, destinats a difondre continguts científics.	És un llenguatge molt precís i elaborat, carregat de tecnicismes.
Registres formals	Literari	És l'utilitzat en les obres literàries. Pretén crear bellesa per mitjà del llenguatge mateix.	Es caracteritza per l'ús de recursos literaris, com la metàfora o la comparació, i per un vocabulari acurat.

Argot

Les varietats lingüístiques que depenen del col·lectiu de parlants s'anomenen **argots:** l'argot dels joves, l'argot dels informàtics, l'argot del xat...

Variació social

Inclou les diferències lingüístiques que es produeixen entre grups socials o professionals. En l'ús d'una mateixa llengua hi ha variacions depenent del col·lectiu dels parlants:

	Col·lectiu social	Exemples
Professions	Els parlants que comparteixen ofici fan servir paraules tècniques i expressions específiques del seu camp professional.	accelerador, antigen, clúster, espín, mapatge, podcast, programari, quàntum, traçador
Edat	Les diverses generacions utilitzen formes d'expressió diferents. Per això, els joves no parlen igual que les persones més grans.	fer una perduda, festejar

Variació geogràfica

Té a veure amb les característiques específiques que pren la llengua en un lloc determinat. Aquestes variacions geogràfiques de la llengua afecten diferents **nivells:**

- **Fonètic:** vocals neutres, vocals obertes o tancades...
- **Lèxic:** vocabulari diferent, com *escombra - granera; mongeta tendra - bajoca...*

Tots els parlants fem servir una varietat geogràfica o dialecte de la nostra llengua. Cap varietat no és millor que una altra, independentment del nombre de parlants que la utilitzin.

Dialecte

Les variacions que depenen de la procedència geogràfica dels parlants s'anomenen **dialectes** (català central, rossellonès, balear...).

ACTIVITATS

1. Què és la variació lingüística? Indica l'opció correcta.
   - La diferenciació que trobem entre diverses llengües.
   - La diferenciació que trobem dins d'una mateixa llengua.
   - La diferenciació que trobem entre llengües d'una mateixa família lingüística.

   — Enumera els factors que intervenen en la variació lingüística.

2. Compara els dos textos i digues quin tipus de variació lingüística s'hi ha produït. Després, completa la taula.

[...] al **foch e** veuràs bullir la olla de les faves o dels **ciurons**, e les unes faves pujaran a **ensús** a les altres **devallaran** a **enjús** [...]

[...] al foc i veuràs bullir l'olla de les faves o dels cigrons, i unes faves pujaran cap amunt i les altres baixaran cap avall [...]

foch	...	ensús	...
...	i	...	baixaran
...	cigrons	enjús	...

3. A quin tipus de registre pertanyen aquestes oracions?
   - Mare! M'acompanyaràs demà a comprar els llibres?
   - Tio, t'he fet una perduda i has passat de mi.
   - Els mapes del temps anuncien precipitacions per al cap de setmana.
   - Haurem de practicar una cirurgia coronària a aquest pacient.
   - Al cel, els núvols, que la llum esquerda, són una rosa, són un bell raïm.

4. Quin registre lingüístic utilitzaries en cadascuna d'aquestes situacions? Escriu una oració com a exemple.
   - Ets poeta i estàs recitant uns versos.
   - Ets a casa i converses amb el teu pare.
   - Ets científic i t'estàs preparant una conferència per a d'altres científics.
   - Expliques acudits als teus amics.
   - Ets redactor d'un diari i escrius una notícia.

5. Els parlants d'una mateixa llengua parlen exactament igual? Per què?

ELS DIALECTES DEL CATALÀ 9

Al llarg del domini lingüístic català es parlen diferents varietats geogràfiques o dialectes de la llengua catalana. Aquestes s'agrupen en dos grans blocs: el **català oriental** i el **català occidental.**

- **Català**
  - **Català oriental**
    - Català central
    - Rossellonès
    - Balear
    - Alguerès
  - **Català occidental**
    - Nord-occidental
    - Valencià

	Català oriental	Català occidental
Característiques	• Les vocals *a* i *e* en posició àtona es pronuncien amb el so de vocal neutra: *mar**e**, car**a*** (so de vocal neutra). • Les vocals *o* i *u* en posició àtona tenen un sol so, el de la *u: p[**u**]ntet* (pontet), *p[**u**]ntet* (puntet). • No es pronuncia la vocal *i* en el grup *ix*, el qual es considera un dígraf: *ca**i**xa* (no es pronuncia).	• Les vocals *a* i *e* en posició àtona no es pronuncien com a vocal neutra: *mar**e*** (so de *e*), *car**a*** (so de *a*). • La vocal *o* en posició àtona no es pronuncia com a *u: p[**o**]ntet* (pontet), *p[**u**]ntet* (puntet). • Es pronuncia la vocal en el grup *ix: ca**ix**a, re**ix**a.* • La primera persona del singular del present d'indicatiu dels verbs de la primera conjugació es pronuncia amb el so de *o* o el de *e*, segons la zona: *cant[**o**], cant[**e**].*
Varietats	• Central • Balear • Rossellonès • Alguerès	• Nord-occidental • Valencià

Descobreix les característiques de cada **varietat del català**

ACTIVITATS

1. **Digues si les afirmacions següents són vertaderes o falses.**
   a) Les variacions geogràfiques del català s'agrupen en tres grans blocs.
   b) La divisió en català oriental i català occidental es basa sobretot en les diferents maneres de pronunciar les vocals en posició àtona.
   c) El català oriental està format per quatre varietats geogràfiques o dialectes: el català central, el rossellonès, el valencià i l'alguerès.

2. **Escriu amb quin so pronuncien els parlants del català oriental i els del català occidental les vocals destacades d'aquests mots.**

   f**o**rner - t**e**ulada - fullet**ó** - g**o**ss**e**t - par**e** - t**e**rrass**a** - r**e**llotg**e**
   allumn**e** - imatg**e** - dolç**o**s - m**e**r**a**vell**a** - j**o**guin**a**

3. **Escriu un sinònim dels mots en cursiva tenint en compte el context de l'oració.**
   - *S'al·lot* i sa nina són germans. (Balear)
   - Ell netejava amb una *granera* vella. (Nord-occidental)
   - Tallen la carn amb *forqueta* i ganivet (Rossellonès)
   - Vam *eixir* del cinema en flames. (Valencià)
   - M'agrada molt el *xai* d'aquest restaurant. (Central)

4. **A quin dialecte pertanyen aquestes oracions? Justifica la resposta.**
   - Quan jo parl amb s'al·lota a s'horabaixa, me pareix que es ca de sa madona me cerca.
   - Cada vesprà trobe este llauraor que ix de la seua alqueria.
   - Destrossa'm la brusa, sisplau, que té los botons a l'esquena i no hi arribo.

PREJUDICIS LINGÜÍSTICS

Es calcula que al món es parlen unes 7.000 llengües, i totes, sense excepció, per diferents que siguin i per pocs parlants que tinguin, són igual d'importants.

> Un **prejudici lingüístic** és una opinió o una idea que es té sobre una llengua —o sobre alguna de les seves característiques— i/o sobre els seus parlants que no té cap fonament lingüístic.

Els prejudicis lingüístics més habituals són els següents. Fixa't com pots rebatre'ls:

Llengües «fàcils» i «difícils»

- No hi ha llengües fàcils ni difícils. Les persones aprenen a parlar la llengua materna en la infància, de manera natural i igual d'aviat en tots els idiomes. El nadiu d'una llengua no la percep com a difícil perquè l'ha adquirit en la infància.
- El grau de dificultat per aprendre una llengua que no és la pròpia depèn, entre altres factors, de la similitud que té amb la que es parla.

Llengües «útils» i llengües «poc útils» segons el nombre de parlants

- Si una llengua és percebuda com a útil no és per les seves característiques lingüístiques, sinó per raons polítiques, econòmiques i socials que fan que adquireixi prestigi.
- Una llengua sempre és útil per a les persones que la parlen perquè és la seva manera de comunicar-se i el seu vehicle de transmissió cultural. El nombre de persones amb què es pot comunicar el parlant d'una llengua no és una raó per a discriminar les llengües amb menys parlants.

Llengües «riques» i llengües «pobres» en lèxic

- Totes les llengües tenen les paraules necessàries per a referir-se a la realitat dels seus parlants.
- Totes les llengües disposen dels mecanismes necessaris per a introduir paraules noves si en tenen necessitat.

Llengües «suaus» o «musicals» i llengües «aspres»

- Les valoracions d'una llengua a partir de la seva sonoritat són subjectives. El grau de «musicalitat» o «aspror» d'una llengua es determina segons les diferències amb la pròpia, el patró fonètic de la qual és pres com a punt de referència.

ACTIVITATS

1. Explica raonadament quin prejudici lingüístic s'amaga rere cada una de les afirmacions següents i digues què diries per rebatre'l. Si et cal, busca informació:
   a) Amb el català no aniràs enlloc!
   b) M'encanta l'italià! És tan dolç i musical!
   c) Per què hem d'aprendre català, si, total, només es parla aquí!
   d) El basc és molt difícil.
   e) Tot aniria millor si només hi hagués una llengua universal.

2. Llegeix les afirmacions següents. Reflecteixen prejudicis lingüístics? Per què? Reflexiona-hi:
   a) A Vic tenen un accent molt tancat.
   b) Per rapejar va més bé l'anglès.
   c) En el nostre grup musical cantem en anglès per arribar a més gent.
   d) Al món hi ha moltes llengües primitives. És millor que t'interessis per llengües de cultura: l'anglès, el castellà...

/// COMUNICACIÓ

- TEXTOS
- COMPRENSIÓ I EXPRESSIÓ ORALS
- COMPRENSIÓ LECTORA

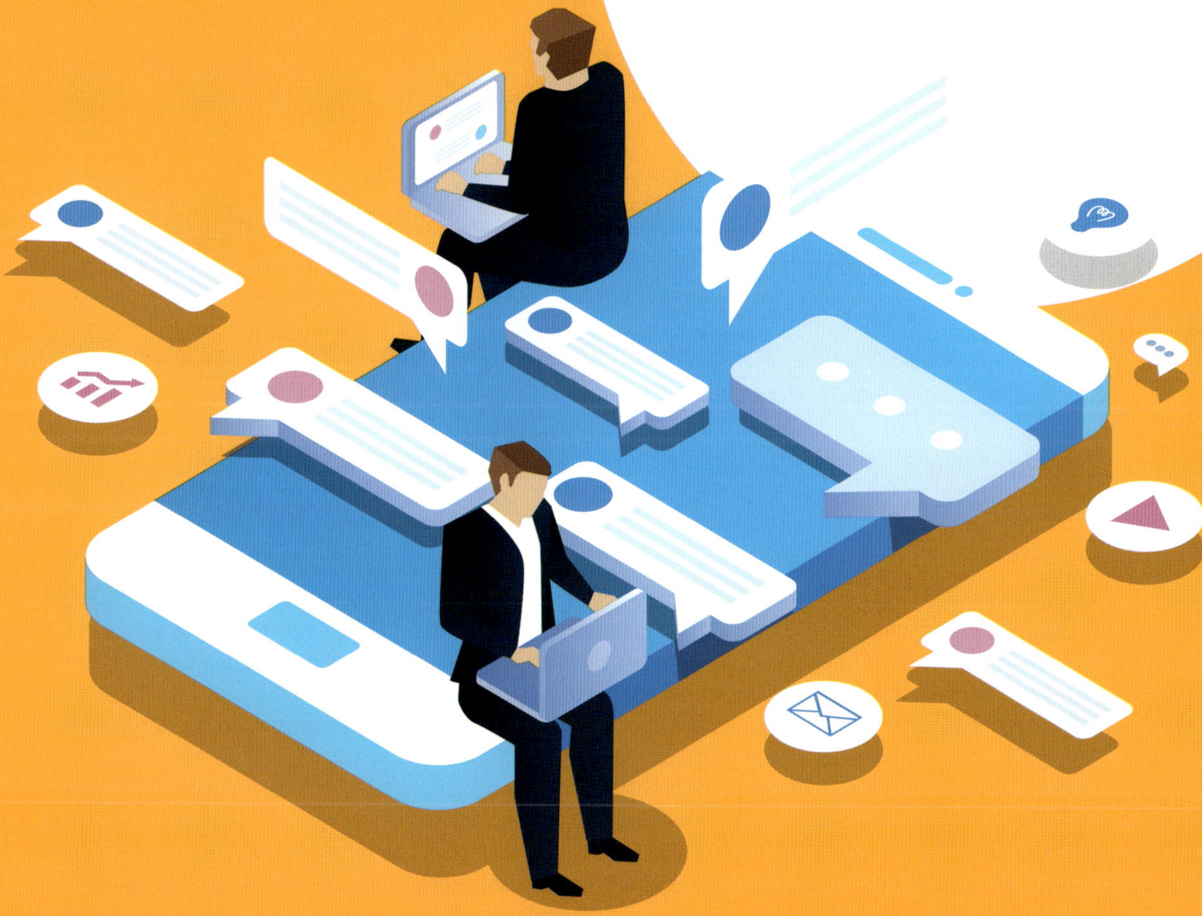

LES PROPIETATS TEXTUALS

Un **text** és una unitat lingüística que té un sentit complet i acompleix una funció comunicativa: informar, convèncer, sol·licitar, entretenir...

Els textos escrits estan organitzats en **paràgrafs.** Un paràgraf és cadascun dels fragments d'un text, separat dels altres per un punt i a part, que expressa una idea diferenciada de la resta. Els requisits essencials perquè puguem parlar de text són les anomenades **propietats textuals:**

Propietats textuals

Adequació

El text ha de ser adequat a la situació comunicativa en què es produeix.

Un text és adequat si, en el moment de produir-se, s'ha tingut en compte...

- el tema de què tracta.
- el destinatari (a qui està dirigit).
- el context en què es produeix.

Coherència

La informació del text ha d'estar organitzada de manera que tingui sentit i sigui percebuda com una unitat temàtica.

Un text és coherent si totes les seves parts...

- són lògiques.
- no són contradictòries.
- són clares.

Cohesió

Les oracions d'un text han d'estar ben enllaçades les unes amb les altres per fer possibles els paràgrafs.

Un text està ben cohesionat si...

- està ben puntuat.
- fa servir connectors (*a continuació, però, encara que*...).
- no s'hi repeteixen paraules (utilitza sinònims, pronoms...).

ACTIVITATS

1. Separa aquest text en paràgrafs:

Des de les infranquejables muntanyes del Pirineu fins a les inacabables dunes del delta de l'Ebre, i des dels inabastables camps de cereal de la plana de Lleida fins als penya-segats del cap de Creus, Catalunya s'erigeix com un territori ple de contrastos que val la pena descobrir. A l'est trobem una Catalunya marinera que viu al ritme de les onades del mar. La Mediterrània ha dibuixat un paisatge magnífic on s'alternen vertiginosos penya-segats, platges i maresmes. El litoral català és un autèntic regal per als excursionistes que s'aventuren a peu dels seus senders. Santuaris naturals, fars solitaris, petites badies secretes i ports mil·lenaris són algunes de les meravelles que hi podem descobrir. Terra endins hi ha una Catalunya a mig camí entre la costa i la muntanya, un vast territori de suaus valls, humanitzades des de fa segles. Entre hortes i prats, s'amaguen innombrables vestigis d'un passat en què la mineria i la industrialització primerenca feien bullir d'activitat aquestes terres. Al nord, els Pirineus formen una barrera infranquejable. Són terres de naturalesa indòmita, d'hiverns gèlids i boires espesses. Santuaris centenaris, llacs glacials i antics poblats de pastors resten entre els cims. A baix, a la vall, pobles silenciosos de teulades de pissarra s'arrengleren a la vora del campanar. A l'oest del país s'estenen planúries inabastables, terres riques en cereals i arbres fruiters que constitueixen l'autèntic rebost de Catalunya. Poblacions emmurallades, castells imponents i solitàries torres de guaita descriuen a través de les seves pedres una apassionant història d'assetjaments i batalles.

Ibon Martín, *Catalunya. Les millors rutes per a descobrir el nostre país.* Travel Bug.

L'ADEQUACIÓ TEXTUAL 12

Les persones podem fem servir la llengua de diverses maneres. Igual que no ens vestim de la mateixa forma per anar a un casament que per anar a la platja, tampoc no fem servir el mateix llenguatge si escrivim un whatsapp a un amic que si escrivim un correu electrònic a un professor o a una persona que coneixem poc.

Aquestes **maneres diferents d'expressar-nos** són els **registres lingüístics,** que serveixen per a **adequar-nos** a cada situació comunicativa.

Els **registres lingüístics** són les diverses formes d'expressió que adopten els parlants d'una llengua segons la **situació comunicativa** en què es troben.

I de què depèn que utilitzem un registre o un altre? Fem servir diferents registres lingüístics en funció dels factors següents:

El **tema**, que pot ser general o especialitzat. No és el mateix una conversa informal sobre anar a buscar bolets que una conversa entre dos micòlegs (científics que estudien els fongs).

El **canal**, que pot ser oral o escrit.

El **propòsit comunicatiu**, ja que les característiques dels textos varien segons la intenció de l'emissor (convèncer; informar; donar instruccions; explicar com és un objecte, una persona o un paisatge...).

La **formalitat**. El grau de coneixença i/o confiança amb el receptor i el lloc on té lloc la comunicació (al carrer o en una reunió de feina) determina la formalitat del missatge. Les situacions més formals requereixen el tractament de *vós* o de *vostè,* mentre que les situacions més informals, el de *tu*.

Els registres lingüístics es classifiquen en formals i informals:

REGISTRES FORMALS

Utilitzats en situacions que requereixen formalitat.

- Acurats i elaborats.
- Correctes i normatius.
- Cultes.

Hi distingim aquests registres:

CIENTIFICOTÈCNIC | LITERARI

REGISTRES INFORMALS

Usats en situacions quotidianes: converses amb amics, familiars...

Propis de contextos quotidians i/o familiars; per tant, són:

- Espontanis.
- Menys acurats i elaborats.
- Transgredeixen la normativa.

Hi distingim aquests registres:

COL·LOQUIAL | VULGAR

Les variacions lingüístiques

No sempre utilitzem la llengua igual.

La **situació comunicativa** és un factor que determina la manera de fer servir una llengua, però n'hi ha d'altres:

- El **context històric.** La llengua que parlaven els nostres avantpassats no és la mateixa que la que parlem actualment.
- La **zona geogràfica.** El català que es parla a Mallorca és diferent del que es parla a les Terres de Ponent.
- El **grup social o professional.** Cada àmbit professional té un vocabulari específic i, també, uns grups socials determinats.

Les diverses maneres de fer servir una mateixa llengua són el que anomenem **variacions lingüístiques.**

La llengua estàndard

La **llengua estàndard** és una varietat lingüística comuna que facilita la comunicació escrita i oral entre tots els parlants d'una mateixa llengua.

La llengua estàndard s'utilitza als mitjans de comunicació, a l'ensenyament i a l'Administració.

L'**adequació** és la propietat per la qual un text **s'adapta** a la **situació comunicativa.**

És a dir, el text d'un presentador de notícies no seria adequat si utilitzés el registre propi d'una conversa informal entre amics o si no fes servir l'estàndard. Tampoc no seria adequat el llenguatge d'un polític que s'adrecés a la seva família igual com ho faria en una trobada d'alts mandataris europeus, o una entrevista amb intervencions grolleres de l'entrevistador envers la persona entrevistada.

Per tant, perquè un text sigui adequat, cal que:

- S'adapti al registre que correspon a la situació comunicativa.
- Sigui correcte.

ACTIVITATS

1. **Digues quin registre utilitzaries en cada cas.**
   a) Has de fer una exposició oral sobre física i química.
   b) T'adreces per escrit a l'alcalde de la teva localitat.
   c) Escrius un correu electrònic al teu millor amic.
   d) Parles amb els companys d'equip després de jugar un partit de bàsquet.
   e) Converses amb el teu avi, que viu amb tu.
   f) Escrius un anunci per vendre la teva bicicleta.
   g) Escrius al teu professor de l'acadèmia d'idiomes, al qual no coneixes gaire, perquè has estat malalt i vols demanar-li que t'ajudi a posar-te al dia.

2. **Indica si aquests textos pertanyen al registre científic, literari o estàndard.**

A

El terratrèmol, amb l'hipocentre a 30 quilòmetres de profunditat, ha tingut una intensitat de 4,8 en l'escala de Richter i una durada de tres segons.

B

A les 18:45 h els habitants de la costa han sentit durant tres segons un terratrèmol que no ha causat desperfectes, però «[...] ha provocat l'alarma dels veïns i molts d'ells han sortit al carrer».

C

La demostració de la immensa força de la natura sempre sorprèn i ens deixa astorats. Estem sobre un planeta en ebullició constant, com tot el que és viu i batega dins nostre i al voltant.

3. **Explica per què els textos següents no són adequats:**

Estimada esposa, recordes el dia del nostre esposori? Omplia els nostres cors la joia i la benaurança i els nostres convidats gaudien de les opípares menges del banquet amb delectació. Ai, amada mia, te'n recordes de na tia Magdalena? Per poc no perd els esperits quan va veure el pastís de noces! Aquell dia sí que va perdre ses habituds frugals...

Ei, *bros* de l'hospital!

Gràcies per cuidar tan bé la iaia! És la millor del món i a casa ens hem fet un fart de patir per ella. *O sea*, gràcies, gràcies, gràcies! Sou molt guais i us estem súper agraïts!

Petonets!

Família Ciuró.

— Ara, reescriu-los perquè siguin adequats.

LA COHERÈNCIA TEXTUAL 13

Imagina't que et poses a mirar una sèrie televisiva de deu episodis i que, en lloc de començar per l'episodi 1, comences pel setè, segueixes pel sisè, continues pel tercer i el desè... Seria un desgavell; hi trobaries tantes incoherències que et resultaria molt difícil entendre res.

En els textos, tant orals com escrits, també esperem trobar aquesta coherència.

La **coherència textual** és una propietat que han de tenir els textos per a ser considerats com a tals. Totes les idees del text han d'estar degudament relacionades i organitzades perquè aquest sigui percebut com una unitat. És a dir, que ha de tractar el mateix tema, estar organitzat lògicament, evitar repeticions i no ser contradictori.

Fixa't en aquest text:

PETITES HISTÒRIES SOBRE GRANS PINTORS, per Elenio Pico

El **títol** ja indica el **tema** del text.

YVES KLEIN (1928-1962), que era un judoka força bo, va ser, per sobre de tot, un artista meravellós.

A Klein se li acudiren pràctiques artístiques com aquestes:

Empastifar el cos dels models amb pintura i fer-los moure sobre el quadre, i que esdevinguessin pinzells humans. Posar sobre el sostre del cotxe una tela acabada de pintar i conduir a 110 kilòmetres per hora i que el sol, el vent i la pluja hi fessin l'efecte. Fer servir un llançaflames perquè el foc i el fum deixessin espontàniament el rastre en la tela. [...] Idear unes fonts de les quals no en rajava aigua, sinó foc. [...] Realitzar escultures amb esponges, o amb parets de foc. O alliberar mil i un globus al cel de París...

Moltes obres seves es poden reconèixer perquè són fetes amb un color blau potentíssim, que ha rebut el nom de *blau Klein internacional*.

Klein considerava la imaginació com el vehicle de la sensibilitat, i es preguntava si l'artista del futur no seria aquell capaç d'expressar, amb un silenci etern, un quadre immens, sense cap dimensió.

Elenio Pico, «Petites històries sobre grans pintors», a *Tretzevents*, núm. 897, 2011.

Paràgrafs. Cada paràgraf recull una idea o noció relacionada amb la del paràgraf anterior.

Yves Klein, pintura de la sèrie «Mar blau Klein».

IKB3, *Monocrom blau* (1960).

Les **imatges** són coherents amb el text. Serveixen per a mostrar o il·lustrar allò que s'hi diu; en aquest cas, com és el color blau Klein en una obra d'Yves Klein.

Hi ha **coherència** en un text quan les idees hi estan ben relacionades i expressades d'una manera lògica i ordenada.

Un text és coherent si té les característiques següents:

S'estructura al voltant d'un tema.

- Les idees que s'hi desenvolupen han d'estar relacionades amb aquest tema.
- El tema pot ser explícit o implícit. Si és implícit, el lector l'ha d'inferir.

Les idees tenen un ordre lògic.

- La informació es presenta d'una forma progressiva.
- Les idees s'organitzen de manera que formen una estructura.

ACTIVITATS

1. Analitza l'estructura externa i interna del text sobre Yves Klein. Fes-ho en un esquema com el següent:

PARÀGRAF 1	IDEA A: ....
PARÀGRAF 2	IDEA B: ....
PARÀGRAF 3	IDEA C: ....
PARÀGRAF 4	IDEA D: ....
PARÀGRAF 5	IDEA E: ....
	TEMA: ....

— Ara, escriu un text que tingui la mateixa estructura sobre un d'aquests artistes:

Salvador Dalí

Banksy

Claude Monet

Frida Kahlo

2. Llegeix aquest text i posa un títol adequat a cada part.

Títol: ...

Les zones més vulnerables del nostre cos són les que estan en contacte amb l'exterior i amb elements externs: els ulls, el sistema respiratori o el sistema digestiu, entre d'altres.

El sistema respiratori (fosses nasals, faringe, laringe, tràquea, bronquis i pulmons) està en contacte amb l'aire i tot de petits elements que hi floten: la pols, grans de pol·len, sorra o petits microorganismes. D'aquests microorganismes que es troben a l'aire, alguns són innocus; no són dolents per a nosaltres. D'altres, però, fan que ens posem malalts. Quan parlem de refredats, qui ens els provoca són alguns virus, sobretot els que formen part de la família dels Rhinovirus.

Títol: ...

Els virus que ens provoquen el refredat ens arriben sobretot **a través de:**

- **Altres persones** que estan infectades, sigui per contacte o per l'aire. Quan una persona esternuda van a parar a l'aire milers de gotetes que contenen virus. Si les respirem, aquests virus entraran al nostre cos i ens podran atacar.
- **Per contacte.** Quan una persona es frega el nas o es tapa la boca amb la mà quan esternuda, passa els virus a les mans. Després tocarà coses i hi deixarà els virus. Si una persona sana toca aquests objectes (el pom de la porta, una aixeta, un bolígraf...), agafarà aquests virus i podrà ser infectada. Per tot això, és important que quan estiguem constipats (i quan no ho estiguem, també) ens rentem sovint les mans i utilitzem mocadors per a tapar-nos la boca.

Marina Sabaté Brescó, «Estic constipat!», a *Cavall Fort*, núm. 1238.

— Per què és coherent aquest text?

LA COHESIÓ TEXTUAL

Els **textos,** a més d'adequar-se a la situació comunicativa en què es produeixen (adequació) i de tenir la informació ben organitzada al voltant d'un mateix tema (coherència), han de tenir les idees i les oracions ben enllaçades. És a dir, han d'estar **cohesionats.**

Fixa't en aquest text:

a

Els noms dels dinosaures es van crear a partir d'arrels gregues. A més de gregues, es van crear a partir d'arrels llatines. Fan referència a algun tret distintiu de la fisonomia del dinosaure, fan referència al lloc on van trobar el dinosaure. També fan referència a la persona que els va descobrir. Hi va haver dinosaures de diverses formes i també hi va haver dinosaures de diverses mides. Els científics poden saber com van viure, poden saber com s'alimentaven, poden saber quins costums tenien i l'aspecte que tenien els dinosaures que van viure a la Terra fa més de 150 milions d'anys.

L'ortografia d'aquest text és correcta i s'hi parla d'un mateix tema, els dinosaures. Però és un text feixuc i confús que podria dir el mateix d'una manera més breu. S'hi repeteixen paraules i construccions, les oracions no es relacionen entre elles, no està ben puntuat i conté idees diferents en un sol paràgraf. És, doncs, un exemple de text sense **cohesió.**

Llegeix-ne aquesta altra versió:

b

Els noms dels dinosaures es van crear a partir d'arrels gregues i llatines. Són substantius que fan referència a algun tret distintiu de la fisonomia del dinosaure, al lloc on van trobar-lo o a la persona que el va descobrir.

Hi va haver dinosaures de diverses formes i mides. Els científics poden saber com van viure, com s'alimentaven i quins costums tenien. També poden saber quin aspecte tenien aquests animals que van viure a la Terra fa més de 150 milions d'anys.

Aquest text s'entén millor que l'anterior perquè les idees hi estan connectades amb paraules que li aporten unitat: són les paraules o expressions que constitueixen els **mecanismes de cohesió.**

La **cohesió** és una propietat textual que engloba el conjunt de recursos que permeten unir unes oracions amb les altres per a aconseguir unitats més grans, com els paràgrafs, que formaran un text correcte i comprensible.

Un bon truc

Per saber si un text acompleix les tres **propietats textuals,** tingues en compte els aspectes següents:

Adequació. En quina situació es produeix el text? Qui el fa i amb quina intenció? A qui es dirigeix?

Coherència. Quin és el tema o contingut del text? Les idees del text estan ben ordenades?

Cohesió. Les idees del text estan connectades mitjançant procediments lingüístics?

Mecanismes de cohesió textual

La **repetició** de paraules, d'estructures sintàctiques, d'idees i de fonemes en un text ajuda a cohesionar-lo. Aquest mecanisme permet construir paràgrafs com ara aquest:

> Els **textos literaris** es poden expressar de manera diferent; són els anomenats **gèneres** literaris. Els tres grans **gèneres** en què s'agrupen principalment els **textos literaris** són: la narrativa, la poesia i el teatre. Cadascun té unes característiques pròpies que el distingeixen de la resta.

Precisió lèxica

Repetir sempre les mateixes paraules, o fer servir les que no corresponen al registre correcte (formal o informal) del text, denota pobresa lèxica. Per exemple:

El jutge va sentenciar sentència ferma.

El correcte seria dir:

El jutge va dictar sentència ferma.

Ara bé, és molt important tenir en compte que l'abús de la repetició pot produir just l'efecte contrari i originar un text pesat, repetitiu, poc cohesionat i amb una clara pobresa lèxica. Fixa-t'hi bé:

> Els textos literaris es poden expressar de manera diferent; són els anomenats gèneres literaris. Un dels gèneres literaris és la narrativa, un altre dels gèneres literaris és la poesia i un altre gènere literari és el teatre. Cadascun dels tres gèneres literaris té unes característiques pròpies que el distingeixen de la resta de gèneres.

Malgrat que hi ha molts tipus de procediments o **mecanismes** que ens ajuden a cohesionar un text, podem englobar-los en dos grans grups: la **referència** i la **connexió.**

REFERÈNCIA

És la **substitució** d'un element (una paraula, un sintagma...) per un altre per a **donar unitat al text sense repetir** innecessàrianent les mateixes paraules. Entre aquests dos elements es crea un vincle de significat que aporta cohesió. En trobem exemples al text dels dinosaures:

- **Substitució amb sinònim.** La cohesió s'aconsegueix substituint paraules pel seu sinònim: *noms* / *substantius.*
- **Substitució amb promom.** La cohesió s'aconsegueix substituint parts del text per pronoms que eviten la repetició: *el dinosaure* per *lo* (*trobar-lo*) i *el* (*el va descobrir*).
- **Substitució amb hiperònim.** La cohesió s'aconsegueix substituint l'hipònim per l'hiperònim que l'agrupa: *dinosaures* per *animals.*

L'**el·lipsi** és un altre mecanisme de cohesió que consisteix a suprimir una o diverses paraules que ja han aparegut prèviament en el text o que es poden sobreentendre: Hi va haver dinosaures de diverses formes i mides. *Els científics poden saber com van viure* (els dinosaures), *com s'alimentaven i quins costums tenien.*

CONNEXIÓ

Les idees i les oracions de cada paràgraf es relacionen mitjançant paraules o expressions d'unió anomenades **connectors textuals.**

Segons el tipus de relació que es pot establir entre les idees i les oracions d'un text, trobem, entre d'altres, els connectors següents:

- **Temporals:** *llavors, quan, més tard...*
- **Explicatius:** *és a dir, s'ha de tenir en compte...*
- **D'ordre:** *en primer lloc, finalment...*
- **De contrast:** *encara que, tot i que...*
- **De causa:** *ja que, perquè...*
- **Consecutius:** *en conseqüència, per tant...*
- **Additius:** *també, a més a més...*

ACTIVITATS

1. Llegeix el text següent i respon les preguntes:

> El moviment escolta és un **moviment** d'educació no formal basat en el voluntariat, en què monitors de diversos perfils comparteixen temps i experiències amb **nens** i nenes de 8 a 19 anys.
>
> A Som els Scouts **et donem** l'oportunitat d'entrar en un grup d'escoltes i participar de l'educació i del creixement dels nens i nenes col·laborant en les activitats i els campaments que es **fan** al llarg de l'any.
>
> El nostre objectiu principal és educar infants i joves per tal que aquests siguin ciutadans compromesos, implicats i crítics.

- Quin és el tema d'aquest text?
- Sabries posar-li un títol?
- A qui creus que va dirigit el text i amb quina intenció?
- Té una bona presentació?
- Quants paràgrafs conté?
- Cada paràgraf transmet una idea? Digues quina.

2. Substitueix les paraules en negreta del text anterior per altres de sinònimes.

3. Redacta un text breu de tres paràgrafs que es tituli *El meu lloc preferit*. Mira que tingui aquesta estructura:

- Primer paràgraf: descripció del lloc.
- Segon paràgraf: quan hi has estat i amb qui.
- Tercer paràgraf: raons de l'elecció.

4. Canvia per hiperònims les paraules d'aquestes frases que consideris pertinent:

a) M'encanten els cavalls, les eugues i els ases.

b) Vol llogar cases, pisos i xalets.

c) Sempre compra mandarines, taronges i llimones.

d) Toca el violí, la viola i el contrabaix.

e) Va comprar els llençols, les fundes de coixí i els edredons.

5. Reescriu aquest text emprant la substitució amb pronoms i el mecanisme de l'el·lipsi per a evitar-hi les repeticions:

> La majoria dels nusos de pesca es fan amb filaments de niló. Els nusos de pesca resulten minúsculs si els comparem amb els nusos que es fan per a altres finalitats. Fer nusos de pesca és complicat i alguns dels moviments que fan els pescadors se'ns fan impossibles de fer.
>
> Hi ha una tècnica indispensable per a fer nusos de pescar: invertir. Diferents nusos, aparentment molt diferents, fan servir el mateix truc.

— Substitueix el verb *fer* del text per altres verbs més escaients.

6. Justifica que el text següent està cohesionat i digues quins mecanismes s'han fet servir per a aconseguir-ho:

> **ELS PLANETES DEL SISTEMA SOLAR**
>
> El sistema solar està format per un estel, el Sol, vuit planetes que giren al seu voltant seguint una òrbita i nombrosos cossos celestes menors.
>
> Els planetes del sistema solar, per ordre del més proper al més llunyà al Sol, són: Mercuri, Venus, la Terra, Mart, Júpiter, Saturn, Urà i Neptú.
>
> Els quatre primers es denominen interiors i són planetes rocosos. Els altres quatre s'anomenen exteriors i són planetes gasosos.
>
> Alguns planetes tenen satèl·lits, que són cossos celestes que giren al seu voltant. El satèl·lit de la Terra és la Lluna.
>
> *Ciències Socials 1 ESO*. edebé.

ELS CONNECTORS

Els **connectors** són paraules o grups de paraules que cohesionen un text. D'una banda, hi **organitzen i relacionen** els paràgrafs i les oracions; de l'altra, assenyalen la **distribució de les idees** del text.

Hi ha connectors de molts tipus. Vegem-ne alguns exemples en el text següent:

QUÈ LI VA PASSAR A PHILEAS FOGG?

Phileas Fogg havia aconseguit fer la volta al món en 80 dies!... I com podia ser que un home tan exacte i meticulós cometés un error de tot un dia? Com és que creia que era dissabte 21 de desembre a la nit quan va desembarcar a Londres, mentre que era divendres 20 de desembre, només 79 dies després d'haver-ne marxat?

De contrast

Temporals

Consecutius

Explicatius

Tot i que és ben senzilla, expliquem la raó del seu error. Phileas Fogg havia guanyat, sense adonar-se'n, un dia en el seu itinerari, i això tan sols perquè havia fet la volta al món anant cap a l'est, **mentre que**, si hagués anat en sentit contrari, **o sigui**, a l'oest, l'hauria perdut.

En efecte, en marxar cap a l'est, Phileas Fogg anava per davant del Sol i, **per tant**, per a ell els dies disminuïen quatre minuts per cada grau de latitud que anava franquejant en aquesta direcció. **O sigui**, que si comptem 360 graus multiplicats per quatre minuts, això dona precisament 24 hores, **és a dir**, el dia inconscientment guanyat. **Dit d'una altra manera**, mentre Phileas Fogg, marxant cap a l'est, va veure passar el Sol 80 vegades sobre el meridià, els seus col·legues que s'havien quedat a Londres no el van veure més que 79. Aquesta és la raó per la qual aquell mateix dia, dissabte i no diumenge, com pensava Mr. Fogg, els seus adversaris en l'aposta l'esperaven al saló del Reform Club.

I això és el que hauria constatat el famós rellotge de Passepartout, que sempre havia conservat l'hora de Londres, si, al mateix temps que els minuts i les hores, hagués marcat els dies.

Adaptat de: J. Verne, *La volta al món en 80 dies.*

Connectors per a estructurar el text

- **Temporals**: Assenyalen quan passen els esdeveniments (*anteriorment, mentre que, després...*).
- **Explicatius**: Introdueixen una explicació o un aclariment (*és a dir, això és, en altres paraules, dit d'una altra manera, o sigui...*).
- **D'ordre**: Marquen l'ordre de les idees o els fets (*d'entrada, per començar, a continuació, tot seguit...*).

Connectors per a estructurar les idees

- **De contrast**: Indiquen algun tipus de contrarietat entre els elements que enllacen (*però, en canvi, tot i que...*).
- **Consecutius**: Expressen conseqüència (*per tant, així, de manera que, per consegüent, en conseqüència...*).
- **Causals**: Expressen causa (*perquè, ja que, per aquest motiu, atès que, a causa de, com que...*).

ACTIVITATS

1. **Llegeix aquests dos missatges i respon les preguntes:**

   L'Anna i la Maria són bones amigues, però no es veuen gaire perquè fa temps que viuen lluny l'una de l'altra.

   L'Anna i la Maria són bones amigues; no es veuen gaire; fa temps que viuen lluny l'una de l'altra.

   - Algun dels dos missatges és incorrecte?
   - Quina diferència hi ha entre aquests dos missatges? Justifica la resposta.
   - Busca-hi els connectors i digues de quin tipus són.

2. **Escriu un exemple amb cadascun d'aquests connectors:**

   és a dir - tot i que - perquè - per tant - en canvi

3. **Omple els buits amb el connector adient:**

   de manera que - malgrat que - perquè - tot seguit - a més

   a) .... va estudiar força, no va aconseguir aprovar.

   b) Vindré demà, ... avui tinc massa feina.

   c) No m'agrada la tonyina, ... a casa solem cuinar altres peixos.

   d) Renteu i peleu les verdures. ...., talleu-les a daus.

   e) Va córrer, va nedar i, ..., va anar en bicicleta.

4. **Substitueix els connectors anteriors per d'altres que expressin el mateix. Fixa't en l'exemple:**

   Per començar, us explicaré per què no vaig venir.

   D'entrada, us explicaré per què no vaig venir.

5. **Ordena les idees següents i redacta un text coherent i cohesionat:**

   - Saturn és el sisè planeta del sistema solar.
   - L'únic amb un sistema d'anells visible des del nostre planeta.
   - Segon en grandària i en massa després de Júpiter.
   - Es van poder formar a partir de satèl·lits que van patir impactes d'estels i de meteorits.
   - Es va descobrir fa 400 anys.
   - El seu nom prové del déu romà Saturn.
   - Si trobéssim un oceà prou gran, Saturn hi suraria.
   - L'origen dels anells de Saturn no es coneix amb exactitud.
   - L'interior de Saturn consta d'un petit nucli de roca i gel, envoltat d'una capa gruixuda d'hidrogen metàl·lic i una capa gasosa exterior.

EL TEXT DESCRIPTIU

De vegades, en el nostre dia a dia, es pot donar la circumstància que hàgim d'explicar com és una persona, com és el lloc que hem visitat, com és la nostra mascota, com és l'objecte que hem perdut, etc.

La descripció és present en un gran nombre d'escrits i normalment correspon a una part d'un text més extens: una narració, una notícia, una guia de viatges, un text expositiu, etc.

Un **text descriptiu** és la representació amb paraules d'un espai, d'un ambient, d'una persona..., en què s'explica com són les seves parts o elements i quines qualitats té perquè el lector pugui fer-se'n una representació mental.

Estructura del text descriptiu

En una descripció és imprescindible seguir un ordre determinat a l'hora d'explicar com és l'element, el personatge, l'espai, etc. Llegeix aquest text de l'escriptor Josep Pla, que et servirà d'exemple:

Visió general

Es **presenta** l'element que s'ha de descriure.

Trajecte

S'enumeren d'una manera **ordenada** (per ordre d'importància, de situació...) els **diversos aspectes** que componen aquest element.

Visió final

Es dona per tancada la descripció i, de vegades, es conclou amb una **opinió personal** o les **sensacions** que ens desperta.

L'endemà al matí vaig obrir la finestra de l'habitació i vaig trobar-me amb un dia deliciós. Un dia típic dels voltants de Sant Joan de juny, amb tota la força de l'estiu incipient i totes les gràcies de la primavera granada.

La finestra donava a la part de darrere de la fonda; es veia, a primer terme, un petit hort amb un llimoner, un cirerer d'un verd acarminat, ple de cireres, i una figuera vella d'una pompa rodona com les anques d'una euga. Més enllà hi havia una gran tofa de verd dens, que vaig suposar que era el dels plàtans de la carretera. Per les escletxes que feien les branques es veien els teulats de les cases de Torrelles, pigallats, daurats, cadmis, de color de pela d'albercoc. La llum era mòrbida i fresca —la llum de quarts de vuit del matí. L'aire, finíssim— i venint de Barcelona, on l'aire sol ésser tan espès, d'una finor d'espasí.

Però l'esperit d'aquella petita meravella era la calma i el silenci que semblava flotar sobre la terra: una calma extasiada, un silenci gairebé trèmul que la xerradissa dels ocells, el lladruc remot d'un gos o una veu humana semblaven fer especialment delectable.

Josep Pla, *El carrer estret*. Destino.

Tècniques descriptives

En una descripció és imprescindible l'ús d'una sèrie de recursos que ajuden a explicar o dibuixar amb precisió l'espai, el personatge, etc., que volem descriure.

— L'ús freqüent d'**adjectius** *(deliciós, incipient, granada...)* i de **comparacions i metàfores** *(rodona com les anques d'una euga, d'una finor d'espasí...)*.

— Les **enumeracions,** que permeten presentar els elements que volem descriure i les seves característiques d'una manera ordenada *(un petit hort amb un llimoner, un cirerer d'un verd acarminat, ple de cireres, i una figuera vella...)*.

— L'ús de **paraules que indiquen lloc:** adverbis, preposicions, locucions adverbials, etc., que permeten l'ordenació dels elements per tal de situar el lector *(darrere, a primer terme, més enllà...)*.

Topografia

Quan **descrivim un lloc** expliquem ordenadament quins elements el componen, com són (dimensions, formes), on se situen (la seva distribució en l'espai) i, també, si ho considerem necessari, quines sensacions ens transmet. La descripció d'un lloc s'anomena **topografia.**

Com podem fer una descripció

A l'hora de fer una descripció, tant si es parteix de la realitat com d'un element imaginari, és important seguir aquests passos:

1 Observar

Observar amb atenció l'element que es vol descriure (persona, paisatge, objecte) o **visualitzar** l'element que ens hem imaginat, i **recollir-ne** les característiques més destacades.

2 Analitzar

Analitzar detalladament aquestes característiques recollides i **organitzar-les** seguint un ordre (descriure una persona psicològicament i físicament —de dalt a baix o a l'inrevés—, un paisatge —de dreta a esquerra o de més amunt a més avall, anar del més general al més concret—, etc.).

3 Redactar

Redactar, tenint en compte l'estructura de les descripcions:

- Visió general (presentació de l'element que es vol descriure).
- Trajecte (enumeració ordenada dels aspectes que componen l'element).
- Visió final (conclusió, donant una opinió personal i subjectiva).

Descriure una persona

Perquè el receptor pugui fer-se una idea de com és una persona, cal explicar l'aparença física que té (color d'ulls, alçada, manera de vestir...) i, també, el seu caràcter o manera de ser (trist, alegre, seriós...).

Hi ha tres modalitats de descripció de persones:

- El **retrat:** és la descripció física.
- L'**etopeia:** descriu els aspectes psicològics.
- La **caricatura:** descriu exageradament els trets físics o psicològics en to de broma.

ACTIVITATS

1. Llegeix aquest text descriptiu i resol les activitats:

> A mig metre de la porta es deturà, com si una força irresistible l'hagués parada. Aleshores es girà i, amb la claror de la lluna i la llum de la llanterna que Van Helsing sostenia ara amb el seu pols d'acer, aparegué el seu abominable rostre. Mai no havia vist un gest de malícia tan desconcertant i espero que mai més uns ulls mortals no el tornin a veure. El seu bonic color d'abans s'havia tornat lívid, els seus ulls llançaven flames infernals, tenia les celles enlairades i la pell arrugada com si dugués les serps de Medusa enroscades al front, i la seva encisadora boca tacada de sang s'obrí com un quadrat, com en les màscares gregues i japoneses quan expressen la ira. Si mai un rostre ha pogut significar la mort —i matar d'una mirada—, aquest fou el que vàrem veure en aquell moment.
>
> Bram Stoker, *Dràcula*. Laertes.

— Fes la llista de les parts del rostre que hi apareixen, amb els adjectius que les qualifiquen.

— Quin ordre se segueix en la descripció?

— Busca-hi diverses comparacions.

— Quina sensació et produeix la lectura d'aquest fragment?

2. Descriu el teu company o companya.

— Fes servir tècniques descriptives: adjectius, comparacions...

3. Imagina't que treballes al Departament de Turisme de Girona i redacta la descripció d'aquest paisatge. Cal que el lector sigui capaç de captar-ne les meravelles.

4. Observa aquestes fotografies, tria'n una i imagina què podries captar amb cadascun dels sentits.

Olfacte	Vista	Gust	Tacte	Oïda
aromes...	colors...	picant...	suau...	cridòria...

— Ara, descriu les sensacions que et desperta.

EL TEXT CONVERSACIONAL

Tipus de **converses**

En la nostra vida diària, podem identificar el text conversacional en els **diàlegs** que mantenim amb els amics, els familiars i els professors; en les entrevistes i les tertúlies que escoltem en els mitjans de comunicació, etc. Per tant, és la manera més habitual de comunicar-se entre dues o més persones. També el trobem en la versió escrita, com ara a les novel·les i contes, a les obres teatrals, als guions de les pel·lícules o als còmics.

Quan dues o més persones conversen oralment, hi intervenen altres factors que són molt importants en la comunicació. Es tracta del llenguatge no verbal, és a dir, els gestos i l'actitud: l'expressió de la cara, les mans i la resta del cos, la mirada, el to de veu, la manera de parlar (nerviosament o amb tranquil·litat), etc.

> La **conversa** és la manera més habitual de comunicar-se entre dues o més persones. Mitjançant el diàleg, intercanviem idees o pensaments i exposem fets de la vida quotidiana.

Fórmules de salutació i de comiat

Situacions informals:

- Salutacions: *hola, ei!, com va tot?, què hi ha?, com anem?, com va la vida?*
- Comiats: *adeu, que vagi bé, fins ara, fins aviat, fins després...*

Situacions més formals:

- Salutacions: *bon dia, bona nit, Déu vos guard, com està?...*
- Comiats: *bon dia, bona tarda, bona nit, passi-ho bé, a reveure, adeu-siau, records...*

En català no és gaire freqüent afegir *molt* a les fórmules *bon dia, bona tarda...*, i no és correcte dir *bones tardes.*

Estructura de la conversa

Tot i que és difícil establir una estructura concreta per a les converses, ja que són impredictibles i depenen dels interlocutors, acostumen a tenir les parts següents:

Obertura

Primer moment de contacte i salutació dels interlocutors.

—Bona tarda, senyor. Que em podria ajudar?

—Bona tarda, noi. En què et puc ajudar?

Desenvolupament

Cos de la conversa, en què es desenvolupa el tema del qual es parla.

—Estic buscant el carrer Major. Que em sabria dir on és?

—Sí. És aquí a la vora. Només cal que giris a la dreta.

Tancament

Final de la conversa, en què els interlocutors s'acomiaden.

—Moltes gràcies per l'ajuda. Adeu-siau, senyor.

—Passi-ho bé, noi.

El diàleg en la literatura

Més sobre el **diàleg escrit**

En les **obres teatrals,** la major part del text està escrit en forma de diàleg i serveix per a fer avançar l'acció. Aquest diàleg també permet conèixer les relacions entre els personatges i defineix el caràcter de cadascun.

En els **contes i novel·les,** mentre que els fragments narratius serveixen per a fer avançar l'acció, i els descriptius, per a situar-la i conèixer-ne els diversos escenaris, els diàlegs s'hi intercalen per donar agilitat a tot el conjunt i acostar els personatges al lector.

Els diàlegs entre els personatges en els **textos narratius** es poden expressar en **estil directe** o **indirecte.**

En l'estil directe

- Es reprodueixen literalment les paraules dels personatges que hi intervenen, com si ho fessin en directe.
- S'aproxima l'escena al lector, es fa més real.
- Les intervencions dels personatges poden ser en primera o tercera persona.
- Els fets s'expliquen en present, com si tot estigués passant en realitat.
- El narrador de tant en tant introdueix el que diuen els personatges, abans que intervinguin, amb l'ús dels dos punts (**:**).
- S'escriu un guió (**—**) abans de la intervenció de cada personatge i es torna a escriure després si el narrador hi afegeix alguna informació.
- La intervenció de cada personatge s'escriu en una línia a part.

Vaig anar cap al final del passadís, vaig despenjar l'intèrfon i vaig preguntar:

—Qui és?

—Viu aquí en Gregori? —va dir una veu.

—Ets en Pau?

—Sí. I tu, qui ets?

—Au! Puja —vaig dir.

Vaig sortir al replà de l'escala a esperar-lo. [...] El vaig agafar molt fort i li vaig dir:

—T'he de donar una molt bona notícia, Pau.

—De debò?

—La bona notícia és... que m'alegro molt de veure't.

R. Santiago i J. Olmo, *Mai no tingueu catorze anys*. edebé.

En l'estil indirecte

- No es reprodueixen literalment les paraules dels personatges que hi intervenen, sinó que el narrador explica el que diuen.
- Els verbs són tots en tercera persona.
- Els fets s'expliquen en passat.
- L'escena s'explica des del punt de vista del narrador.
- L'escena és més subjectiva i allunyada del lector.
- No es fan servir els dos punts (:) ni el guió (—).
- S'uneix la narració a la transcripció de les paraules dels personatges mitjançant l'ús de verbs com *va dir, va afegir, va respondre*... seguits de la conjunció *que*.

En Gregori va anar cap al final del passadís, va despenjar l'intèrfon i va preguntar qui era. Una veu va preguntar si en Gregori vivia allà. En Gregori va respondre preguntant si era en Pau. En Pau va respondre que sí i li va preguntar qui era ell. En Gregori va dir que pugés.

En Gregori va sortir al replà de l'escala a esperar-lo. El va agafar molt fort i li va dir que li havia de donar una molt bona notícia. En Pau va preguntar si ho deia de debò. Aleshores, en Gregori va respondre que la bona notícia era que s'alegrava molt de veure'l.

ACTIVITATS

1. **Indica a quina part de la conversa (obertura, desenvolupament...) poden formar part les intervencions següents:**

   a) Què et sembla si quedem aquesta tarda?

   b) Bon dia, com et trobes avui?

   c) Moltes gràcies per tot, a reveure.

   d) Ja ens veurem demà!

   e) No, avui no puc acompanyar-te.

   f) Perdoni, em podria dir quina hora és?

2. **Observa aquests dos tipus de conversa. Quin paper hi té el llenguatge no verbal?**

a

b

3. **Llegeix el text següent i torna'l a escriure en estil indirecte.**

   - Fixa't que hi ha les intervencions de dos personatges i d'un narrador.

—Què passa, Anaïd?

L'Anaïd no acabava d'arrencar, tenia els ulls envermellits i semblava espantada. [...]

Per fi va semblar que l'Anaïd reaccionava.

—La Selene ha desaparegut.

La Gaia es va posar com una moto.

—Quan?

La nena estava atabalada, i la Gaia es va adonar que esquivava la seva mirada amb culpabilitat.

—Aquest matí quan m'he aixecat no hi era, per això no he anat a escola. L'he estat esperant, esperant, però no ha tornat.

Maite Carranza, *El clan de la lloba*. Col·l. La guerra de les bruixes, I. edebé.

EL MISSATGE AUDIOVISUAL

Descobreix els aspectes tècnics del **llenguatge audiovisual**

La **planificació**

Diem que una sèrie de televisió, una pel·lícula, etc., és un **missatge** perquè conté una informació (l'argument), que es comunica a un receptor o espectador, a través d'un canal (la pantalla). És **audiovisual** perquè utilitza com a llenguatge el so i la **imatge** en moviment, com a principal forma d'expressió.

	Missatges de ficció	Missatges de no-ficció
Què són?	Quan expliquen una història amb personatges inventats, en un lloc i un temps concrets.	Quan pretenen reproduir la realitat. Informen sobre fets que han passat. Poden tenir una forma o una altra segons l'objectiu.
Quins són?	• **Publicitaris,** com ara anuncis o videoclips musicals. • **Ficció cinematogràfica,** com ara pel·lícules o curtmetratges.	Segons l'objectiu que es busca s'elaboren en forma de **notícia, documental, reportatge,** etc.
Exemples	**Anunci** • És un missatge destinat a fer conèixer un producte, un esdeveniment, etc., al públic. • El seu objectiu és convèncer un determinat segment de la població. • Segons aquest objectiu, utilitza uns o altres termes, imatges, recursos sonors, etc. • Té poca durada i condensa moltes imatges en pocs segons. Busca despertar emocions (sorpresa, complicitat…).	**Notícia** • Com a missatge audiovisual a través de la televisió o d'Internet, vol informar d'una manera objectiva i directa sobre fets que passen en la realitat. • En aquest tipus de notícies, la locució va acompanyada d'imatges sobre l'esdeveniment en concret (vídeos, connexions en directe…). **Documental** • És una pel·lícula, de durada variable, que pretén informar sobre fets de la realitat. • Generalment es tracta d'una realitat vista a través dels ulls de la persona que realitza el documental. • La narració, acompanyada de les imatges, entrevistes, etc., és el fil conductor del missatge.

La interpretació d'un missatge audiovisual

El **significat denotatiu** d'un missatge audiovisual és allò que hi trobem representat: personatges, objectes, llocs, colors, ombres, sons, etc.

El **significat connotatiu** és la interpretació que en fem, és a dir, què pensem que se'ns vol comunicar i amb quina intenció. La interpretació d'un missatge mai no és igual per a tothom, cadascú l'entén d'una manera diferent.

Esperit crític

Hem d'observar i escoltar els missatges audiovisuals de manera **crítica,** per fer-nos-en una opinió pròpia amb tolerància.

ACTIVITATS

1. **Amb la càmera d'un telèfon mòbil, fes una fotografia d'un objecte amb el màxim nombre de plans que puguis.**
   - Quins plans has fet servir?
   - Creus que el resultat és diferent en cada cas? Per què?
   - Quina intencionalitat aporta cada tipus de pla?

2. **Visiona aquest anunci publicitari.**

   http://links.edebe.com/ah75dg

   - Què s'hi anuncia?
   - A qui va adreçat?
   - Quin missatge vol transmetre?
   - Quins recursos tècnics s'han utilitzat?

3. **Visiona a Internet aquest anunci de TV3 que utilitza com a recurs la pel·lícula *La finestra indiscreta*.**

   http://links.edebe.com/7x38m

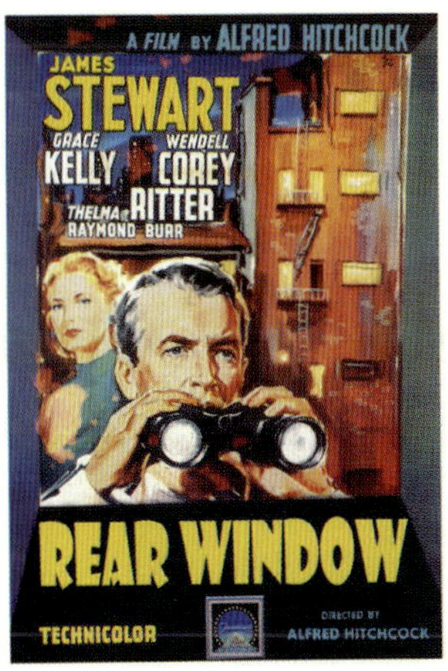

   - Quin paper té la música en el fragment de la pel·lícula per tal de crear una intriga?
   - Quina importància prenen els diferents moviments de càmera?
   - Per què TV3 ha triat aquesta pel·lícula per a fer l'anunci? Què s'hi anuncia en realitat?

4. **Entra a la pàgina web següent:**

   http://links.edebe.com/awsbf6

   - Busca una notícia recent en el telenotícies.
   - Sobre què informa?
   - Quins recursos propis del missatge audiovisual donen suport a la informació?

5. **Visioneu amb molta atenció el següent vídeo sobre la història de l'anunci publicitari audiovisual i responeu:**

   http://links.edebe.com/h7tmf

   - Què és la publicitat?
   - Com era als seus inicis?
   - Què va aportar la música a la publicitat?
   - Quins recursos de la publicitat t'han cridat més l'atenció? Per què?
   - Ara, debateu i reflexioneu entre tots sobre el futur de la publicitat en les noves tecnologies.

6. **Imagineu que el vostre centre educatiu ha organitzat un intercanvi d'estudiants europeus. Per a situar-los en l'entorn, cal que els expliqueu com són la nostra llengua i la nostra cultura.**
   - Busqueu els aspectes bàsics que defineixen millor l'essència de Catalunya.
   - Mostreu la informació mitjançant un codi de comunicació prou entenedor i entretingut (música, imatges, sons, cançons...).

   — Us pot ajudar:
   - Cercar webs sobre cultura catalana (Culturcat...).
   - Buscar eines informàtiques originals per a presentar la informació (infografies, presentacions, vídeos...).

EL TEXT EXPOSITIU

La majoria de textos que ens trobem en l'àmbit acadèmic són de tipus expositiu. A continuació coneixerem les característiques principals d'aquest tipus de text.

Els **textos expositius** ens donen informació sobre una idea o un fet determinat, d'una manera objectiva, clara i ordenada.

El text que tens a continuació, sobre la història del còmic als Estats Units, n'és un exemple. Llegeix-lo atentament.

Títol

La història del còmic als Estats Units

El còmic com a tal, és a dir, la historieta dibuixada i publicada de manera massiva als diaris, va néixer als Estats Units d'Amèrica l'any 1897 amb els personatges «Katzenjammer Kids» creats pel dibuixant Rudolph Dirks.

L'origen de la **historieta** als Estats Units està estretament lligat al desenvolupament del periodisme modern. A causa de la lluita entre les diferents publicacions per la conquesta de nous lectors, es van contractar equips de dibuixants de renom. A conseqüència d'aquest afany, van arribar a inventar l'anomenada *literatura dibuixada.*

Al principi, les tires còmiques apareixien els diumenges. Fins que **l'any 1904** el diari *American* va dibuixar i publicar una tira diària en blanc i negre. No va ser fins al 1907, amb el còmic «Mutt & Jeff», que aquests personatges van traspassar del format de diari al dels llibres, joguines i dibuixos animats.

Amb el temps, les històries comencen a tenir més qualitat i els escriptors i dibuixants adquireixen l'estil característic del còmic que ara coneixem com a «americà». Sorgeixen històries de detectius *(Dick Tracy)*, de superherois *(Superman, Batman, Capità Amèrica…)*.

Més endavant, durant la dècada dels anys seixanta, la companyia Marvel Còmics va potenciar el gènere de superherois i va publicar *Els Quatre Fantàstics, Spiderman, Thor…*

Fins als nostres dies han sorgit infinitat d'històries i personatges de temàtiques diferents. El còmic ha esdevingut un gènere per si mateix, en què els seus creadors i dibuixants són venerats per milions de seguidors.

Ús de **lèxic específic** del tema que es tracta: *historieta, publicació, tires còmiques, gènere…*

Ús de **dades objectives i informatives:** *any 1904, 1907, dècada dels anys seixanta…*

Ús de **connectors de causalitat o conseqüència** *(a causa de, a conseqüència de…)*, **de temporalitat** *(amb el temps, més endavant…)*, etc.

Ús d'**exemples** per a reforçar el que s'explica: *Dick Tracy, Superman, Batman…*

Ús de **fotografies i gràfics** per a ajudar a entendre el text.

Plantejament

Es presenta el tema del qual es parlarà.

Desenvolupament

S'exposa ordenadament la informació que es vol transmetre per tal d'informar o convèncer el receptor.

Cloenda

És un breu resum del més important o una conclusió.

Organització de les idees

- **Idees principals:** informació principal de cada paràgraf a partir de la qual es desenvolupa el tema escollit.
- **Idees secundàries:** informació complementària o exemples de què es componen les idees principals i que ajuden a explicar-les.

Estructuració de les idees

Estructura de seqüència o enumeració

- Es descriu l'**evolució** d'un fet **al llarg del temps** o es presenta una **llista** de diversos **aspectes** sobre **un mateix tema.**
- Els **connectors** que identifiquen aquesta estructura són: *inicialment, amb el temps, més endavant, finalment, d'una banda, a més, també, un altre...*

Estructura causa-conseqüència

- S'exposen les **causes** d'un fet determinat i les **conseqüències** que se'n deriven.
- Els **connectors** més comuns que expressen causa són: *perquè, ja que, a causa de...*; i els que expressen conseqüència: *per tant, en conseqüència, doncs, de manera que...*

Estructura comparativa

- Es comparen les **semblances** i **diferències** entre dues o més idees (ciutats, èpoques històriques, climes...) mitjançant l'anàlisi dels mateixos aspectes de cadascuna.
- Els **connectors** que s'hi utilitzen normalment són: *a diferència de, al contrari, en canvi, altrament...*

ACTIVITATS

1. Llegeix atentament aquest text expositiu i resol les activitats.

Comunicar-nos sense paraules

No hi ha cap ésser viu que pugui existir sense comunicar-se amb els altres: la comunicació no verbal forma part del procés de supervivència.

Així, en el regne animal, la majoria de comunicacions estan relacionades amb processos vitals tan bàsics com aparellar-se o avisar de la proximitat de depredadors.

Els signes i els senyals que els animals fan servir per a comunicar-se són olors, sons, gestos i posats. Per exemple, hi ha papallones femella que segreguen unes substàncies anomenades *feromones* que atreuen els mascles des d'uns quants quilòmetres de distància. O els gats, quan estan enutjats, aixequen el llom i ensenyen les urpes.

Els éssers humans també ens comuniquem entre nosaltres sense paraules, igual que els animals, i ho fem més sovint del que ens pensem. Per exemple, a la teva mare no li cal dir res per a comunicar el que sent quan llegeix les teves notes: per l'expressió de la cara, ja saps si està contenta, estranyada o disgustada.

Per tant, la comunicació no verbal és present en la major part dels àmbits de la nostra vida.

- Assenyala les parts del text (plantejament, desenvolupament i cloenda).
- Resumeix la idea principal que s'explica en cada paràgraf.
- Quin és el tema central que exposa el text?
- Quins exemples s'utilitzen per a reforçar les explicacions?
- Quins connectors hi apareixen?
- Quina imatge podries afegir per acompanyar el text?

2. Redacta un text expositiu sobre un esport d'aventura que t'interessi (piragüisme, escalada...). Pots seguir l'estructura següent:

- **Plantejament:** breu introducció sobre aquest esport.
- **Desenvolupament:** exposició de les seves característiques (en què consisteix, mesures de precaució que cal prendre, etc.).
- **Cloenda:** resum de les idees principals.

— Recorda que has d'escriure cada idea en un paràgraf diferent i, després de fer la redacció, no t'oblidis de revisar-la. Un cop enllestida, exposa-la en veu alta a la resta dels companys.

— També hi pots afegir alguna fotografia, il·lustració o gràfic que ajudi a entendre el text.

20 EL TEXT PERSUASIU: L'ANUNCI PUBLICITARI

Els textos persuasius

Els **textos persuasius** tenen com a objectiu convèncer, seduir, commoure o motivar algú perquè faci alguna cosa, és a dir, intenten influir en les persones perquè actuïn d'una manera determinada, perquè comprin un producte concret, etc.

La **publicitat** és una tècnica fonamentalment pròpia dels mitjans de comunicació de massa que té per objecte persuadir el públic perquè segueixi uns determinats comportaments, principalment, comercials i, de vegades, institucionals.

Els **anuncis** pretenen **influir o persuadir** un públic concret sobre una activitat o un producte determinats.

Text

Frase **curta** i **atraient** sobre allò que s'anuncia.

Imatge

Fotografia o dibuix que ha de tenir una **relació directa** amb el missatge que es vol transmetre.

Més sobre **l'anunci publicitari**

Text

El contingut verbal que acompanya la imatge d'un anunci publicitari consta bàsicament de tres parts:

- **Eslògan:** frase breu, senzilla i fàcil de recordar que sintetitza el missatge que es vol transmetre. Respon a les tres «c»: curt, clar i concís.
- **Text informatiu:** de vegades acompanya l'eslògan i n'amplia la informació; sol incloure dades sobre el producte o els objectius de la campanya.
- **Dades de l'anunciant:** mitjançant el logotip o emblema, l'empresa o institució que promou l'anunci es dona a conèixer al públic destinatari.

Imatge

- Poden ser fotografies, dibuixos o missatges audiovisuals.
- Han de tenir una relació de significat amb el missatge verbal que acompanyen.
- Tenen un gran poder plàstic i visual per a atraure el públic, com en el cas de les metàfores visuals.

ACTIVITATS

1. Observa aquest anunci i respon les preguntes:

- Quin missatge vol transmetre?
- Quin eslògan té?
- Quin és el text que acompanya l'eslògan? Com el complementa?
- Indica les dades de l'anunciant.
- Descriu la imatge de l'anunci. Quina relació s'estableix entre el missatge i la imatge?
- Consideres que la imatge és prou impactant? Justifica la resposta.

2. En parelles, escriviu un nou eslògan per a l'anunci anterior que conservi el mateix missatge.

3. Analitza aquest anunci de *La Marató de TV3* i respon les preguntes:

- Quin és l'eslògan de l'anunci? A qui va adreçat?
- Sobre quin fet, idea o acció vol convèncer?
- Quines dades informatives ens aporta?
- Escriu les paraules o expressions que tenen la finalitat de persuadir, seduir o commoure el públic destinatari.
- La imatge de l'anunci és una metàfora visual. Explica la relació entre els elements de la imatge i el missatge.

4. En grups de quatre, elaboreu una campanya publicitària que promogui el gust per la lectura entre els joves.

- Feu una pluja d'idees sobre els possibles eslògans que poden persuadir aquest públic. Trieu el més original que hagi sorgit.
- Si ho considereu necessari, redacteu un text informatiu que acompanyi l'eslògan.
- Feu una cerca de les imatges que podrien acompanyar el vostre eslògan. Trieu la imatge més impactant en relació amb el missatge.
- Munteu el vostre anunci mitjançant programes informàtics o aplicacions com ara **Glogster.**

5. Observa atentament la imatge d'aquest anunci on l'eslògan ha desaparegut.

— Identifica el missatge sobre el qual pretén persuadir la imatge.

— Escriu l'eslògan més adequat d'acord amb el missatge.

6. Respon aquestes preguntes sobre l'anunci publicitari:

- De què es compon necessàriament?
- Quins són els principals recursos lingüístics que s'hi empren?
- A quina categoria acostumen a pertànyer els anuncis institucionals?
- Quin tipus d'anunci soler ser els que anuncien un producte de neteja?
- A quin públic va adreçat un anunci sobre un cotxe monovolum?

EL TEXT PERSUASIU: EL DISCURS

El **discurs** és un text persuasiu, és a dir, té l'objectiu de convèncer les persones. En aquest cas, qui emet el missatge sol ser una persona amb certa autoritat que exposa uns arguments per a influenciar els receptors, que són el públic que escoltarà o llegirà el discurs.

Llegeix el discurs pronunciat per Barack Obama després de la seva victòria a les primàries presidencials de Carolina del Sud.

Introducció

Es planteja el tema i les idees que es volen transmetre.

Fa un parell de setmanes vam veure la gent d'Iowa proclamar que l'hora del canvi ha arribat. Però hi va haver gent que va dubtar del desig d'aquest país d'aconseguir quelcom de nou; aquells que van dir que Iowa només fou un miratge que no es tornaria a repetir.

Desenvolupament

Es presenten els diversos arguments que justifiquen les idees.

Doncs bé, aquesta nit la gent de Carolina del Sud ha explicat una història molt diferent de la dels cínics que cregueren que el que començà a les neus d'Iowa només era una il·lusió.

[...] **Tenim** la majoria dels vots, la majoria de delegats i la coalició més diversa de nord-americans que hem vist en molt, molt de temps. [...] D'aquí a nou dies, prop de la meitat de la nació tindrà l'oportunitat d'unir-se a nosaltres per a decidir que estem cansats de la manera de negociar de Washington, que tenim fam de canvi, i que estem preparats per tornar a creure.

Primera persona del plural

Ens enfrontem a la idea que es pot dir el que sigui o fer el que sigui per guanyar unes eleccions. Sabem que és precisament això el que no funciona en el nostre sistema polític. **Aquesta és la raó que fa que la gent no confiï en el que diuen els polítics** [...].

Promeses realistes, per a transmetre honestedat

Hi haurà contratemps, falsos començaments i, de vegades, cometrem errors. Però, per molt difícil que pugui semblar, **no hem de perdre l'esperança.** Perquè hi ha gent que compta amb nosaltres, gent que no es pot permetre quatre anys més sense assegurança mèdica, bones escoles o sous decents. [...] L'opció en aquestes eleccions no és entre regions, o entre religions, ni entre home o dona. No es tracta de rics contra pobres, de joves contra vells; i no és sobre blancs contra negres. **És sobre el passat contra el futur.**

Perífrasis d'obligació

Frases contundents

Hi ha qui **continuarà** dient que no podem fer-ho. Que no podem aconseguir el que volem. Que estem veient visions i ens estem fent falses il·lusions. **Sí que podem.** Podem canviar. Sí que podem curar aquesta nació.

Verbs en futur

Conclusió o tancament

Es ressalta la idea principal i es conclou.

Ara deixem aquest gran estat, **empesos per un nou vent,** i reprenem el camí a través d'aquest país al qual estimem amb [...] el mateix missatge que hem mantingut en els bons i els mals moments: que, encara que som molts, som un; que mentre respirem, tindrem esperança; i que, quan topem amb el cinisme i el dubte, quan topem amb aquells que ens diuen que no podem, respondrem amb aquest símbol etern que expressa l'esperit d'un poble en tres senzilles paraules: **Sí que podem.**

Metàfores

Lema

Adaptat de: Discurs pronunciat per Barack Obama a Columbia, Carolina del Sud, 26-1-2008.

Recursos per a convèncer

- S'exposen **situacions** i les **solucions** proposades.
- Es fan **promeses realistes,** que els oients puguin creure com a possibles.
- S'apel·la a les **emocions** i els sentiments del receptor amb **frases encoratjadores.**
- S'utilitzen **preguntes i figures retòriques,** com ara la metàfora, la comparació o l'antítesi.

Recursos lingüístics

- Ús de perífrasis d'obligació.
- Verbs en futur.
- Primera persona del plural per a implicar el receptor.
- Frases contundents i lemes, que els oients puguin recordar.

Claus per a un bon discurs oral

- Redacta el discurs posant molta atenció a la construcció de les oracions i al vocabulari utilitzat.
- Exposa les teves idees d'una manera clara i ordenada.
- Assaja unes quantes vegades per adquirir soltesa i confiança.
- Expressa les teves idees respectant les dels altres.
- El to i l'expressió corporal són fonamentals.

ACTIVITATS

1. **Digues si les afirmacions següents sobre els textos persuasius són certes o falses:**

   a) Els missatges persuasius tenen com a finalitat defensar una idea mitjançant uns arguments.

   b) El llenguatge persuasiu utilitza uns recursos per a impactar el receptor.

   c) Un article d'opinió és un exemple clar de text persuasiu.

   d) El missatge persuasiu no és present en la nostra vida quotidiana.

   e) En un discurs, l'emissor es dirigeix a uns receptors amb l'objectiu de convèncer.

   f) En un discurs s'usen recursos lingüístics com les perífrasis de gerundi i la tercera persona del plural.

   g) L'emissor d'un discurs apel·la als sentiments del receptor per a implicar-lo emocionalment.

2. **Escriu un text persuasiu d'entre deu i quinze línies per a una de les situacions següents:**

   - Convèncer el professorat que introdueixi una assignatura nova en el programa d'estudis.
   - Convèncer els teus companys per anar de viatge de fi de curs allà on vols tu.
   - Convèncer el teu equip de futbol perquè canvieu d'equipació.

   — La música és un bon recurs per a motivar la inspiració i la creativitat. Abans de redactar el teu text persuasiu, selecciona una cançó que consideris encoratjadora i que pugui motivar els teus oients a donar suport als arguments que exposes.

3. **Elaborar textos persuasius pot resultar senzill quan creus en les idees que defenses, però, i si no hi creus? Et proposem que redactis un text persuasiu intentant convèncer els teus companys sobre un dels temes següents:**

   - Fer exàmens cada dia és la millor manera d'aprendre.
   - Tenir classe els dissabtes ens permetria aprendre més coses.
   - Si comencem les classes a les 7 del matí podrem aprofitar més el dia.
   - Seria més beneficiós per a l'alumnat reduir les vacances d'estiu.

   — Un cop tingueu el discurs redactat, pronuncieu-lo davant de la classe.

   — Valoreu entre tots quin és el millor discurs. Per a fer-ho, podeu tenir en compte els criteris següents:

     - Utilització de recursos lingüístics propis del text persuasiu.
     - Ús d'un vocabulari expressiu i de figures retòriques.
     - Bona argumentació.
     - Capacitat de convicció.
     - Expressió oral: entonació i gesticulació.

EL CÒMIC

Un **còmic** és un tipus de **text narratiu** que explica una història mitjançant una successió de **vinyetes** que contenen alhora textos i imatges.

Tot i que hi ha molts tipus diferents de còmics, en general es pot parlar d'uns elements i convencions gràfiques comuns:

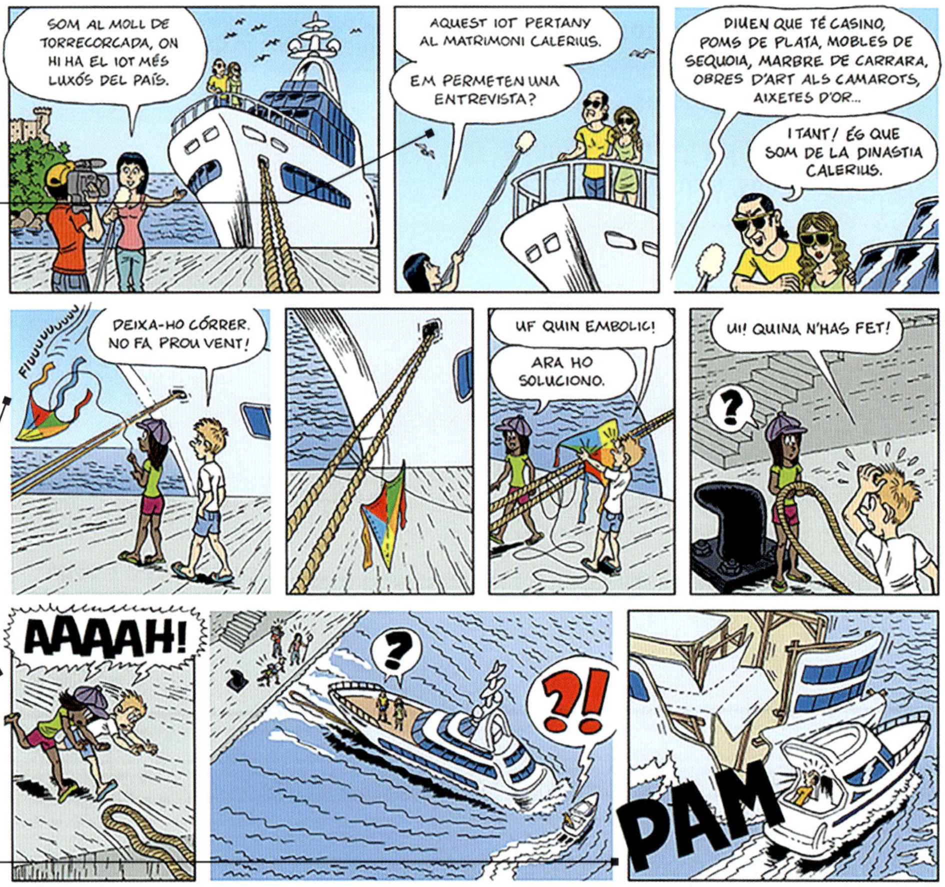

Viladoms, «Pesquis i Baliga», a *Cavall Fort*, núm. 1393-1394.

Vinyeta

Cada un dels espais en què es divideix la història.

Bafarada o globus

Espai que conté el que diu cada personatge. N'hi ha de diferents tipus segons si el personatge parla, pensa, està espantat o enfurismat.... El **delta** és l'apèndix que assenyala el personatge que parla o indica si una veu ve de fora de la vinyeta.

Línies cinètiques

Representen el moviment dels personatges i dels objectes.

La mida de les lletres

Sovint es juga amb la mida de les lletres per a reforçar la idea que un personatge crida o sent sorpresa, enuig, etc.

Onomatopeia

Paraules que imiten sons o sorolls. Solen aparèixer sense bafarada.

Altres elements del còmic són les **metàfores visuals,** que són dibuixos que representen sensacions, emocions o estats (una bombeta per a indicar que un personatge ha tingut una idea, estrelles al voltant del cap d'un personatge per a indicar que sent dolor…), i els **plans** i els **angles de visió.**

Un **pla** és l'enquadrament del dibuix d'una vinyeta o de la imatge d'una fotografia. N'hi ha de diferents tipus segons la distància dels elements dibuixats respecte de l'observador.

Un mateix pla es pot representar en angles diferents. L'**angle de visió** és el punt de vista des del qual s'observa el personatge o l'escena: en l'eix de la mirada (**angle normal**), des de dalt (en **picat**) o des de baix (en **contrapicat**).

Què mostra cada pla?

Pla panoràmic	Una panoràmica de l'entorn o del lloc on transcorre l'acció; els personatges es veuen petits.
Pla general	Els personatges de cos sencer, identificables, i també part o bona part del lloc on es troben.
Pla sencer	Els personatges de cos sencer, ocupant gairebé tot l'espai de la vinyeta.
Pla americà	Els personatges fins als genolls. S'anomena així perquè era un pla molt utilitzat en els *westerns*, ja que permetia mostrar el revòlver del personatge.
Pla mitjà	El personatge o els personatges de cintura cap amunt.
Primer pla	El cap i les espatlles del personatge.
Primeríssim primer pla	La cara del personatge; té una intenció dramàtica.
Pla de detall	Un objecte, la part d'un objecte o una part del cos del personatge de molt a prop.

ACTIVITATS

1. Digues quin tipus de pla mostra el dibuix de cada vinyeta de la pàgina anterior.

   — Indica també quin és l'angle de visió de cada una: normal, en picat o en contrapicat.

2. Fes el mateix amb les dues darreres vinyetes del còmic:

3. Numera les vinyetes del còmic anterior i indica quina o quines pertanyen al principi, quina o quines pertanyen al nus i quina o quines al desenllaç.

   — Ara, tria una de les opcions següents i converteix el còmic...

   a) en un conte o relat breu.

   b) en la notícia que en podria fer la reportera de la primera vinyeta després que n'hagi presenciat el desenllaç.

4. Consulta diferents còmics i troba-hi exemples d'aquests elements del còmic:

   - Cada tipus de pla.
   - Els tres angles de visió.
   - Onomatopeies.
   - Línies cinètiques.
   - Metàfores visuals.
   - Bafarades de diferents tipus.
   - Exemples de lletres de mides diferents en un mateix còmic.

EL TEXT INSTRUCTIU

Altres estructures de **textos instructius**

Les instruccions per a escriure una novel·la, utilitzar un aparell, elaborar una recepta de cuina, així com les regles d'un esport, les indicacions d'un itinerari o el prospecte d'un medicament són mostres de textos instructius.

Els **textos instructius** ens donen un seguit de consells, ordres, recomanacions o passos que cal seguir per a dur a terme una activitat.

Llegeix aquesta recepta per a fer pa de pipes i fixa't en les seves característiques:

Pa de llavors de gira-sol

Ingredients:

25 g de llevat de forner
75 g de llavors de gira-sol
350 g de farina de força
200 g de farina integral
200 g de farina de segó

Preparació:

Verbs en **imperatiu**

1. **Desfeu** el llevat de forner en l'aigua, lleugerament tèbia, per sota de 30°.
2. En un bol d'acer, tamiseu les farines i barregeu-les amb la sal.
3. Amasseu la farina amb el llevat i l'aigua fins a tenir una massa consistent.
4. Afegiu-hi quasi totes les llavors de gira-sol i reserveu-ne unes quantes per a posar-les al damunt del pa.
5. Impermeabilitzeu un motlle per anar al forn amb oli d'oliva. Possiblement, **haureu d'afegir-hi** més aigua o més farina, perquè cada farina és diferent.

Perífrasis d'infinitiu que expressen obligació

6. Un cop tingueu la massa, fiqueu-la al motlle i tapeu-la amb un drap humit, i deixeu que reposi en un lloc càlid fins que dobli el volum.
7. Preescalfeu el forn a 225°.
8. Pinteu la superfície del pa amb aigua, o rovell d'ou, si ho preferiu, i afegiu-hi les llavors restants per decorar-ho.
9. Enforneu-lo durant aproximadament 1/2 hora i, si al final de la cocció la superfície es torra massa, abaixeu la temperatura a 200°.
10. Un cop cuit, agafeu-lo amb un drap i colpegeu-lo lleument pel darrere amb la mà. Si fa soroll de buit, és que està ben cuit. Si no, enforneu-lo una mica més.

Enumeració dels passos que cal seguir

Informació nutricional

Pa indicat, sobretot, per a menjar-se'l per esmorzar i per berenar. És bo que vagi acompanyat de proteïna: pernil, formatge... Indicat per a nens en edat de creixement i dones embarassades. Aporta fibra.

Consells i recomanacions

Cuina per a solters.

Elaboració d'un text instructiu

Quan hagis d'escriure un text instructiu, cal que tinguis en compte les indicacions següents:

1 Escull Pensa quin **tipus de text instructiu** vols redactar i quina és la millor manera d'estructurar i organitzar la informació.

2 Ordena Fes un **guió** per separar la informació en apartats i pensa un subtítol per a cadascun. Com que tota la informació té la mateixa importància, els paràgrafs s'organitzaran per l'**ordre temporal** en què cal dur a terme els passos.

3 Escriu Escriu els **passos que cal seguir** de forma ordenada: pots utilitzar nombres, lletres o connectors que indiquin ordre.

Què et cal?

- Utilitza verbs en segona persona de l'**imperatiu,** verbs en **infinitiu** o **perífrasis d'obligació:** *desfeu, prémer, heu de tallar*... També pots utilitzar les **formes impersonals:** *es tallen, es desfan*...
- Fes servir un vocabulari específic, clar i entenedor.
- Pots incorporar-hi dibuixos o esquemes per facilitar-ne la comprensió.

ACTIVITATS

1. Els passos d'aquesta recepta d'amanida d'arròs estan desordenats. Ordena'ls i torna a redactar la recepta fent servir l'imperatiu.
   - Es decora amb una oliva negra i una tireta o dues de pebrot, o amb una gamba.
   - Es bullen l'arròs i els pèsols, en una olla amb aigua, sal i un raig d'oli.
   - Es deixa escórrer, es renta a raig d'aixeta i es deixa refredar.
   - S'emmotlla en un bol i s'aboca a cada plat.
   - Es barregen l'arròs i els pèsols bullits amb el pernil, el pebrot, la tonyina, la gamba salada pelada i les olives negres, tot fet a trossets petits.
2. Llegeix atentament aquest text instructiu sobre la manera de millorar la seguretat dels ciclistes a la ciutat i fes el que s'indica a continuació.

   Circuleu pel centre del vostre carril i feu-vos respectar. Busqueu una ruta segura. Cal seguir un bon itinerari per carrers plàcids o per carrils bici, amb l'ajut d'un plànol. Feu-vos veure a la nit. Utilitzeu el casc i no circuleu amb auriculars, ja que això no us permetria controlar el trànsit que hi ha darrere vostre. Amb pluja, heu d'extremar les precaucions.

   - Torna a escriure el text en forma d'enumeració, separant correctament cada consell que s'hi dona.
   - Anota totes les formes verbals que hi trobis i classifica-les segons que siguin en imperatiu o bé perífrasis d'obligació.
3. Escriu ordenadament les instruccions d'ús d'un mòbil, concretament, el que cal fer per a escriure un missatge.
4. Tria un esport o un joc que t'interessi i escriu-ne el reglament. Segueix aquestes pautes:
   - Material necessari, nombre de persones que hi poden participar i recinte o lloc on es pot practicar.
   - Normes i prohibicions.
   — Després, llegeix-lo en veu alta.
5. Redacta un text instructiu sobre com es planta un arbre. Pots seguir qualsevol de les estructures que hem vist:
   - Elements necessaris.
   - Preparació o passos que cal seguir.
   - Consells, recomanacions o precaucions.
6. Per tal d'explicar l'ús d'una aplicació per a una tauleta tàctil, quina estructura de text instructiu seria la més adequada? Responeu aquesta pregunta mitjançant la **tècnica de treball cooperatiu** estructura 1, 2, 4.
   - Dividiu la classe en equips base formats per quatre membres.
   - De primer, penseu la resposta a la pregunta de manera individual.
   - Després, poseu-vos en parelles i compartiu la resposta.
   - Finalment, agrupeu-vos les dues parelles que formeu el vostre equip i consensueu una única resposta entre els quatre. Compartiu-la amb la classe.

LA NARRACIÓ D'UNA ANÈCDOTA

Escolta aquesta **anècdota**

Una **anècdota** és la narració breu d'un fet curiós o interessant. Normalment es basa en fets reals; els personatges no són ficticis.

ACTIVITATS

Escolta

1. **Escolta atentament i digues si les afirmacions següents són vertaderes o falses:**
   a) Els protagonistes de l'anècdota són dos germans.
   b) Els fets es produeixen un diumenge al camp.
   c) Tot va començar quan van sentir un soroll estrany.
   d) Un vagó es va accelerar més enllà del que havia de ser normal.
   e) En Pere estava tranquil, però l'altra protagonista no es trobava bé.
   f) Els van rescatar amb una gran grua.
   g) Després de l'ensurt, tots van decidir tornar a casa.
   h) Tot i l'experiència, els han quedat ganes de tornar-ho a provar.

2. **Tenint en compte el to de veu de la persona que explica l'anècdota, quina sensació o sentiment creus que va tenir durant l'experiència?**

Parla

3. **Ara et toca a tu narrar la teva anècdota als teus companys. Segueix aquests passos:**
   - Escriu, en forma de títol o d'esquema, les anècdotes que se t'acudeixin.
   - Tria una anècdota que tingui intriga, humor, sorpresa... :

     Aquell viatge o excursió en què tot va sortir malament, el dia en què et vas ficar tant de peus a la galleda que encara avui sents vergonya, el moment en què vas coincidir amb una persona que té el mateix nom i cognoms que tu...

   - Ordena els fets de la narració:

     a) Com va començar? On i quan?

     Situa l'oient en l'espai i el temps i explica l'esdeveniment inicial amb què comença la teva anècdota.

     b) Què va passar?

     Explica com vas reaccionar o com van reaccionar les persones implicades, què vas fer o què van fer...

     c) Com va acabar?

     Explica la resolució de l'anècdota: com et vas sentir, si els fets van tenir o no conseqüències i, si és així, quines són.

   - Com a comentari final, pots explicar com et sents quan recordes l'anècdota; si en pots extreure cap lliçó i, si és així, quina és.

Quan narrem una anècdota

A l'hora d'explicar oralment una experiència o anècdota, has de:

- Parlar a poc a poc, fent les pauses necessàries per a crear un mínim d'expectació.
- Enriquir la narració amb paraules i expressions que ajudin a donar expressivitat.
- Variar l'entonació i adaptar-la als sentiments i les característiques dels personatges i de l'ambient que es descriu en la narració.

EL RETRAT ROBOT 25

Una **descripció** explica amb detall com és un objecte, un lloc, un paisatge, un ambient, una persona... En literatura, anomenem **retrat** la descripció dels trets físics i de caràcter d'una persona. El retrat robot és la descripció d'un individu buscat per la justícia que s'obté bo i combinant certs tipus de fisonomia a partir de les senyes aportades per testimonis oculars.

Escolta un **retrat** literari

ACTIVITATS

Escolta

1. Escolta l'àudio atentament i respon:
   a) Com es diu l'home que s'hi descriu?
   b) Com va vestit?
   c) Com és físicament? Quin origen té?
   d) Quina és la seva professió? Com ho has sabut?
   e) Com penses que deu ser el districte on treballa?

2. Després d'escoltar la descripció, quina mena de persona penses que és?

Parla

3. Ara, us toca descriure una persona a vosaltres. Llegiu aquesta situació:

Avui s'ha produït un robatori important al barri on treballa en Frank Hernández. El lladre ha aconseguit escapar-se, però un testimoni l'ha pogut veure mentre fugia. En Frank ha demanat al testimoni que en faci una descripció detallada per a poder-ne realitzar un retrat robot.

— Agrupeu-vos en parelles. Un de vosaltres farà el paper de testimoni, i l'altre, el paper de Frank Hernández, el policia.
  - Qui faci de Frank Hernández formularà les preguntes necessàries per a saber com és el lladre.
  - Qui faci de testimoni haurà de fer una descripció detallada del lladre.
  - Introduïu les dades en el programa següent per tal de dibuixar el retrat robot del vostre sospitós.

  http://flashface.ctapt.de/index.php

— Un cop tingueu els retrats robot dibuixats, pengeu-los a classe.

4. Agrupeu-vos en parelles. Cada un de vosaltres ha de pensar en un company o en una companya de la classe i descriure'l en veu alta sense dir-ne el nom.

— Qui ha descrit, la teva parella?

Per descriure

- **Observa** o visualitza els elements que s'han de descriure i selecciona'n els trets més característics.
- **Ordena** els trets recollits i organitza'ls en grups temàtics (trets físics, manera de vestir, caràcter...).
- **Estructura** la teva descripció seguint un ordre (visió general, trajecte, visió final).
- **Exposa** la teva descripció utilitzant **tècniques descriptives** com ara l'ús de l'adjectiu més adient per a cada tret, i metàfores i comparacions que enriquiran la teva descripció.

L'ENTREVISTA

Escolta una **entrevista**

Una **entrevista** és un diàleg entre una o més persones: l'entrevistador, que fa les preguntes, i la persona o les persones entrevistades, que les responen. L'objectiu principal d'una entrevista és obtenir informació sobre la persona entrevistada: com és, quins projectes té, què opina sobre un tema...

ACTIVITATS

Escolta

1. **Has escoltat una entrevista fictícia a un personatge històric, l'Amelia Earhart. Segons el que s'hi diu, respon aquestes preguntes:**

   a) En quina època se situa l'entrevista?

   b) Per què va fer història Amelia Earhart? Quin any? En què es diferencia aquest vol de la primera vegada que va volar sobre l'Atlàntic?

   c) Què s'havia plantejat ser Amelia Earhart abans de ser pilot?

   d) De què més va treballar? Per què va ser «pionera» en això?

   e) Qui li va ensenyar a pilotar?

   f) Quin és el seu «pròxim somni»?

2. **Pel to de l'entrevista i les respostes que hi dona, com definiries la manera de ser d'Amelia Earhart?**

Amelia Earhart a bord d'un monoplà del Govern dels Estats Units d'Amèrica (1936).

Parla

3. **Fes una entrevista a un company o a una companya.**

   — Agrupeu-vos en parelles. Un de vosaltres farà d'entrevistador o d'entrevistadora i l'altre, de persona entrevistada.

   — L'entrevistador o l'entrevistadora...

   - Ha de valorar quins aspectes de la vida i de la personalitat de la persona entrevistada són més interessants per a fer l'entrevista més atractiva.
   - S'ha de **documentar** bé sobre la persona que ha d'entrevistar.
   - Ha de preparar una **bateria de preguntes** segons la informació obtinguda. L'ideal és que estiguin **ordenades temàticament.**

   — Un cop finalitzada l'entrevista, intercanvieu-vos els papers.

Tingues en compte que...

- **Si l'entrevistat contesta una cosa inesperada,** més interessant que el que tenies previst, cal aprofitar l'oportunitat. Deixa el guió de banda i fes preguntes sobre allò tan interessant que t'ha explicat!
- **De vegades, els entrevistats s'avancen** i donen informació sobre la qual havies previst preguntar més endavant. Cal estar atents i no preguntar sobre qüestions que ja han sortit a la conversa i que, per tant, ja han contestat.

LA CRÍTICA 27

Una **crítica** és una opinió raonada que una persona experta fa sobre un espectacle, un llibre, una obra d'art, etc., en què s'explica de manera argumentada per què val la pena anar-lo a veure o llegir-lo i/o en què és desencertat.

Escolta la **crítica** d'una estrena

ACTIVITATS

Escolta

1. Escolta atentament l'àudio i respon:

   a) Quin és l'objecte de la crítica?

   b) Per què parla també d'una pel·lícula?

   c) A qui va dirigida l'obra?

   d) De què tracta?

   e) En quin idioma es fa l'obra?

   f) Quins elements destaca la crítica de l'obra teatral?

2. A la persona que fa la crítica, li ha agradat aquesta obra de teatre? En què ho notes?

Parla

3. Ara, prepara la crítica d'una estrena o d'un espectacle que hagis vist recentment.

   - Pensa quina obra de teatre o de dansa, concert, pel·lícula, etc., t'agradaria comentar. No necessàriament t'ha d'haver agradat, n'hi ha prou que pensis que tens alguna cosa a dir sobre l'espectacle.
   - Fes una llista de les coses que destacaries de l'espectacle triat.
   - Endreça la llista: posa els elements per ordre d'importància, però fes que quedin ben lligats, l'un darrere l'altre.

4. A l'hora de fer la crítica, tingues en compte el següent:

   a) Primer, situa l'oient i **presenta** l'estrena o l'espectacle que vols comentar: de quin tipus és, com es titula, on es pot anar a veure....

   b) Explica **de què va,** fes-ne un resum breu o descriu-lo sense avançar res important als possibles espectadors que encara no l'han vist.

   c) Valora l'espectacle. És a dir, explica **de manera argumentada** per què aconselles l'espectacle (o per què el desaconselles). No val a dir que «és molt bonic»; has d'explicar **per què** l'has trobat bonic.

   d) Quan facis la crítica, sigues amè i no et repeteixis.

   — Assaja les vegades que et calgui i enregistra't fent la crítica com si fossis...

   a) El periodista cultural d'un programa de la ràdio, com en l'àudio que has escoltat.

   b) Un *booktuber* amb molts seguidors.

   — Dona a conèixer la teva crítica als companys i companyes de la classe i demana'ls-en l'opinió per a millorar-la.

28 EL DISCURS

Escolta un **discurs**

Un **discurs** és un desenvolupament ordenat sobre un tema determinat que un orador pronuncia davant un públic amb una finalitat persuasiva.

Els propòsits d'un discurs

- **Transmetre** una **informació** o unes idees concretes a favor o en contra d'un propòsit.
- Persuadir o **convèncer** l'audiència d'alguna cosa.
- Fer una presentació, **inauguració, homenatge, agraïment...** En aquest cas, s'utilitzaran paraules boniques, que lloïn la persona o el fet del qual parlem.

El **to** també té a veure amb el propòsit del discurs i la identitat de qui el fa: un discurs fet per una autoritat, per exemple, sempre serà més solemne, més seriós.

En qualsevol cas, sempre **es busca l'emotivitat,** que els oients se sentin identificats, satisfets i commoguts pel contingut del discurs.

ACTIVITATS

Escolta

1. Escolta l'àudio atentament. Tenint en compte el contingut, el tipus de llenguatge i el to del discurs, qui diries que l'ha pronunciat?
   — Amb quin objectiu fa el discurs? Per què el fa o amb motiu de què?

2. Torna a escoltar el discurs i digues si les afirmacions següents són certes o falses:
   a) La zona verda és molt petita.
   b) El barri on hi ha la zona verda està molt densament poblat.
   c) La ciutat es diu Mercadal.
   d) Els veïns i les veïnes del barri no volien la zona verda.
   e) A la zona verda, hi han fet una zona destinada a plantes exòtiques.
   f) Tenen l'esperança que diverses espècies d'ocells i altres animals vinguin a aquesta àrea verda.
   g) La persona que fa el discurs compara la zona verda amb una bona escola de natura.

Parla

3. Ara et toca a tu. Prepara un discurs:
   — Tria el tema. Tingues en compte l'audiència a la qual et dirigeixes (quins temes poden interessar, edat, etc.).
   - Quin objectiu té? Defensar una idea, convèncer el públic que faci alguna cosa, denunciar una injustícia...

   — Fes una llista de les qüestions principals relacionades amb el tema triat.
   - Organitza-les de manera que quedin ben connectades entre si en el discurs.

   — Utilitza arguments que tinguin força i paraules emotives que la teva audiència pugui entendre bé.
   — Comença amb una salutació i una declaració d'intencions. És a dir, explica per què ets aquí i quin és l'objectiu del teu discurs.
   — Desenvolupa el discurs segons l'objectiu que hagis triat.
   — Acaba amb un agraïment a l'audiència.

4. Plantegeu un concurs de discursos! Qui de vosaltres el farà més eloqüent i convincent? Us podeu inspirar en l'Speakers' Corner del Hyde Park de Londres, un racó on tothom qui ho vol pot fer el seu discurs:
   https://www.speakerscorner.net/

5. Quan tots hàgiu pronunciat el vostre discurs, decidiu entre tots quin us ha semblat més convincent.

ATALANTA

Escolta la **LECTURA**

Si et penses que la mitologia grega és avorrida, el fragment de la novel·la que ara llegiràs et farà canviar d'opinió. Escolta què en pensa aquesta noia, que la va llegir sencera i ara la recomana sempre que pot!

Resulta que «Atalanta» en grec antic significa 'de pes igual'.

I té sentit. Atalanta es podia equiparar amb qualsevol heroi masculí. En realitat, era més valenta i més ràpida que la majoria, però els homes grecs no haurien acceptat mai una dona *Més capaç que nosaltres*. Els hauria ferit l'orgull. El compliment més elevat que estaven disposats a oferir-li era *Tan capaç com un home*.

Els pares d'Atalanta no li van posar pas aquest nom. La van odiar des del moment de néixer.

El seu pare Iasos era el rei d'Arcàdia. Igual que molts reis grecs, estava obsessionat a tenir fills mascles per mantenir el cognom de la família. Potser el rei era sensible al fet de no semblar prou mascle. Quan va veure que el seu primer descendent era una nena, es va enfadar tant que va fer igual que les amazones, però amb l'altre sexe. Va agafar la criatura, se la va endur al bosc i la va deixar sobre una roca perquè morís.

És evident que aquell no va guanyar el premi al Millor Pare del Món.

La criatura plorava i esgaripava. Jo també ho faria, si el meu pare m'abandonés així. Tenia un bon parell de pulmons, així que no va passar gaire estona abans que una ossa enorme sortís de l'espessor del bosc per descobrir quin era l'origen d'aquell escàndol.

L'episodi hauria pogut acabar malament per a la criatura i deliciosament per a l'ossa.

Per sort, aquella ossa era una mare afligida. Uns caçadors li havien matat els cadells feia poc. Va trobar Atalanta gemegant i retorçant-se sobre la roca, i la mama ossa va decidir criar la nena com si fos seva. Va agafar curosament Atalanta amb aquella boca grandiosa i va tornar a la seva cova, on va criar la nena amb llet d'ossa deliciosa.

Els primers anys de vida, Atalanta va créixer pensant que era una ossa. Era sana i forta. Va aprendre a no tenir por de res llevat dels caçadors humans. De nit, s'arraulia vora la pell gruixuda de la mare adoptiva. De dia, menjava mel i vagarejava vora els contenidors de deixalles, o el que fos que feien els ossos a la Grècia antiga.

La seva vida era magnífica... fins que els caçadors van tornar a aquella zona. Una tarda, mentre la mama ossa era a buscar teca, dos paios van entrar a la cova furtivament amb l'esperança de trobar-hi algun cadell d'os que poguessin matar per la pell, o potser capturar per vendre'l a un circ itinerant. Però, en canvi, van trobar una criatura humana dormisquejant en un jaç fet amb pells d'animal.

—Noi, això no està gens bé —va apuntar el primer caçador.

—Hauríem de treure aquesta nena d'aquí —va corroborar el segon caçador.

Les veus van despertar Atalanta, que va grunyir i els va ensenyar les dents.

esgaripava: xisclava.

afligida: que sentia molta pena.

curosament: amb compte.

s'arraulia: s'arronsava, s'arrupia.

vagarejava: anava d'un lloc a l'altre sense cap propòsit concret.

furtivament: d'amagat.

corroborar: confirmar.

—No passa res, nena —va dir el primer caçador—. Et rescatarem.

Atalanta no volia pas que la rescatessin. Va esgarrapar els caçadors als ulls i els va donar puntades de peu a l'entrecuix, però els dos homes eren més corpulents i més forts que ella. La van raptar i la van retornar al seu poble, cosa que devia trencar el cor a la mama ossa. Ja era la segona vegada que els éssers humans li assaltaven la casa i la família. Hauria de millorar el sistema de seguretat per força.

Els vilatans van fer tots els possibles per criar Atalanta com una nena humana. Li van ensenyar a parlar, a vestir-se i a menjar amb forquilla. I li van treure els hàbits de maltractar els humans i entrar en letargia a l'hivern.

Atalanta es va adaptar, però no va perdre mai el seu esperit feréstec. Li agradava més vestir-se amb pells que amb vestits. La seva mirada ferotge podia fer retrocedir els guerrers més experts. Quan va complir els catorze anys, ja era capaç de disparar amb un arc i brandar un punyal més bé que cap altre ciutadà. I també corria més de pressa que el cavall més ràpid.

Va créixer fins a ser més alta que cap altra dona que haguessin vist mai al poble. Amb la pell de color bronze i una cabellera llarga i rossa (una raresa a Grècia), era alhora voluptuosa i aterridora. La gent del poble va començar a anomenar-la Atalanta, 'igual en pes', perquè cap home no la podia dominar. I els que ho intentaven acabaven morts.

[...]

Als setze anys, Atalanta ja no comptava amb la simpatia dels vilatans. Van començar a parlar de perspectives de matrimoni, i Atalanta va arribar de seguida a la conclusió que valia més que marxés abans que fes mal a algú.

Rick Riordan, *Percy Jackson i els herois grecs*. Salamandra.

letargia: son profund i llarg.

feréstec: salvatge.

brandar: fer anar un punyal o una altra arma.

voluptuosa: atractiva, que complau els sentits de qui la mira.

perspectives: possibilitats, visions de futur.

ACTIVITATS

Obtenció d'informació

1. **Respon les preguntes següents sobre el text que has llegit:**

   a) On transcorren els fets? En quina època?

   b) Com es diu la protagonista? De qui era filla?

   c) Què significa *Atalanta* en grec antic? Per què el narrador diu que el nom de la noia «té sentit»?

   d) Amb qui es va criar Atalanta? Fins a quina edat s'hi va criar?

   e) Qui va començar a anomenar la protagonista *Atalanta?* Per què?

2. **Per què Iasos, el rei d'Arcàdia, abandona la seva filla acabada de néixer?**

3. **Quins d'aquests adjectius defineixen millor Atalanta?**

poruga	valenta	feréstega	simpàtica	presumida
golafre	ràpida	aterridora	dormilega	alta
atractiva	xerraire	forta	voluptuosa	baixa

Interpretació

4. **Tria l'opció adequada per acabar l'afirmació següent correctament:**

   Aquesta història està narrada des del punt de vista...

   a) ...d'un narrador intern, que explica la història «des de dins», en primera persona.

   b) ...d'un narrador extern, que explica la història sense participar-hi, «des de fora», en tercera persona.

5. **El narrador fa servir un registre informal i sovint un to humorístic. Resol les qüestions següents:**

   a) Troba almenys un exemple d'oració amb paraules en un registre col·loquial, familiar.

   b) Copia les oracions més humorístiques del fragment i explica raonadament per què ho són.

6. **Torna a llegir el quart paràgraf («El seu pare Iasos era el rei...») i, després, contesta:**

   - El rei Iasos, què «va fer igual» que les amazones?
   - Què «feien» les amazones? Busca'n informació i amplia la resposta.

7. **El text que has llegit és un fragment d'una novel·la. A quina part de la narració diries que pertany? Justifica la resposta.**

   a) Al principi   b) Al nus   c) Al desenllaç

Reflexió

8. **Troba la connexió entre les amazones de la mitologia grega i el riu del mateix nom, l'Amazones, així com el nom comú *amazona,* que significa 'dona que munta a cavall'.**

9. **Al text es diu que el pare d'Atalanta estava obsessionat a tenir «fills mascles» per mantenir el cognom.**

   - Creus que, en aquest aspecte, les coses han canviat? Què diu la llei actual sobre quin ha de ser el primer cognom d'un infant? Informa-te'n i explica-ho breument donant-hi la teva opinió.

Expressió

10. **Per què creus que, al final, Atalanta deixa de comptar amb la simpatia dels vilatans?**

    — Coneixes cap cas, en el teu entorn, que creguis que pot tenir semblances amb el de l'heroïna grega? Explica'l.

30 UNA BOLA DE FOC QUE HO DESTRUEIX TOT

Escolta la **LECTURA**

T'atrau l'estètica dels anys vuitanta o et fascinen les consoles d'aquesta època? Doncs llegeix aquest fragment d'una novel·la de Francesc Miralles! Però abans, escolta què en pensa aquest noi, que ja l'ha llegida!

halo: cercle lluminós.

El sol que anticipava l'estiu es reflectia al pupitre amb un halo de llum tremolós que semblava que tingués vida pròpia. En Nemrod seguia amb atenció aquella papallona de foc, que es va aturar al costat del rellotge digital de polsera que hi havia a la taula.

retro: de temps passats.

relíquia: cosa antiga de gran valor.

mercat de garatge: mercat de segona mà que en alguns països s'organitza al garatge de casa.

Aquell Casio 12 melodies de 1983 era el seu millor amic a l'escola. Havia tingut dos rellotges retro més amb jocs incorporats, un de curses de cotxes i l'altre amb batalles espacials primitives, però a tots dos els havia exiliat en un calaix des que es va comprar aquella relíquia en un mercat de garatge.

Per l'altaveu minúscul de dalt de l'esfera podia reproduir cançons com *Romanza de amor, Kalinka* o *Sakura Sakura,* mentre les notes apareixien en un pentagrama.

El que menys importava era l'hora que marcaven les xifres digitals —en aquell moment les 9:48—, ja que en Nemrod sentia que el temps avançava amb una lentitud desesperant.

Des que havia ocupat el seient, en un racó allunyat de l'aula, havia intentat escapar de les rialletes i les mirades burletes de tots els que no havien anat a la festa.

El fantasma de llum solar i les meravelles del seu rellotge digital l'havien salvat fins aleshores, però no era capaç de veure el final del dia. Just en aquell instant, el professor de ciències va explicar per què, citant paraules d'Einstein:

—«Una hora assegut amb una noia bonica en un banc del parc passa com un minut, però un minut assegut sobre una estufa calenta sembla una hora. Això és la relativitat.»

En Nemrod sentia com si estigués assegut a sobre una estufa calenta des del començament de la classe, potser des que havia nascut.

irrompre: entrar de cop.

soporífera: que fa dormir.

Acabada l'hora, la directora de l'institut va irrompre a l'aula per anunciar l'arribada d'un convidat. L'autor del llibre de contes que havien llegit al segon semestre s'havia desplaçat des de la ciutat llunyana on vivia per visitar-los, i li havien d'estar agraïts per això. En comptes de la soporífera classe de llengua, podrien preguntar-li tot el que volguessin sobre la seva obra.

Tot i que només havien passat un parell de mesos des que van fer el control sobre aquells contes, en Nemrod amb prou feines recordava res. Totalment a la lluna, es va limitar a mirar amb curiositat aquell home d'uns cinquanta anys vestit informal que s'havia assegut damunt una taula per atendre les preguntes dels alumnes.

«En què t'has inspirat per escriure aquest llibre?»

«Guanyes molts diners?»

«Què se sent quan ets famós?»

En Nemrod somreia interiorment davant l'estupidesa de les preguntes, que l'escriptor responia amb paciència i bon humor. No es va atrevir a preguntar res perquè feia temps que havia decidit passar desapercebut. Ho havia comprovat: cada cop que es feia veure, rebia una bufetada, com el desgraciat del programa de la tele.

Igual que un pou que es va assecant, finalment les preguntes es van acabar. Encara faltaven vint minuts perquè rematés la sessió amb la signatura de llibres, així que l'autor va decidir posar un exercici de creativitat.

Seguint el joc d'un tal Gianni Rodari, un pedagog italià, va demanar als alumnes que completessin la frase: «Què passaria si...?». Segons l'escriptor, així podrien obtenir l'argument d'un conte, una novel·la o un guió cinematogràfic.

pedagog: persona dedicada a l'ensenyament.

Després de dos minuts de silenci relatiu, van començar a sortir:

«Què passaria si tots els nens del món es despertessin com a adults, i els adults com a nens?»

«Què passaria si la tristesa fos una malaltia contagiosa?»

Amb la mirada fixa en aquell fantasma de llum tremolós al pupitre, en Nemrod es va espantar quan l'escriptor li va preguntar directament:

—I tu? Quina és la teva hipòtesi creativa?

hipòtesi: explicació provisional sobre un fet que no está demostrat, però permet investigar i arribar a conclusions.

En Nemrod va aguantar la respiració. Va sentir una suor freda al clatell quan va formular:

—Què passaria si una bola de foc caigués ara mateix sobre la Terra, i ho destruís tot?

—Bé... —va murmurar l'escriptor—, si això passés a la primera pàgina del teu llibre, la història s'acabaria aquí.

L'explosió de rialles que va seguir la resposta va fer que en Nemrod desitgés haver callat.

Francesc Miralles, *Stranger than love. Més estrany que l'amor.* Edebé.

ACTIVITATS

Obtenció d'informació

1. **Contesta aquestes preguntes sobre el fragment que has llegit:**

   a) On tenen lloc els fets?

   b) Qui és el protagonista? De què havia estat intentant escapar i com?

   c) Quins personatges adults apareixen i en quin ordre?

2. **Sembla que els rellotges retro són importants per a en Nemrod. Torna a llegir el principi del text i resol les qüestions següents:**

   • Quants rellotges té en Nemrod? Quines característiques té cada un?

   • En el moment dels fets, on és cada rellotge?

   — Ara, busca al diccionari el verb *exiliar* i digues quin significat té aquest verb en el context de la lectura. Se'n fa un ús literal o figurat?

3. **Assenyala les afirmacions sobre la lectura que són certes:**

   a) Els fets tenen lloc un dia fred d'hivern.

   b) La visita de l'escriptor és al matí.

   c) La directora presenta l'escriptor als alumnes.

   d) L'escriptor viu a prop de l'institut.

   e) L'escriptor es diu Gianni Rodari.

   f) S'hi mencionen dues persones reals, que no són de ficció.

Interpretació

4. **Al començament, el narrador parla d'una «papallona de foc». A què fa referència aquesta metàfora?**

   • Què indica? És a dir, per què s'associa a una papallona i no a un altre animal?

   • Quina altra metàfora utilitza el narrador més endavant per a referir-se al mateix element?

   — Ara, fes tu una metàfora diferent sobre el mateix.

5. **El narrador també recorre a una altra figura retòrica a més de la metàfora: el símil. Localitza'l en el text i explica què vol dir.**

   — Fes-ne un que vulgui dir el mateix.

6. **En Nemrod considera «estúpides» les preguntes que els companys i companyes fan a l'escriptor. Hi estàs d'acord? Per què?**

Reflexió

7. **Explica breument qui és Einstein. Després, explica'n la teoria de la relativitat amb paraules teves. Fes-ho com en la lectura, aplicant-la a una situació de la teva vida quotidiana, però amb un exemple diferent:**

   «Una hora assegut amb una noia bonica en un banc del parc passa com un minut, però un minut assegut sobre una estufa calenta sembla una hora. Això és la relativitat.»

8. **Qui és Gianni Rodari? Busca'n informació, explica breument qui és i anota el títol d'alguns dels llibres que va escriure per al públic infantil i juvenil. Després, torna a llegir el fragment en què l'escriptor i els alumnes posen en pràctica el joc de creació que va idear:**

   • Et sembla un bon mètode per a inventar l'argument d'un conte o d'una novel·la? Raona-ho.

   • Com acaba en Nemrod la pregunta «Què passaria si...?» de Rodari? Per què l'escriptor li diu que si la seva història comencés així s'acabaria a la primera pàgina? Hi estàs d'acord? Per què?

Expressió

9. **Acaba la pregunta de Gianni Rodari per a inventar-te l'argument d'un conte o d'una novel·la:**

   «Què passaria si...?»

   — Ara, escriu-lo. T'animes a fer-ne un conte?

UN TEXT DIVULGATIU 31

Escolta la **LECTURA**

Creus que ho saps tot, de les xarxes socials? Fes cas a la biliotuber d'aquest vídeo i llegeix aquest text sobre les xarxes socials. T'interessa!

MIRA'M DE PERFIL

[...] Per norma, com més sabem sobre algú, més a prop ens hi sentim i més gran és la probabilitat d'avançar-nos a les seves reaccions o, fins i tot, d'influir en les seves decisions (perquè creiem que ens en sortirem).

Les nostres amistats més pròximes, per exemple: sabem que a una li encanta llegir còmics i manga, de tipus japonès, perquè sempre en parla. Aquesta amiga farà anys la setmana que ve. Si li regalem un còmic, la probabilitat d'aconseguir una reacció positiva (fer-la posar contenta) és molt elevada.

Un altre exemple: som a la festa d'aniversari d'aquesta amiga i tenim moltes ganes de jugar a futbol. Però no hi ha prou gent per fer un equip i a l'amiga no li agrada especialment jugar a pilota. Podem endevinar la seva resposta: dirà que no li ve de gust. Però com que això ja ho sabem, podem intentar convèncer-la d'una altra manera i en comptes de preguntar-li directament: «Vols jugar a futbol?», li podem dir: «Com que t'he regalat el còmic que volies, ara podries ser amiga meva i venir a jugar a pilota amb mi!», o podem dir-li: «M'agradaria molt que provéssim juntes unes passades noves que he après i que són espectaculars!».

Com més sabem sobre una persona, més possibilitats d'aconseguir convèncer-la que faci el que volem. #ahdoncssí

TINC DADES PERSONALS!!! DADES PERSONALS FRESQUES!!

Per crear un compte en una xarxa social només cal tenir Internet. No ens demanen que paguem cap taxa d'inscripció ni cap altre concepte, tant si tenim el compte actiu durant una setmana com tres mesos o un any. Nosaltres hi guanyem un compte. Què hi guanyen les empreses propietàries de les xarxes socials? Com fan diners, amb aquest negoci? Amb nosaltres. Això mateix. Amb les nostres dades i amb les metadades (informacions com hora i lloc on s'ha fet una foto) que es generen a partir dels continguts que publiquem. El nom, la data i el lloc de naixement, lloc on vivim, estudiem o treballem, adreça de correu electrònic, club de futbol, aficions i interessos, si tenim o no parella, a més de tot el que ens ve de gust compartir, entre fotos i confidències. Els gegants propietaris de les xarxes socials recullen aquestes dades personals i les venen a les empreses de publicitat, perquè posin els anuncis exactament on hi ha el seu públic. És per això que no tothom veu els mateixos anuncis a les pàgines web.

Els mecanismes són molts semblants quan parlem de perfils a les xarxes socials i de publicitat a Internet: com més quantitat d'informació sobre algú es té, més probabilitats hi ha d'aconseguir vendre-li un producte amb més rapidesa i eficàcia.

taxa: import que es paga per poder fer una cosa.

confidències: intimitats que s'expliquen a una persona en la qual confiem esperant que ens en guardi el secret.

entrelligats: units, lligats entre si.

burocràtica: que té a veure amb una tasca administrativa, formal i monòtona.

Per exemple, Facebook. L'empresa diu que la seva «missió» és acostar la gent i funciona així: doneu-nos les vostres dades personals (creeu el vostre perfil) i a canvi, de manera «gratuïta», formareu part d'aquesta xarxa, d'aquesta malla de fils entrelligats on el 2021 ja s'han superat els 2.700 milions d'usuaris (o sigui, més de la meitat de la gent que fa servir Internet). Sense comptar amb el nombre d'usuaris d'altres plataformes com WhatsApp o Instagram, que Facebook ha comprat.

Quan obrim un compte en una xarxa social, sabem que compartirem coses amb altres persones i que elles en compartiran amb nosaltres.

A la pàgina de l'empresa hi diu: «Volem donar a la gent el poder de construir comunitat i d'acostar-li el món». Instagram diu: «T'acosta a les persones i a les coses que t'agraden». Al final, en lletra petita, apareixen els enllaços sobre «privacitat» i «condicions». Si hi cliques hi ha un munt d'informació sobre el que aquestes empreses fan amb les teves dades personals.

Tanta informació que sembla que no s'acabi mai. Hi has clicat? Ho has llegit? Coneixes algú que ho hagi fet? Encara que no ho llegim, quan creem un compte acceptem tot el que hi diu. Les empreses «ens donen» la possibilitat de connectar-nos a les xarxes, i a canvi nosaltres els donem les dades personals. Aquesta expressió, «dades personals», sona una mica freda o burocràtica. [...] ¿Seria igual si, en comptes de «dades personals», et diguessin que, a canvi de poder fer servir Google o de tenir una pàgina d'Instagram, t'escoltaran les converses, et seguiran pels llocs on passes al llarg del dia o t'analitzaran les expressions de la cara? ¿Seria igual si et diguessin, per poques coses que hi expliquis, sabran quines rutines tens, qui són les persones especials per a tu, es podran anticipar als teus desitjos, comprendre quan estàs trist i, en aquell moment, intentar consolar-te amb el suggeriment d'un anunci perquè compris alguna cosa que et farà estar més content?

Els adults sempre diuen que no hem de parlar amb desconeguts. Si una porta està tancada, hem de picar abans d'entrar. No ens agrada que els pares ens llegeixin els missatges. Però, sense adonar-nos-en, quan estem connectats som capaços de parlar amb desconeguts, obrir totes les portes i deixar els missatges a qualsevol.

Vols fer un petit exercici de privacitat? Quantes aplicacions tens al mòbil? Quantes tenen accés a la localització, a la càmera i al micròfon?

Isabel Meira, *Faig 'likes', per tant existeixo. Xarxes socials, periodisme i un virus estrany anomenat 'fake news'*. Takatuka.

ACTIVITATS

Obtenció d'informació

1. Contesta aquestes preguntes sobre el text que has llegit:

   a) Quines xarxes socials s'hi mencionen?

   b) Quin percentatge de gent que és a Internet utilitza Facebook?

   c) Quina diferència hi ha entre dades i metadades?

   d) Per què no tothom veu els mateixos anuncis a les pàgines web?

Interpretació

2. Explica quina relació hi ha entre el que s'explica en el primer bloc de text (*Mira'm de perfil*) i el que s'explica en el segon (*Tinc dades personals!!! Dades personals fresques!!*).

3. En el text hi ha diverses paraules i oracions entre cometes (« »), però aquest signe ortogràfic no sempre s'utilitza amb la mateixa finalitat. Explica quin ús es fa de les cometes en cada un d'aquests exemples del tex:

   - «gratuïta» (línia 34)
   - «Volem donar a la gent el poder de construir comunitat i d'acostar-li el món» (línia 40)

4. A més d'informatiu, es podria dir que el text que acabes de llegir és crític. En què es nota això? Explica-ho.

5. El text utilitza majoritàriament la segona persona del plural (nosaltres) i, sovint, fa preguntes directes al lector, que ets tu.

   — Què et sembla que s'aconsegueix amb això?

6. Torna a llegir el text de la primera plana de la lectura. Si només hi poguessis subratllar una oració, quina triaries?

   — És a dir, quina dona una informació clau per a entendre el text?

7. Imagina't que has de resumir el contingut del text que has llegit en, com a molt, tres línies. Què hi posaries?

8. Troba dues paraules que en aquesta lectura siguin sinònimes.

   — Ara, posa un altre exemple en què aquestes paraules siguin intercanviables.

Reflexió

9. Abans de llegir el text, eres conscient del que s'hi explica? Ho sabies? Explica-ho.

Recorda que no tens l'edat per a obrir un compte en plataformes com Instagram, Facebook... Si entres a les xarxes, fes-ho en companyia d'una persona adulta o sota el seu guiatge!

Expressió

10. Respon les preguntes que es plantegen al final del text.

    — A partir de la resposta que hi donis i de la que has donat en l'activitat anterior, fes-ne una reflexió escrita.

32 ROBINSON CRUSOE

Escolta la **LECTURA**

T'imagines com seria no tenir ningú amb qui parlar? Ningú amb qui compartir res? Amb el text que estàs a punt de llegir, te'n podràs fer una idea. Escolta què n'ha de dir aquest noi, que ja l'ha llegit!

ESCENA 5

La il·luminació ens mostra la nit a l'illa deserta. Sobre el cant dels grills, sentim ROBIN *però no el veiem:*

ROBIN, *en off*: 30 de setembre de 1659. Jo, Robinson Crusoe, havent naufragat, he arribat a la platja d'aquesta trista terra que he anomenat illa de la Desesperació. Al principi estava del tot desesperat. Però de mica en mica m'he acostumat a estar sol.

LLORO, *en off*: Quin lloro més maco! Quin lloro més maco!

ROBIN, *en off*: Bé, sol, sol, no ho estic. Perquè he domesticat un lloro, a qui estic ensenyant a parlar. De nom li he posat Polly. *(Fa un badall.)* Ai, quina son! Demà ja continuaré escrivint. Bona nit, Polly!

LLORO, *en off*: Bona nit. *(Pausa.)* Bona nit.

ROBIN, *en off*: Bona nit.

Pausa.

LLORO, *en off*: Bona nit.

ROBIN, *en off*: No sé pas si dormiré gaire.

Pausa.

LLORO, *en off*: Bona nit.

ROBIN, *en off*: Gens, no dormiré.

Pausa.

LLORO, *en off*: Bona nit. *(Pausa.)* Bona nit.

Canvia la llum, i enllacem amb...

ESCENA 6

Al mateix indret. Matí.

ROBIN *surt de la cabana. Ara és un home barbut, colrat pel sol, que vesteix amb pells d'animal.*

LLORO: Bon dia! *(Pausa.)* Bon dia! *(Pausa.)* Bon dia!

colrat: bronzejat.

ROBIN: Bon dia, Polly! *(mira per una ullera de llarga vista.)* Cap vaixell a la vista, cap ni un! Porto vint-i-set anys mirant amb la ullera de llarga vista tres cops al dia. Matí, migdia i tarda. Durant molt de temps he viscut amb el neguit que, tard o d'hora, veuria un vaixell a l'horitzó. Fins i tot ho somiava. Em veia encenent una foguera per fer senyals. Però van anar passant els dies, les setmanes... Després els mesos i els anys... I a poc a poc l'esperança de ser trobat amb vida algun dia s'ha dissipat del tot. Ara he decidit que, com que no em venen a buscar, me n'aniré jo. *(Obre el bagul i en treu una mena de bossa feta amb pells d'animal.)* He construït una canoa amb el tronc d'un arbre i avui em faré a la mar. M'emporto menjar i aigua per sobreviure almenys una setmana. Què et sembla, Polly? Sé que és arriscat. Però ho he d'intentar! *(Es queda mirant el* LLORO*, que no li contesta. Pausa.)* Sovint penso que estic ben guillat. Parlant amb un lloro com si em pogués entendre!

LLORO: Guillat! Estàs ben guillat, Robin! Guillat!

ROBIN: A tu també t'ho sembla, oi? Però sort n'he tingut, de tu. Poder-te parlar i sentir la teva veu, m'ha fet la vida més suportable. M'he sentit una mica menys sol en aquesta illa solitària. *(Mira al seu voltant.)* Ja em sap greu marxar, ja. He convertit aquest tros de terra inhòspita en un petit paradís particular. Vaig fer bé de domesticar un ramat de cabres salvatges. Durant anys m'he alimentat amb la seva llet. *(Muny una cabra mentre continua parlant.)* També he cultivat blat i he fet pa amb el forn de fang que vaig construir. La selva m'ha donat fruites exòtiques molt variades. Desconegudes. Però totes molt bones. Delicioses. I del mar, no cal dir-ho. Del mar, n'he obtingut tant de peix com he volgut. *(Beu la llet que ha munyit.)* Al principi no m'agradava gens la llet de cabra acabada de munyir. No estava acostumat a un gust tan fort! Amb el temps, però, m'hi he acostumat. I ara la trobaré a faltar! *(Empeny la cabra fins a ferla desaparèixer.)* A tu també et trobaré a faltar, Polly. Adeu, company!

LLORO: Adeu!

ROBIN: Adeu, prats i turons! Adeu, palmeres! *(Surt.)*

LLORO: Adeu! Adeu, Robin! Adeu!

Pere Anglas, *Robinson Crusoe* (adaptació teatral de la novel·la homònima de Daniel Defoe). Arola Editors.

ullera de llarga vista: ullera telescòpica.

neguit: inquietud.

dissipat: desaparegut.

guillat: trastocat, boig.

inhòspita: sense comoditat, poc acollidora.

ACTIVITATS

Obtenció d'informació

1. Contesta aquestes preguntes:
   a) On tenen lloc els fets? En quin segle?
   b) Quantes vegades al dia Robinson Crusoe mira per la ullera de llarga vista? Per què ho fa?
   c) Quan temps ha passat entre l'escena 5 i la 6?
   d) Què ha decidit fer, Robinson Crusoe, ara?

2. Malgrat que l'illa és inhòspita, Robinson Crusoe la converteix en un «petit paradís».
   — De quina manera ho fa? Per què és «particular» aquest petit paradís?

3. Crusoe trobarà a faltar l'illa quan n'hagi marxat? Què trobarà a faltar?

Interpretació

4. El text que has llegit és teatral. Per tant, es tracta d'un text...
   a) Narratiu
   b) Instructiu
   c) Conversacional
   d) Argumentatiu
   — Amb quina finalitat creus que l'autor ha creat el personatge del lloro?

5. Quin nom posa a l'illa, Robinson Crusoe? Per què et sembla que li posa aquest nom?

6. Els mots i oracions en cursiva del text són les acotacions. Què indiquen les acotacions?
   — Què volen dir les paraules *en off* (escena 5)? Per què diries que són «en off»?

7. Robin diu que fa vint-i-set anys que és a l'illa. Si el personatge no ho especifiqués, quines oracions del text et permetrien entendre que entre l'escena 5 i la 6 ha passat un període de temps tan llarg? Assenyala-les.

Reflexió

8. Aquesta obra de teatre és una adaptació del clàssic *Robinson Crusoe,* de Daniel Defoe. Informa-te'n (gènere, any de publicació...) i llegeix-ne l'argument.
   — Digues el títol d'altres obres (llibres, pel·lícules...) que n'hagin adaptat l'argument, fet una versió o que s'hi hagin inspirat.

9. Pensa com era el món en l'època en què té lloc l'obra i com és ara.
   — Basant-te en aquestes diferències, a qui hauria estat més fàcil adaptar-se a viure en una illa deserta com la de l'obra, a una persona del segle XVII o a una d'avui? Per què?
   — Quins avantatges i desavantatges tindria cada un? Argumenta la resposta.

Expressió

10. L'obra original està narrada en primera persona. Imagina que tu n'ets el nàufrag i que escrius un diari personal durant la teva estada a l'illa:
    — Escriu una pàgina corresponent a un dia a l'illa basant-te en el que has llegit.

POESIA 33

Els dos poemes són impressionants i molt bells (amb *b* alta!). Fer d'una cosa tan horrorosa com és una guerra la matèria d'un poema admirable té molt de mèrit. Esbrina per què!

Escolta els **POEMES**

Els milions de la pau

¡Ja era hora! El sol de la pau
resplendeix sobre la terra:
els canons han emmudit;
s'ha dissipat la fumera;
la terra ha xuclat la sang,
i altre cop verdeja l'herba.

Voltat de tota sa cort,
en son palau s'està el cèsar;
li porten sacs i més sacs,
i en ses mans l'or rabeja.
Compta milions i milions
pagats en bona moneda:
tants, per acceptar la pau;
tants com a botí de guerra.

Mentrestant Déu va comptant
les ànimes que al cel entren:
compta milions i milions
de joves morts en la guerra,
de pares morts de dolor,
de viudes mortes de pena,
d'orfenets desemparats
morts de fam i de misèria.

Apel·les Mestres, *Àtila. Flors de sang.* Edicions 1984.

cèsar: títol distintiu dels emperadors romans a partir d'August.

rabeja: es banya.

desemparats: sense protecció.

Podries

Si haguessis nascut
en una altra terra,
podries ser blanc,
podries ser negre...
Un altre país
fóra casa teva,
i diries «sí»
en una altra llengua.
T'hauries criat
d'una altra manera
més bona, potser;
potser, més dolenta.
Tindries més sort
o potser més pega...
Tindries amics
i jocs d'altra mena;
duries vestits
de sac o de seda,
sabates de pell
o tosca espardenya,
o aniries nu
perdut per la selva.
Podries llegir
contes i poemes,
o no tenir llibres
ni saber de lletra.
Podries menjar
coses llamineres
o només crostons
eixuts de pa negre.
Podries... podries...
Per això, pensa
que importa tenir
LES MANS BEN OBERTES
i ajudar qui ve
fugint de la guerra,
fugint del dolor
i de la pobresa.
Si tu fossis nat
a la seva terra,
la tristesa d'ell
podria ser teva.

Joana Raspall, *Com el plomissol. Poemes i faules.* Barcanova.

tosca: no gaire ben acabada.

saber de lletra: saber llegir i escriure.

nat: nascut.

ACTIVITATS

Obtenció d'informació

1. **Contesta aquestes preguntes sobre el poema d'Apel·les Mestres:**

   a) Què rep el cèsar a canvi de signar la pau?

   b) Què deixen enrere els milions i milions de joves morts en la guerra?

2. **Contesta aquestes preguntes sobre el poema de Joana Raspall:**

   a) Què podries ser, si haguessis nascut en una altra terra? Com t'hauries criat? Què podries tenir? Com aniries vestit?

   b) Quina referència a la lectura s'hi fa? I al menjar?

Interpretació

3. **Quina història ens explica el poema d'Apel·les Mestres?**

4. **En el poema «Podries», per què es diu que la tristesa de les persones que fugen de la guerra podria ser la teva?**

   — Explica què significa la frase «importa tenir les mans ben obertes».

   — Per què creus que està escrita amb lletres majúscules?

5. **La personificació és una figura retòrica que consisteix a atribuir accions o qualitats pròpies d'una persona a un animal o a una cosa inanimada o abstracta.**

   — En quin dels poemes n'hi ha una? Localitza-la.

6. **Determina si els versos dels poemes que has llegit són...**

   a) **lliures,** és a dir, sense rima ni regularitat mètrica.

   b) **blancs,** que no tenen rima però sí regularitat mètrica.

   c) **amb rima.** En aquest cas, digues si és assonant o consonant i quina estructura té; és a dir, quins versos rimen entre ells.

Quan els versos d'un poema tenen el mateix nombre de síl·labes, diem que són **regulars.**

Reflexió

7. **El poema d'Apel·les Mestres pertany a un llibre titulat *Àtila. Flors de sang,* que recull dos poemaris publicats l'any 1917.**

   — El primer parla d'Àtila, el rei dels huns (s. v). Però Mestres fa un paral·lelisme amb un governant de la seva època.

   - Sabries dir quin? Investiga-ho.

   — El segon, *Flors de sang,* al qual pertany «Els milions de la pau», parla de la mateixa guerra.

   - A quina guerra es referia? Per què ho creus així?

8. **El poema «Podries...» ha inspirat diversos artistes: el cantant Joan Dausà, que l'interpreta; la companyia de teatre La Pera Llimonera, que l'ha inclòs en la seva obra *Baobab,* i Ignasi Blanch, que n'ha fet un àlbum il·lustrat.**

   — Per què creus que és així? Trobes que el seu contingut és actual? Explica-ho.

Expressió

9. **Com podries haver estat, tu, si haguessis nascut en un altre lloc?**

   — Fes una descripció d'aquest *jo* imaginari i, després, fes-ne un poema.

34 L'OUSMAN, EMPRENEDOR SOCIAL

Escolta aquesta
ENTREVISTA

Prepara't per conèixer una història impressionant. No te la perdis, perquè la persona entrevistada té un missatge molt important per a tu. Esbrina quin!

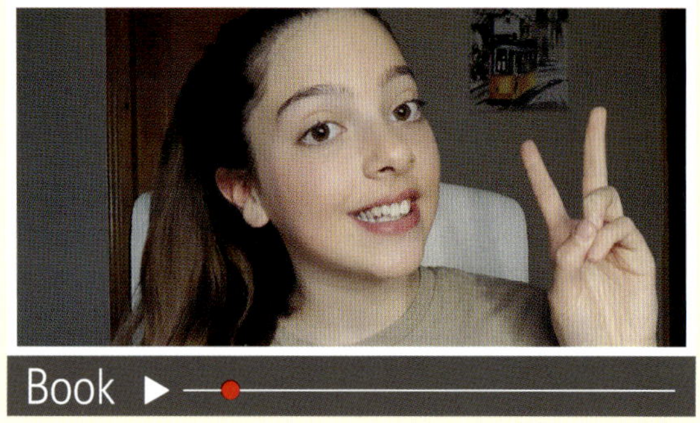

L'Ousman Umar, a l'edat de nou anys, va veure un avió sobre el cel de Ghana, a l'oest d'Àfrica. Li van dir que el pilotava l'home blanc, i ell va voler anar al país dels blancs. Pensava que era el paradís! Va emprendre un viatge llarg i perillós: va travessar el desert a peu i l'oceà amb pastera.

pastera: embarcació senzilla que alguns migrants utilitzen per a travessar el mar i arribar a un altre país.

Com era la vida a Ghana?

El poble on vaig néixer és al mig de la selva tropical i bàsicament vivíem de la naturalesa. Treballàvem al camp. No hi havia supermercats grans; si volies carn, havies de posar trampes o caçar. No teníem tants recursos. Jo només havia tingut unes sabates, unes xancles, i anava a tot arreu amb elles. El fet que cap nen no portés sabates feia que no les trobéssim a faltar.

Per què vas voler marxar?

Era molt curiós i manetes, feia les joguines de tots els meus amics i germans. Veure que la meva joguina no es podia posar en marxa i, en canvi, un avió podia volar pel cel... aquesta curiositat ho va promoure tot! Em van enviar a la ciutat a treballar en un taller. No aprenia i passava molta fam, i em vaig escapar. Com que tenia molta curiositat, en lloc de tornar al poble me'n vaig anar a Kumasi, la segona capital de Ghana. I, després, a la capital, a Accra, on treballava al port. Finalment vaig decidir marxar.

promoure: activar.

Sol i sense que ho sabessin a casa?

Vaig tornar al poble per acomiadar-me i el meu pare em va dir que tenia una noia perquè m'hi casés. Per aquest motiu no li vaig poder dir que volia marxar. El meu objectiu era anar a Líbia. Per arribar a Líbia, has de creuar un desert infernal des de Níger: el Sàhara. La màfia ens va enganyar; ens va abandonar al mig del desert. Havíem de creuar-lo quaranta-sis persones i només ens en vam sortir sis. La travessia va ser un infern. Ningú mereix viure allò. Jo ho vaig fer amb Musa, el meu millor amic. L'havia conegut a Kumasi. Ens havíem retrobat per casualitat. Des de Mauritània, havíem de creuar l'oceà amb pastera: unes embarcacions que la màfia ens feia fer a nosaltres. El primer cop no va anar bé. En Musa va morir.

màfia: organització criminal que s'enriqueix a través d'activitats il·legals, com ara el tràfic de persones.

Però hi va haver una segona vegada...

Vaig arribar a la terra promesa a Fuerteventura, les Canàries, després de dos dies assegut a la pastera, sense menjar ni beure i pensant cada dos minuts que moriria. Un cop arribes a la terra promesa, la il·lusió i la satisfacció és incalculable. El que no sabia és que m'esperava la policia per ficar-me en un Centre d'Internament d'Estrangers (CIE), que és com una presó. Vaig estar-hi un mes i mig; em van dir que com que era menor de divuit anys tenia dret a residir a Espanya.

terra promesa: en la Bíblia, la terra de Canaan o Palestina; s'usa per a referir-se a un lloc ideal, esperat llargament.

Quants anys tenies?

Ho vaig saber llavors! A Ghana no ho compta ningú. Per les proves mèdiques, em van dir que tenia disset anys. Després em van enviar a Màlaga i allà em van preguntar a quin lloc d'Espanya volia viure. Vaig dir «Barça», perquè l'únic que coneixia d'Europa era el futbol. Van entendre que volia dir Barcelona i em van donar un bitllet de tren, un entrepà, un litre d'aigua i un plàtan.

I ja està?

El fet que em donessin la llibertat, per a mi ja era un èxit, perquè havia estat en mans de policia, de mafiosos... A Barcelona, el primer dia anava saludant a tothom, superfeliç. Però la gent s'espantava. Vaig haver d'adaptar-me a una realitat molt diferent, vaig haver de viure al carrer gairebé dos mesos. Viure al carrer implica soledat, ets invisible als ulls dels homes. On menges? On fas les necessitats? Un dia em va arribar com un senyal i vaig parar una senyora. Li vaig explicar qui era, què volia... [...] al final, em van acabar acollint a casa seva.

Les coses van canviar?

Vaig descobrir que els pilots d'avió o els metges no ho són pel fet de ser blancs, sinó perquè han estudiat per ser-ho. Vaig aprendre català i castellà, a llegir i a escriure... Al final, vaig entrar a la universitat. [...]

L'educació és molt important. Quin missatge donaries als nens i nenes que et llegeixen?

Que aprofitin l'educació que tenen perquè hi ha molts nens que no tenen accés a aquesta educació. [...] I, als nens de Ghana els diria que l'autèntic paradís està dins del seu cap. Però necessiten informació i formació per a poder adonar-se de la sort que tenen de poder tenir el paradís a casa.

L'Ousman va crear una ONG, NASCO Feeding Minds, amb l'objectiu que cap altre nen no hagi de viure tot el que ell ha viscut. Creu que la clau és oferir educació i coneixement perquè la gent es pugui construir un futur millor allà on viu.

ONG: organització no governamental.

Meritxell Margarit, «L'Ousman, emprenedor social», a *Cavall Fort,* núm. 1 407.

ACTIVITATS

Obtenció d'informació

1. **Respon aquestes preguntes sobre la història de l'Ousman Umar:**
   a) On vivia l'Ousman? Com era el seu poble?
   b) Què havia de fer per menjar carn?
   c) Què va empènyer l'Ousman a voler marxar?
   d) Quin va ser el recorregut de l'Ousman fins a arribar a Catalunya?
   e) Qui era en Musa?
   f) Quants anys tenia l'Ousman quan va arribar a Espanya?
   g) Quina ciutat va triar per a anar-hi a viure? Per què va triar aquesta?

2. **Torna a llegir el títol de l'entrevista.**
   — Per què és «emprenedor» l'Ousman Umar?

3. **Quin ordre segueix l'entrevista? Tria la resposta correcta:**
   a) Fa salts endavant i endarrere en el temps.
   b) Segueix una línia temporal.
   c) Es divideix en blocs temàtics diferenciats.

Interpretació

4. **Explica què vol dir Umar amb aquesta frase:**
   «El fet que cap nen no portés sabates feia que no les trobéssim a faltar».

5. **Tenint en compte el que explica, com creus que és l'Ousman Umar?**
   — Escriu cinc adjectius que el defineixin.

6. **Diries que Umar recomana als joves que facin el mateix que va fer ell? Per què t'ho sembla?**
   — Què els recomana, als nens i les nenes?

Reflexió

7. **Què t'ha impressionat més de la història de l'Ousman Umar? Digues per què.**

8. **Informa't sobre la situació de les persones que arriben amb pastera a Europa.**
   - D'on venen? Per què creus que deixen els seus països d'origen?
   - Quina resposta troben a Europa?

Expressió

9. **Si tu fossis la periodista que ha fet l'entrevista, quines preguntes més li hauries fet a l'Ousman?**
   — Abans d'escriure-les, t'anirà bé buscar informació sobre Ousman Umar a Internet.

10. **Busca algú del teu entorn que hagués hagut de marxar del seu lloc d'origen i fes-li una entrevista.**
    — Documenta't sobre la persona entrevistada (d'on ve, com són les coses allà, etc.) i, després, prepara les preguntes.

/// EDUCACIÓ LITERÀRIA

- GÈNERES LITERARIS
- TÒPICS LITERARIS
- MÈTRICA
- RECURSOS RETÒRICS

35 ELS GÈNERES LITERARIS

Vegem alguns **exemples** de cada gènere literari

La **literatura** és l'art que té com a finalitat l'expressió de la **bellesa** mitjançant les paraules. Els textos literaris pretenen despertar emocions i aconseguir aquesta bellesa per mitjà del llenguatge. Per aquest motiu, els autors treballen amb cura els **aspectes formals** de les seves obres i utilitzen diferents **recursos literaris o estilístics.**

Els textos literaris es poden expressar de manera diferent; són els anomenats **gèneres literaris.** Els tres grans gèneres en què s'agrupen principalment els textos literaris són: la narrativa, la poesia i el teatre. Cadascun té unes característiques pròpies que el distingeixen de la resta.

	Narrativa	Poesia	Teatre
Gènere	L'autor presenta de manera ordenada uns fets, reals o imaginaris, que duen a terme uns personatges, en un temps i un espai determinats.	El poeta expressa els seus sentiments en textos en què la forma és tan important com el contingut. Els temes més habituals són: l'amor, l'enyorança, la natura com a inspiració dels sentiments, etc.	S'utilitza el diàleg com a principal recurs expressiu. Es tracta d'un tipus de text destinat a ser representat, per la qual cosa és eminentment oral.
Característiques	Els textos narratius estan escrits normalment en prosa i s'hi acostumen a intercalar descripcions i diàlegs. Sempre hi ha un narrador que explica els fets.	En el llenguatge poètic predominen els recursos retòrics o literaris (metàfores, comparacions...), i la musicalitat de les paraules hi té molta importància.	S'hi recreen situacions per mitjà del diàleg directe dels personatges; no existeix un narrador. En una representació, tots els elements tenen un significat: el vestuari, el maquillatge, el so, la il·luminació...
Estructura	Les obres s'estructuren en tres parts —plantejament, nus i desenllaç— i es divideixen en capítols.	Els poemes s'estructuren en versos i estrofes. S'hi utilitza la mètrica —els versos segueixen una mesura i una musicalitat (recompte de síl·labes i rima)— i recursos retòrics diversos.	Les obres es divideixen en actes i escenes, hi predominen els diàlegs i s'hi inclouen acotacions (indicacions de l'autor per a la representació).

ACTIVITATS

1. Identifica en aquest poema de Joana Raspall les característiques de la poesia.

Xim xim

Cau la pluja, fina, fina,
com si el cel no s'atrevís
a mullar la rosa blanca
que és tot just a mig obrir.

I la rosa li diu: «Gràcies,
dolça plugeta d'abril!
La neu de l'hivern m'espanta;
amb tu, fa de bon florir».

L'abril ens obre la porta d'on
té guardades les flors;
ha florit la tarongina
i les roses s'han desclòs.

Una rosa per a tu,
una rosa per a mi,
una rosa per al núvol
que ens ha regat el jardí.

2. Converteix el fragment narratiu en teatral.

—Ja has esmorzat? —li va preguntar la mare, recolzada al marc de la porta de la cuina.

—Sí, mama —va dir en Conor, amb la motxilla a la mà.

—N'estàs segur?

—Sí, mama.

Ella va fer cara de no creure-se'l. En Conor va girar els ulls en blanc.

—Torrades, cereals i suc —va dir—. He posat els plats al rentaplats.

Patrick Ness, *Un monstre em ve a veure.* Sembra Llibres.

PERVIVÈNCIA DE TEMES I TÒPICS LITERARIS 36

Mitjançant les paraules, els autors manifesten les seves il·lusions i els seus temors més profunds. La vida, l'amor o la mort són **temes considerats universals,** que es repeteixen en totes les èpoques, des de l'Antiguitat clàssica fins a l'actualitat.

En els textos que formen aquesta tradició literària i que inspiren els autors de tots els temps, els lectors hi poden reconèixer i evocar uns llocs comuns, unes maneres fixes de tractar uns determinats temes, anomenats **tòpics literaris.**

Un **tòpic literari** és un tema molt repetit en la literatura al llarg dels segles i, per això també, fàcil de reconèixer pel lector. Rep el nom en llatí, perquè quasi tots provenen de la tradició clàssica.

Alguns dels tòpics literaris més destacats són:

- ***Tempus fugit*** La fugacitat del pas del temps.
- ***Locus amoenus*** La natura com a lloc ideal.
- ***Carpe diem*** Aprofita el moment present.
- ***Memento mori*** La certesa del moment de la mort.

Fixa't que, en aquests versos, el poeta fa una crida a gaudir de l'instant present (*carpe diem*):

No hi ha ahir ni demà,
només aquesta
vesprada blanca i lenta que vivim
junts els dos com si el temps fos aquell núvol
eternament immòbil que contempla,
enllà lluny, en el blau puríssim,
el nostre amor obrir totes les venes,
plaer de saber-se instant de joia
irrepetible i ja desig de repetir-se,
de ser l'ahir d'un demà més joiós.

Marc Granell, *Versos per a Anna.* Bromera.

Els mites clàssics

La presència dels **referents mitològics** és una altra de les constants de la literatura. La mitologia va néixer com a resposta a la necessitat d'entendre el món: des dels fenòmens atmosfèrics i de la natura fins a les emocions humanes. Aquests relats, que ens han arribat a través d'obres com *Les metamorfosis* d'Ovidi, perviuen encara no tan sols en els textos literaris, sinó també en la publicitat, el cinema o els videojocs.

ACTIVITATS

1. Llegeix aquesta definició que fa Joan Fuster en el *Diccionari per a ociosos* i relaciona-la amb un tòpic literari.

TEMPS

Mentre dormiu us creix la barba;
això és el temps.

— Ara escriu la teva definició de *temps,* prenent com a model la que dona l'autor.

2. El còmic *Les dotze proves d'Astèrix* s'inspira en el mite d'Hèrcules, així com la pel·lícula de Disney sobre aquest heroi de la mitologia grega. Anota tres obres que coneguis inspirades en mites clàssics.

3. Llegeix aquest fragment de «Tot l'enyor de demà», de Joan Salvat-Papasseit, i contesta:

Si no em puc aixecar
mai més,
heus aquí el que m'espera:
—Vosaltres restareu,
per veure el bo que és tot:
i la Vida
i la Mort.

- Quins temes s'hi esmenten? Es relacionen amb algun tòpic literari?
- A qui s'adreça el poema? Quina creus que és la intenció del poeta?

EL TEXT NARRATIU

Què és... l'estructura de la narració

Quan expliquem una experiència que hem viscut o quan expliquem un conte..., estem narrant. Una narració és una explicació ordenada d'un fet o conjunt de fets reals o imaginaris que duen a terme unes persones o uns personatges en un espai i un temps concrets.

Estructura del text narratiu

En qualsevol narració, hi distingim tres parts: el **plantejament,** el **nus** i el **desenllaç.**

Plantejament

Es presenten els **personatges protagonistes** *(l'Ernest)*, el **lloc** *(a casa)* i el **temps** *(el pessebre: Nadal).*

Nus

Constitueix el nucli de la narració, en què una sèrie d'**accions** dutes a terme pels personatges creen una intriga. Perquè això sigui possible, les accions han de seguir un cert **ordre.** L'esdeveniment inicial és la primera acció que desencadena tota la resta.

1. Esdeveniment inicial *(la troballa de l'homenet)*
2. Resposta *(sorpresa)*
3. Acció *(dialoguen)*
4. Conseqüències *(l'ajuda)*
5. Reacció *(aconsegueixen la benzina per poder marxar)*

Desenllaç

És la fase final, en què es **desfan els conflictes** plantejats: es desvetlla la intriga, se soluciona el problema o s'esdevé un final tràgic...

Explorador celeste a la deriva

A casa de l'Ernest hi havia sempre el problema de fer lloc. Per aquesta causa, el pessebre que muntaven cada any tenia una forma allargada i semblava que les figures feien cua i les muntanyes quedaven encastades a l'horitzó, que era un paper d'embalatge amb una posta de sol pintada.

El dia que el nen es va adonar que un dels pastors (a un pam escàs dels Tres Reis) es bellugava, va pensar: «Ja és atreviment, escollir un pis tan petit per a un prodigi tan gran». Va acostar-s'hi i comprovà que el pastor, diminut, era de carn.

—Ets de debò? —va preguntar-li, mentre l'enfocava amb la llanterna.

—Soc cosmonauta, i vinc d'una galàxia de prop d'aquí. Em vaig despistar i el plat volador ha quedat sota l'escriptori del teu pare. No el toquessis pas!

—Et pescaran —digué l'Ernest.

—T'aconsello que m'ajudis a evitar-ho, pel vostre bé. El que has de fer és ajudar-me a sortir d'aquí...

—Com?

—El teu pare carrega l'encenedor amb un líquid americà, Gazonol. M'has d'ajudar a carregar el plat volador amb aquest líquid.

Mentre caminaven de puntetes cap a l'escriptori del pare, el nen tingué un pressentiment i va preguntar:

—Com és que parles català? No em diràs que també preneu pastilles...

—Doncs, sí: les píndoles de català són rosades. Apa, ajuda'm a treure el plat volador.

Va treure el Gazonol del calaix de l'escriptori i, guiat pel foraster, omplí el tanc.

L'Ernest no es podia treure del cap les pastilles de català. Serien tan útils!

—No ens podríeu enviar píndoles en català? —va preguntar de cop i volta.

—Qui sap! Però això us ho heu de fer vosaltres.

L'homenet va entrar al vehicle i s'acomiadà amb gentilesa:

—Gràcies! I que passeu un bon Nadal...

L'Ernest es va ficar al llit i estigué desvetllat durant una bona estona. Dubtava de si ho explicaria als pares, i acordà que sí, per pura lleialtat, però sense confiar-hi gaire. L'any passat, quan es va fer tan amic d'un rei de cartes, els pares no s'ho van creure i fins el van renyar. S'adormí pensant en el munt de coses que es perd la gent gran, per anar sempre tan enderiada.

Pere Calders, *Contes diversos*. Edicions 62 (fragment).

Elements de la narració

Espai

És el lloc on es desenvolupen els fets. Aquest espai pot anar canviant al llarg de la narració. Pot ser real (*una ciutat*...) o bé imaginari (*un bosc màgic*...). És important que estigui ben descrit perquè sigui creïble.

A ***casa*** *de l'Ernest hi havia sempre el problema de fer lloc [...].*

Temps

És el moment en què es desenvolupen els fets. El temps pot ser present, passat o futur, i també pot anar canviant al llarg de la narració. Aquest és un altre dels elements que ens ajuda a situar-nos en un context determinat.

Cal tenir en compte la durada del temps, és a dir, si els fets de la narració es desenvolupen en un minut, un any, una dècada, etc.

Per aquesta causa, el ***pessebre*** *que muntaven cada any tenia una forma [...].*

Personatges

La narració està protagonitzada per diversos personatges que intervenen en els fets i es poden identificar pel nom. Segons la seva participació en els fets, els personatges són:

- **Principals:** són imprescindibles per al desenvolupament de l'acció (l'Ernest i l'homenet), sobretot el **protagonista,** que té el paper més important en la narració (l'Ernest).
- **Secundaris:** no són tan importants en el desenvolupament dels fets que s'hi narren (els pares de l'Ernest).

El narrador

És qui narra o explica la història, i fa d'intermediari entre l'autor i el lector. Cal no confondre mai l'autor amb el narrador. El narrador pot ser de dos tipus:

- **Narrador intern:** quan **participa** en els fets de la història. Pot ser el protagonista o un altre personatge de la narració. Aquest narrador acostuma a explicar-nos els seus pensaments i les seves vivències. En aquestes narracions s'utilitzen els verbs en **primera** o **segona persona.**
- **Narrador extern:** quan **observa** la història **des de fora** i explica allò que veu o que expliquen els altres personatges. Hi ha dos tipus de narradors externs: l'*omniscient*, que sap absolutament tot el que succeeix (com és el cas de la narració de Calders); i l'*observador*, que només explica allò que veu, sense saber què pensen els personatges. En aquestes narracions s'utilitzen els verbs en **tercera persona.**

No hi ha narració sense...
trama

ACTIVITATS

1. Ordena aquests fragments d'*El diari de Zlata,* de Zlata Filipovic, i, després, indica'n l'estructura: plantejament, nus i desenllaç.

> Què podíem fer? Calia atrapar-lo. Però, com? He anat corrent a buscar la Cici (contra els ratolins no hi ha res de millor que un gat), el papa i en Braco han agafat algunes eines, uns quants tornavisos, tot, i han començat a desmuntar la biblioteca post per post. La Cici estava a l'aguait, el papa i en Braco treien els cargols, i jo baixava els llibres dels prestatges. I la mama? Ella, és clar, esperava a la meva habitació. Una vegada desmuntada la biblioteca, hem trobat a la paret el foradet per on el ratolí s'ha escapat. L'hem tapat amb guix, ho hem posat tot al seu lloc un altre cop i hem mirat de convèncer la mama que podia tornar i circular tranquil·lament pel pis.

> La mama no sembla gaire convençuda, encara està alterada. Hem portat la Cici a casa. Dorm dins del pis, i això tranquil·litza una mica la mama (bé, això espero). El ratolí ha tocat el dos i segurament no tornarà. La mama està convençuda del contrari, però.

> Avui hem tingut espectacle a domicili. Estava llegint tranquil·lament i, tot d'un plegat, una cosa ha travessat l'habitació. Saps què era, Mimmy? Un ratolinet. Era tan petit que m'ha costat esbrinar de què es tractava. Ha travessat la cambra i ha anat a entaforar-se sota la biblioteca dins d'un buit de la paret. La mama s'ha posat a xisclar. S'ha enfilat dalt d'una cadira i, després, s'ha protegit a la meva habitació. Si hagués pogut, hauria fugit de casa, però... estem en guerra.

— Ara, identifica'n els elements narratius:

- On i quan passa l'acció?
- Qui és el/la protagonista?
- Digues quin és l'esdeveniment inicial amb què s'inicia el nus de la narració.
- Quin tipus de narrador té aquesta narració?

LA NARRATIVA DE TRADICIÓ ORAL

Totes les cultures tenen una **literatura popular** que, com d'altres tradicions, s'ha transmès oralment de pares a fills (els refranys, les cançons, les rondalles...).

Antigament, la majoria de la població no sabia llegir ni escriure i l'única manera de transmetre la literatura popular era comunicant-la de viva veu. Aquest tipus de literatura és anònima, és a dir, l'autor és desconegut.

Els màxims exponents de la narrativa de tradició oral són la **rondalla**, la **llegenda** i el **mite.**

La rondalla

La **rondalla** és una narració popular breu que es transmet oralment de generació en generació i està destinada a l'entreteniment dels infants i a la transmissió de valors.

La **faula** també és un relat popular breu, en prosa o en vers, que té com a finalitat principal donar un **ensenyament moral.** Es diferencia, sobretot, de la rondalla perquè els personatges sempre són **animals** o **plantes.**

Característiques de la rondalla

- El **llenguatge** és simple i el registre, oral i més aviat **col·loquial.** S'hi usen **fórmules** d'inici (*Fa molts i molts anys, hi havia...*) i d'acabament (*i... rondalla explicada, rondalla acabada.*)
- L'**espai** i el **temps** on transcorre l'acció són imprecisos i llunyans.
- L'**estructura** és senzilla i repetitiva: el personatge protagonista (*els tres germans*) té un objectiu (*provar fortuna*). Ha de viatjar per aconseguir-lo, i pel camí es troba aliats que l'ajuden (*les formigues*) i antagonistes que van en contra seu (*la bruixa*). Pel que fa al final, és feliç i conté un **ensenyament moral** (*si ajudes els altres aquests després t'ajudaran a tu*).
- Acostuma a haver-hi elements **màgics** o **fantàstics** (*convertir-se en estàtua*).

— Llegeix atentament aquesta rondalla:

Fa molts i molts anys, hi havia tres germans molt pobres que, com que no trobaven feina, van decidir anar-se'n a provar fortuna pel món. Van marxar per un camí i van topar amb un cau de formigues. El germà gran i el mitjà van agafar un grapat de terra per tapar-lo. Però el petit s'hi va oposar perquè no volia fer mal a les bestioles.

Continuaren caminant i van veure un castell. Trucaren a la porta i els va obrir una velleta que els va oferir acolliment. L'endemà al matí, els va explicar que havien anat a parar a un castell on vivien tres princeses encantades. Els que superessin una prova trencarien l'encanteri i podrien casar-s'hi.

L'endemà, la velleta cridà el germà gran i li digué que havia d'anar al jardí del castell i arreplegar mil pedres precioses d'un dels collarets de les princeses. El germà gran només va poder recollir-ne cinquanta i la velleta, que en realitat era una bruixa, el convertí en una estàtua de marbre. L'endemà, el germà mitjà va voler passar la mateixa prova però també va acabar convertit en estàtua. Finalment, li tocà al germà petit i, atemorit, es dirigí al jardí. Mentre buscava les pedres, se li acostà la reina de les formigues. En saber la prova que havia de passar, cridà les seves súbdites i en poca estona van ser capaces entre totes de trobar les mil pedres. Aquesta va ser la recompensa per no haver permès que els germans tapessin el seu cau.

Quan la bruixa va descobrir que el noi havia trobat totes les pedres, es va enfadar molt perquè va haver de desfer l'encanteri. Les princeses van recuperar la seva forma original i totes les estàtues del jardí tornaren a ser persones mentre el jardí es cobria de flors. Els tres germans es casaren feliçment amb les tres princeses, i... rondalla explicada, rondalla acabada.

El collaret de pedres (rondalla popular catalana).

La llegenda

La **llegenda** és una narració popular d'esdeveniments, sovint amb un fons suposadament real, però desenvolupats i transformats per la tradició.

— Ara, llegeix aquesta llegenda:

Un dia, el rei Jaume I anava de cacera, es va perdre i es quedà tot sol i separat de la seva gent. Volta que voltaràs, s'anava separant més dels seus companys. Després de moltes hores començava a tenir gana de debò; per fi va fer cap a una casona mig enrunada en la qual vivia una velleta sola, pobra com una rata. El rei li demanà si tenia alguna cosa per a menjar; però aquella bona dona, tota espantada en veure a casa seva un cavaller tan distingit i elevat, ni va saber què dir-li ni què fer. El rei, empès per la gana, va obrir un calaix i hi va trobar un rosegó de pa sec com un os. Entre mil rampoines va trobar una cabeça d'alls, i, sense haver-se'n vistes mai de més fresques, el rei va posar al foc una olla tota fumada i va fer-hi sopa d'all, que va trobar boníssima i gustosa com mai en tota la seva vida. Aplacada la gana, el rei se n'anà i aviat va trobar-se amb un escamot de la seva gent que el cercaven. El record deliciós d'aquella sopa d'all va mantenir-se molt viu en ell. I sempre pensava que si ell, que no hi entenia gens de guisats, havia fet unes sopes tan bones, com les faria el seu cuiner. I el dia que li escaigué cridà el seu cuiner i li manà que fes una sopa d'all. El cuiner, tot sorprès per aquell encàrrec, complí el manament reial i portà les sopes a taula. El rei les tastà i encara escup d'insípides que les va trobar. Cridà el seu cuiner i li preguntà com havia fet les sopes i manà que el castiguessin per pocatraça. Els cortesans que tenien més influència damunt el rei li van fer veure que si havia trobat aquelles sopes tan exquisides no era pas perquè fossin millors que les que li havia fet el cuiner, sinó perquè aquell dia tenia molta gana. El rei es donà per convençut i perdonà el cuiner.

La sopa d'all (llegenda popular catalana).

Característiques de la llegenda

- El **tema** es basa en un fet, un personatge o un indret suposadament reals (*el rei Jaume I*), però envoltat d'elements ficticis (*l'anècdota de la sopa d'all*).
- Els **personatges** acostumen a ser un protagonista (*el rei Jaume I*) i uns personatges secundaris que giren al seu voltant i que són ficticis (*la velleta, el cuiner*).
- L'**ambientació** en la majoria de les llegendes se situa a l'Edat Mitjana.

El mite

Un **mite** és un relat fantàstic propi d'una cultura determinada que tenia com a objectiu, en les societats primitives, explicar o fonamentar qüestions com l'origen del món, les forces de la natura, la creació de l'ésser humà...

— Fixa't en aquest mite veneçolà:

En la mitologia indígena, el déu Amalivaca fou el creador de la humanitat, del riu Orinoco i del vent. Al principi va fer els homes immortals, però, com a càstig a les seves faltes, els va convertir en mortals. Es diu que fa molts anys va haver-hi una gran inundació. Amalivaca va sortir aleshores amb una canoa a recórrer el món, juntament amb el seu germà Vochi, per tal de reparar els danys del diluvi. A conseqüència del desastre, no va quedar cap humà viu. Aleshores, els dos déus van pujar a una gran muntanya i van llançar llavors de palma cap al món. D'aquestes llavors van néixer els homes i les dones que poblen el nostre planeta.

Amalivaca i la creació del món (mite popular de Veneçuela).

Característiques del mite

- El **tema** és l'explicació i justificació de qüestions com l'origen de l'ésser humà o de l'univers, i altres interrogants.
- Els **personatges** protagonistes són éssers sobrenaturals o déus.
- L'**espai** i el **temps** són imprecisos.

ACTIVITATS

1. Llegeix aquesta rondalla i respon les preguntes:

Hi havia una vegada un marxant que tenia tres filles. Sempre que marxava de viatge portava un regal per a cadascuna. Però una vegada va oblidar portar-li un regal a la petita. Va passar per un jardí i va arrencar-ne una rosa. De seguida sortí un gegant, amo del jardí, que va renyar el marxant. Com a càstig li va demanar una de les seves tres filles.

El marxant va tornar molt trist a casa i va explicar a les filles el que havia passat. La gran es prestà per anar a servir el gegant. Aquest la rebé molt bé i li donà les claus de la casa, excepte les d'una cambra on no podia entrar de cap manera. Li donà una poma i li va dir que si hi entrava la poma cauria i se li aixafaria, aleshores ell ho sabria. La noia no pogué resistir la temptació i va entrar-hi. En descobrir-ho, el gegant li va tallar el cap.

La filla mitjana volgué anar-hi i li passà com a la gran. Després, hi anà la petita. Aquesta va ser més llesta i embolicà la poma amb uns draps; per això, quan entrà a l'habitació i li va caure la poma, no es va aixafar.

Un dia, mentre el gegant dormia, la petita li va tallar el cap. El gegant, desesperat, li va demanar que l'hi enganxés amb una crema màgica que ell tenia. La noia va aprofitar per anar a buscar la crema i enganxar els caps de les seves germanes.

D'aquesta manera, les tres germanes van aconseguir fugir i tornar a casa amb el seu pare i... rondalla explicada, rondalla acabada.

El marxant i les tres filles (rondalla catalana).

- Identifica en aquesta rondalla els personatges que hi apareixen. Qui són els protagonistes, i qui l'antagonista?
- Explica en quin lloc o llocs es produeixen els fets.
- En totes les rondalles s'inclouen elements fantàstics o màgics. Identifica'ls en aquesta rondalla.
- Explica quin tipus de llenguatge s'hi utilitza i posa'n algun exemple.
- Escriu quines fórmules d'inici i d'acabament s'han fet servir.
- Quina lliçó moral s'extreu d'aquesta rondalla?

2. Explica què significa que l'autor de la narrativa de tradició oral (rondalles, llegendes i mites) és anònim.

3. El fet que les rondalles acabin gairebé sempre amb una lliçó moral, quina utilitat creus que pot tenir?

4. Enumera les rondalles que t'explicaven en la teva infantesa i digues quina lliçó moral transmetien.

5. Llegeix amb atenció la llegenda següent i respon les preguntes que trobaràs a continuació.

En el palau hi havia hagut una sala on les parets no resistien la mentida. Quan el rei dubtava de la fidelitat d'algun dels seus súbdits, el feia comparèixer en aquesta sala i allí li feia dir allò que ell creia que no era cert. Si mentia, les pedres del sostre es bellugaven, i, si tan gran era la falsedat, àdhuc perillaven de caure damunt del mentider com a càstig o acusació de falsedat. Diuen que més d'una pedra del sostre havia caigut per aquesta raó. Quan el tribunal de la cort va viure en el palau va treure molt profit d'aquesta sala, on feia acudir a declamar els acusats.

La sala del Tinell Reial.

Saló del Tinell de Barcelona.

— Quin és l'element real en el qual es basa la llegenda?

— Quins elements màgics i sobrenaturals hi apareixen?

6. Entra en el web següent, on trobaràs alguns mites populars catalans. Tria el que més t'agradi i explica'l a classe.

https://links.edebe.com/EcwzAB

7. Quines semblances i diferències trobes entre la rondalla, la llegenda i el mite?

8. Formeu grups de quatre i inventeu-vos una llegenda contemporània a partir d'aquest titular:

Fotografien un suposat fantasma d'un soldat escocès en un cementiri de la Primera Guerra Mundial a França

9. Fes una cerca, a internet o en algun recull, d'alguna llegenda, rondalla o mite propi d'una altra cultura: americana, escandinava, índia, africana, etc.

— Tria la que et sembli més interessant i exposa-la a classe.

QUÈ ÉS LA POESIA 39

La **poesia** és el gènere literari que serveix millor per a expressar sensacions, emocions i sentiments, com l'amor o l'enyorança, per mitjà d'un llenguatge elaborat i embellit amb diversos recursos.

Com és un **text poètic?**

Els textos poètics poden tenir diferents formes, però sempre es componen de versos i estrofes. A més, la musicalitat de les paraules i el ritme són molt importants per a aconseguir un estil poètic.

— Llegeix aquests poemes i comprova com, mitjançant un llenguatge elaborat, els poetes expressen la passió de l'amor i la bellesa del mar:

Mester d'amor

Si en saps el pler no estalviïs el bes
que el goig d'amar no comporta mesura.
Deixa't besar, i tu besa després
que és sempre als llavis que l'amor perdura.

No besis, no, com l'esclau i el creient,
mes com vianant a la font regalada.
Deixa't besar —sacrifici fervent—
com més roent més fidel la besada.

Joan Salvat-Papasseit (fragment)

Vistes al mar

El cel ben serè
torna el mar més blau,
d'un blau que enamora
al migdia clar:
entre els pins me'l miro...
Dues coses hi ha
que el mirar-les juntes
me fa el cor més gran:
la verdor dels pins,
la blavor del mar.

Joan Maragall (fragment)

ACTIVITATS

1. Llegeix aquest poema, on el poeta explica l'experiència de marxar de Catalunya. Després, respon les preguntes:

A Catalunya deixí
el dia de ma partida
mitja vida condormida:
l'altra meitat vingué amb mi
per no deixar-me sens vida.

Avui en terres de França
i demà més lluny potser,
no em moriré d'enyorança
ans d'enyorança viuré.

En ma terra del Vallès
tres turons fan una serra,
quatre pins un bosc espès,
cinc quarteres massa terra.
«Com el Vallès no hi ha res».

Pere Quart, *Corrandes d'exili.*

- Explica el significat de condormida i quarteres.
- El poeta va néixer al Vallès. Què saps del paisatge d'aquesta comarca després de llegir aquest fragment?
- Per què l'autor diu que morirà i també viurà d'enyorança?

2. Llegeix en veu alta aquest poema i posa una atenció especial a la musicalitat i el ritme dels seus versos.

És quan dormo que hi veig clar

És quan plou que ballo sol
Vestit d'algues, or i escata,
Hi ha un pany de mar al revolt
I un tros de cel escarlata,
Un ocell fa un giravolt
I treu branques una mata,
El casalot del pirata
És un ample gira-sol.
És quan plou que ballo sol
Vestit d'algues, or i escata.

J. V. Foix

— A continuació, entra en aquest web i escolta el poema sencer musicat i interpretat per Joan Manuel Serrat.

http://links.edebe.com/ji

— Com penses que influeix el ritme dels versos del poema en la cançó? Què t'ha agradat més, llegir-lo o escoltar-lo? Per què?

40 L'ESTRUCTURA D'UN POEMA: LA MÈTRICA

Un poema es divideix en unitats anomenades *estrofes*, que al seu torn estan formades per versos. El conjunt de les estrofes forma la composició poètica.

Canyar florit

Canyar florit, oh selva dels meus somnis!
Tota la nit tremola dolçament
en el fullatge que la lluna lliga
amb teranyines pàl·lides d'argent. [...]

Juguen les fades en la terra molla;
la terra apaga el lleu anar i venir.
El ventijol besa les fulles
i la menta oblidada del camí. [...]

Tomàs Garcés (fragment)

Vers

Anomenem vers cada línia del poema.

Estrofa

Una estrofa és cada conjunt de versos agrupats.

Musicalitat

La distribució de les síl·labes àtones i tòniques en el vers segueix un ritme particular que aporta una certa musicalitat.

La mètrica

La major part dels poemes segueixen unes **regles determinades** de composició que s'anomenen **mètrica**. Les regles principals de la mètrica es refereixen al metre, a la rima i al ritme.

El metre

El metre és el **nombre de síl·labes** d'un vers. En català comptem només fins a l'última síl·laba tònica.

en	el	fu	llat	ge	que	la	llu	na	**lli**	ga
1	2	3	4	5	6	7	8	9	10	_

amb	te	ra	nyi	nes	pàl	li	des	d'ar	**gent**
1	2	3	4	5	6	7	8	9	10

Per a comptar correctament els versos, hem de tenir en compte **tres fenòmens de pronunciació** molt habituals:

Diftongs i hiats

Per a fer bé el recompte sil·làbic, has de tenir en compte:

Diftongs

- vocal + i (*ai, ei, oi, ui*): *re-mei...*
- vocal + u (*au, eu, iu, ou, uu*): *a-dor-miu...*
- *g* + *u* + *a*, o: *pa-rai-gua...*
- *g* + *ü* + *e*, i: *ai-güe-ra...*
- vocal + *i*, *u* + vocal: *du-ien...*

Hiats

- *i* + vocal: *pen-sa-ri-a...*
- *u* + vocal: *ac-tu-a-ven...*
- Vocal + vocal (que no siguin *i*, *u*): *en-ra-o-nar, a-e-ro-plà...*

Sinalefa

És la **unió en una síl·laba** de la darrera vocal d'una paraula i la primera vocal de la paraula següent, de manera que es pronuncien en una sola síl·laba.

Tota la nit l'he cridada
i encara no ha obert els ulls.

Elisió

És la **supressió de la pronúncia d'una *a* o una *e*** en contacte amb una altra *a* o *e* al final d'un mot i a l'inici del següent.

No els obris ara, Adalaisa,
que el migdia no és per tu.

Josep Maria de Sagarra

Hiat

És la pronúncia en **síl·labes diferents** de dues vocals en contacte de paraules diferents (solen ser dues vocals tòniques).

Tu ni te la mires;
ja saps **qui és**.

Gabriel Ferrater

La rima

La rima és la **repetició** total o parcial dels **sons finals** dels versos des de l'última síl·laba tònica. Es pot classificar de dues maneres:

Segons si els sons que es repeteixen són **vocals** o **vocals i consonants:**

Rima assonant Es repeteixen només les vocals a partir de la darrera síl·laba tònica:

Les veus salv**a**tg**e**s, — *a-e*
fràgils ocells.
Els lleons m**a**scl**e**s — *a-e*
sempre cadells.

Rima consonant Es repeteixen les vocals i les consonants a partir de la darrera síl·laba tònica:

Per als estels fa pasta brunyid**ora** — *-ora*
i un màgic flabiol per a l'air**et**; — *-et*
en una manxa i una regad**ora** — *-ora*
té fines gotes i fiblons de fr**ed**. — *-ed*

Segons com cau l'**accent** o cop de veu més fort al final del vers:

Femenina Quan l'accent recau en la penúltima síl·laba de la paraula.

Si s'allunya i no et **mi**ra,

Masculina Quan l'accent recau en l'última síl·laba de la paraula.

si t'és advers l'ins**tant**,

El ritme

Els poemes tenen un ritme determinat quan la posició de les **síl·labes tòniques** coincideix en els diferents versos. Fixa't en el ritme d'aquests dos versos, en què les síl·labes tòniques són la quarta, la setena i la desena en tots dos:

Si en / saps / el / **pler** / no es / tal / **vi** / ïs / el / **bes**
1 2 3 ***4*** *5 6* ***7*** *8 9* ***10***

que el / goig / d'a / **mar** / no / com / **por** / ta / me / **su** / ra.
1 2 3 ***4*** *5 6* ***7*** *8 9* ***10-***

Joan Salvat-Papasseit

ACTIVITATS

1. Fes el recompte sil·làbic d'aquest poema i defineix-ne la rima.

Amic suau, d'aspres cabells!
Com savi antic dones consells,
i sumptuós com un califa
et fas tot l'any una catifa
de tos mateixos pèls vermells.

Josep Carner, *Els nostres pins*.

2. Escriu una estrofa de quatre versos inspirant-te en una d'aquestes dues imatges:

3. Fes el recompte sil·làbic d'aquests sis versos de Joan Maragall. Tingues en compte que hi ha algunes sinalefes:

Topant de cap en una i altra soca,
avançant d'esma pel camí de l'aigua,
se'n ve la vaca tota sola. És cega.
D'un cop de roc llançat amb massa traça,
el vailet va buidar-li un ull, i en l'altre
se li ha posat un tel: la vaca és cega.

Joan Maragall, *La vaca cega*.

— En parelles, modifiqueu els versos del poema de Maragall creant així la vostra versió de *La vaca cega*.

— Heu de mantenir el nombre de síl·labes dels versos.

— Fixeu-vos en la rima del poema de Maragall i decidiu quina rima voleu que tingui la vostra versió.

— Reciteu el poema resultant en veu alta i fixeu-vos en el ritme.

ELS RECURSOS RETÒRICS

Els **recursos retòrics**

> El registre literari necessita eines per a crear la bellesa en el llenguatge, transmetre emocions i provocar sentiments en el lector. Aquestes eines que fa servir la llengua literària són els **recursos retòrics.**

Aquests recursos es poden classificar tenint en compte el **so** de les paraules (fonètics), el seu **ordre** (sintàctics) o el seu **significat** (semàntics).

Recursos fonètics

Busquen crear un efecte de sonoritat mitjançant la combinació dels sons de les paraules.

Al·literació

Repetició de sons iguals o semblants en una oració o vers.

Que lente**s** le**s** fulle**s** roge**s** de le**s** veu**s**,
que in**c**erte**s**
quan venen a colgar-nos. Adormide**s**,
le**s** fulle**s** del**s** meu**s** be**s**o**s** van colgant.

Gabriel Ferrater

Onomatopeia

Imitació de sons de la realitat. En l'exemple, amb la repetició de son i síl·labes es reprodueix el so de la pluja.

Balla damunt la terra
i s'afina, la fina
esgarrifada. Brilla,
renovellada, neta.

Bartomeu Rosselló-Pòrcel

Recursos sintàctics

Juguen amb l'estructura de l'oració i amb l'ordenació dels seus elements.

Encavalcament

Recurs en què l'oració sintàctica continua en el vers següent, és a dir, ocupa dos versos.

Oh! que cansat estic de la **meva**
covarda, vella, tan salvatge terra.

Salvador Espriu

Asíndeton

Supressió intencionada de les conjuncions que uneixen paraules i oracions.

Oh! que cansat estic de la meva
covarda**,** vella**,** tan salvatge terra.

Salvador Espriu

Polisíndeton

Unió innecessària de diverses paraules o oracions amb conjuncions coordinants.

Té pluges **i** rosades, **i** vents, **i** llum
ardenta.

Miquel Costa i Llobera

Anàfora

Repetició d'un o més mots al principi dels diversos versos o oracions.

Cada mirada nostra és entelada;
cada mot nostre, esclau.
Cada dia atueix les nostres vides.

Josep Carner

Hipèrbaton

Alteració de l'ordre lògic usual de les paraules de l'oració (subjecte-verb-complements).

Raja a tot temps murmuriosa
sota la balma aquesta font.

Josep Sebastià Pons

Recursos semàntics

Juguen amb el significat de les paraules, és a dir, amb l'ús de paraules amb un sentit diferent de l'original.

Apòstrofe

Invocació o crida a algú real o imaginari sense possibilitat de resposta.

> Oh! que cansat estic de la meva
> covarda, vella, tan salvatge terra.
>
> Salvador Espriu

Comparació

Relació comparativa entre dues paraules o conceptes que mantenen entre ells una semblança de significat.

> **Com un pinyó** és la boca que em captiva.
>
> Joan Salvat-Papasseit

Epítet

Adjectiu que subratlla una qualitat o característica del substantiu al qual es refereix.

> La veig en **fosca** nit i en lluna **clara**.
>
> Tomàs Aguiló

Metàfora

Identificació, sense enllaç, entre un terme real i un terme imaginari, els quals mantenen una relació de semblança.

> Fossis **coixí** i **somni** i **son que abriga**
> fores per sempre, amor, la meva amiga.
>
> Josep Palau i Fabre

Hipèrbole

Exageració desmesurada que s'allunya de la realitat.

> Aleshores, **sense donar-me ni temps de respirar**, em va donar un paper.
>
> Josep Maria de Sagarra

Personificació

Atribució de qualitat humanes a éssers irracionals o inanimats.

> Ara ha vingut la **primavera**
> i l'**hivern**, plorós, ha fugit.
>
> Tomàs Garcés

ACTIVITATS

1. Identifica els recursos literaris fonètics, sintàctics i semàntics que hi ha en aquests fragments:

> Ploren les coses, plora el temps,
> plora la vida no viscuda,
> plora també la vida que hem viscut.
>
> Joan Vinyoli

> Sols queden uns noms:
> arbre, casa, terra,
> gleva, dona, solc.
>
> Salvador Espriu

2. Explica quina figura literària faries servir per aconseguir els efectes següents en un text literari:
   - Exageració
   - Musicalitat
   - Avorriment
   - Emoció

3. Les cançons són com poemes musicats. Escolliu una cançó i busqueu-hi exemples de recursos retòrics.

4. Restableix l'ordre lògic de l'oració en aquests versos:

> No la cançó perfecta sinó el crit que invoca Déu és necessari.
>
> Joan Vinyoli

5. Les metàfores no només són recursos literaris, sinó que també hi ha metàfores visuals. Fixa't en aquestes dues imatges i explica'n la metàfora.

a

b

42 EL TEATRE

Més sobre el **teatre**

El teatre és el gènere literari que utilitza el **diàleg** com a principal recurs expressiu i que està concebut per a ser **representat.**

Acte

Són les parts de l'obra que indiquen el moment en què se situa la història (acostumen a coincidir amb el plantejament, el nus i el desenllaç).

Escena

Són les parts de l'obra en què apareixen els mateixos personatges. Indiquen la seva entrada o sortida. Quan canvia el nombre de personatges, canvia l'escena. Cada acte comprèn diverses escenes.

Nom

Cada intervenció dialogada s'indica amb el nom dels personatges.

Acotacions

Serveixen per a precisar el moviment i l'actitud dels personatges, el lloc on se situen, les indicacions necessàries per a la representació...

Acte Segon

Escena VI

(S'alça el teló.)

FRIDA: [...] el monopoli mata-rates elabora un pla per a ensorrar el competidor deslleial.

(La plaça. Uns quants vilatans asseguts a fora. Durant el toc d'atenció n'entren d'altres.)

«Pregó»

PREGONER *(canta)*: Per ordre del Burgmestre
es fa saber a tothom
referent al problema
que a tots ens treu la son:
He llogat el flautista
que va salvar Hamelín
i ell traurà de la vila
rates i ratolins. [...]

VILATANS: Molt bé, molt bé! Visca! Aquesta vegada han fet les coses amb una mica de seny. Visca el burgmestre Schmid! [...]

(Els vilatans surten. Queden a la plaça WEIS *i* BAUN.*)*

BAUN: Amic meu, aquesta és una forta sotragada per a nosaltres.

WEIS: Per als nostres Gremis.

BAUN: Per als interessos dels nostres Gremis.

WEIS: Ens ha sortit un competidor.

BAUN: ...que ens rebentarà el negoci.

WEIS: Mestre Baun, cal desbancar-lo. El contracte ha de ser per a nosaltres.

Jordi Teixidor, *El retaule del flautista*. Edicions 62.

Contingut

- **Tema** desenvolupat mitjançant el diàleg.
- **Argument** explicat amb una estructura narrativa:
  - **Marc** on es presenten uns personatges, un temps i un espai.
  - **Trama** on se succeeixen ordenadament els fets.

Forma

- **Intervencions** dialogades introduïdes amb el **nom** dels personatges.
- **Acotacions** intercalades amb els diàlegs per a indicar diversos aspectes:
  - **Lloc** on es desenvolupa l'acció.
  - **Il·luminació** i **sons** de cada escena.
  - Moviments, actituds o disposicions dels **personatges.**
- **Estructura**
  - **Actes:** parts que indiquen el moment en què se situa la història.
  - **Escenes:** parts d'un acte que indiquen l'entrada o sortida de personatges; és a dir, quan canvien els personatges canvia l'escena.

La representació teatral

La **representació** teatral

Tot i que hi ha textos que no s'han portat mai al teatre, la finalitat d'un text teatral és ser representat en un escenari i davant d'un públic.

En una representació teatral són imprescindibles els elements següents:

Els actors

Són les persones que encarnen els personatges de la història. El diàleg entre els actors fa que avanci l'acció.

El director

És la persona que condueix tota la representació segons les indicacions del text teatral. La seva tasca és organitzar els moviments i la interpretació dels actors, juntament amb tot allò que envolta una representació.

L'escenari

És l'espai on té lloc la representació. Aquest espai ha d'estar decorat d'acord amb les indicacions del text i les necessitats de la història.

L'escenografia

És el conjunt d'elements necessaris per a ambientar la història i perquè sigui del tot creïble. Una escenografia comprèn els elements següents:

- **Decorats:** elements per a ambientar l'escenari.
- **Vestuari:** roba, complements i maquillatge per als actors.
- **Il·luminació:** llums i elements lluminosos per a crear diversos efectes.
- **So:** música i efectes sonors per a complementar tot el que succeeix a l'escenari.

Els gèneres teatrals

Segons les seves característiques, les obres de teatre es classifiquen en tres grans gèneres:

TRAGÈDIA

Peça teatral que té com a finalitat plasmar un **conflicte catastròfic i violent** que desemboca en un **final dolorós.** Els temes són seriosos (el sentit de la vida, la mort...). Els personatges estan condicionats per la seva fatalitat i no poden fugir del seu destí, pertanyen a les classes altes i els seus problemes són lluny dels dels espectadors.

Un exemple de tragèdia del teatre català és *Antígona,* de Salvador Espriu.

COMÈDIA

Peça teatral que té com a finalitat **ensenyar divertint.** Es tracta de mostrar les debilitats de l'ésser humà fent així crítiques individuals i socials. Conté situacions imprevistes que condueixen a un **final feliç.** Els temes són quotidians (l'amor, la hipocresia, l'avarícia...). Els personatges són també quotidians i l'espectador pot identificar-se amb les seves vivències.

Un exemple de comèdia és *L'auca del senyor Esteve,* de Santiago Rusiñol.

DRAMA

A mig camí entre la tragèdia i la comèdia, el drama mostra un **conflicte dolorós proper al públic.** Els temes varien segons l'època, perquè reflecteixen els problemes de la societat del moment (l'honra, l'honor, la família...). Els personatges són quotidians i representatius de l'època en què se situa el drama.

Un drama del teatre català és *L'hostal de la Glòria,* de Josep Maria de Sagarra.

ACTIVITATS

1. **Llegeix aquest fragment d'un text teatral i respon les preguntes següents:**

Acte I

Una platja de la Costa Brava [...]. Un tros lluny, una goleta ancorada en una mar en calma. Quan s'aixeca el teló, es poden veure grups de pirates [...]. FREDERIC seu al fons, abatut. [...].

(FREDERIC s'aixeca i va cap al REI PIRATA, que entra.)

REI: Sí, Frederic, des d'avui tens la categoria de membre de ple dret de la nostra colla.

TOTS: Visca!

FREDERIC: Amics meus, us agraeixo de tot cor les felicitacions, però no hi puc correspondre com us mereixeu.

REI: Què vols dir?

FREDERIC: Avui que s'acaba el meu aprenentatge, avui mateix, m'acomiado de vosaltres per sempre.

REI: Però això és bastant inexplicable. No hi ha ningú que cobri l'àncora amb més entusiasme que tu quan es tracta d'anar a abordar i enfonsar els ferris de la Transmediterrània.

FREDERIC: És clar. Ho he fet tan bé com sabia. Per què? Doncs perquè era el meu deure com a grumet i aprenent, i jo soc l'esclau del deure. Quan era un nen petit, vaig ingressar de manera oficial d'aprenent a la teva banda. Va ser per error, però tant se val, era culpa meva, no vostra. I el meu sentit de l'honor em va obligar a quedar-m'hi.

Gilbert & Sullivan, *Els pirates.*

- A quina part de l'obra pertany aquest fragment? En quin moment de la història se situa?
- Quants personatges hi apareixen? Com s'indiquen les seves intervencions?
- Assenyala les acotacions del text i digues quin tipus d'informació expressen.
- Completa la taula següent amb l'escenari i els elements de l'escenografia que hauria de tenir aquesta escena.

Escenari principal	...
Objectes necessaris	...
Tipus de llum	...
Vestuari dels actors	...

- Inventa't la resposta del Rei en assabentar-se del motiu pel qual marxa en Frederic.

2. **Classifica aquestes característiques segons si pertanyen a la tragèdia, a la comèdia o al drama.**

a) Peça teatral que té com a finalitat ensenyar mentre diverteix un públic.

b) Peça teatral que mostra un conflicte dolorós que pot resultar proper al públic.

c) Els personatges d'aquest gènere pertanyen a les classes socials altes i estan abocats a un final dolorós.

d) Peça teatral que tracta situacions imprevistes que condueixen a un final feliç.

3. **Llegeix l'acudit següent i torna'l a escriure en forma de text teatral. Recorda que:**

- Cal assenyalar correctament la intervenció de cada personatge.
- Cal inventar les acotacions necessàries perquè el text es pugui representar.

Estan parlant dos pagesos i un li diu a l'altre:

—Tinc un cavall que és una meravella, una cosa mai vista. Vaig a les curses i les guanya totes. M'estic fent d'or. I després quan tornem a casa li enganxo l'arada i no para de llaurar els camps. Ah!, i a l'hora de menjar res de res, li dono un grapat d'herba i ja en té prou.

L'altre pagès no se'n sap avenir. «Això és un tresor!», pensa. I li prega:

—Escolta, me l'hauries de vendre, aquest cavall.

—Renoi, tu, que de cavalls com aquest no se'n troben.

—Va, posa el preu que vulguis i te'l pagaré.

Arriben a un acord, i fan la compravenda.

Uns dies després, es tornen a trobar i el pagès que havia comprat el cavall li diu:

—Escolta tu, que aquell cavall és un desastre. Vaig anar a la cursa i va quedar l'últim. Després li vaig posar l'arada i res, que no es movia, va dir que llaurés jo. I de menjar, és una màquina, no para de menjar, una ruïna total.

I l'antic propietari li contesta.

—Així no el vendràs pas.

4. **Ara que ja saps els elements que formen un text teatral, formeu grups de 3 o 4 alumnes, busqueu una notícia d'actualitat i transformeu-la en la vostra obra de teatre.**

- Trobeu una notícia que doni peu a ser interpretada per diversos personatges i redacteu-ne el text teatral.
- Comenteu-la entre vosaltres: quines persones hi participen, quin fet es pot convertir en una escena...
- Recordeu que el teatre és interpretació; per tant, caldrà posar en escena aquest text.

/// REFLEXIÓ SOBRE LA LLENGUA

- GRAMÀTICA
- ORTOGRAFIA
- LÈXIC

43 LA PARAULA

Quan analitzem la llengua, ho fem tenint en compte que està formada per peces de diversos tipus: els sons, les paraules, les frases, etc. Un d'aquests elements el considerem central perquè ens ajuda a entendre els altres: les paraules.

> Les **paraules** són **unitats lingüístiques** amb **significat.** Oralment, poden estar separades per pauses. Per escrit, les separen espais en blanc.

Aquestes unitats lingüístiques amb significat, les **paraules,** estan **formades per unitats més petites** que, a la vegada, **poden formar unitats més grans.** Fixa-t'hi:

LES PARAULES

estan formades per

Unitats lingüístiques més petites

Els fonemes

Són unitats mínimes sense significat. Per exemple, la paraula *pescadors* està formada per fonemes com:

/p/, /s/, /k/, /d/, etc.

Els morfemes

Un morfema és una unitat mínima de la llengua amb significat.

Les paraules poden estar formades per més d'un morfema:
pesca-, -dor i *-s*

formen

Unitats lingüístiques més grans

Els sintagmes

Són grups de paraules que funcionen com una unitat:

els pescadors vells

Les oracions

Una oració és un grup de sintagmes ordenats que expressen un missatge amb un sentit complet.

La Maria i en Jaume són els pescadors vells famosos.

Fonemes

Aquestes unitats mínimes o fonemes no tenen significat, però, en canvi, permeten distingir entre paraules amb significats diferents: no és el mateix una */g/ata* que una */r/ata.*

Morfemes

Cada una d'aquestes unitats mínimes o morfemes de la paraula *pescador* té un significat. Sabries dir quin?

Tipus de paraules

Si tenim en compte la forma, les paraules es classifiquen en dos grans grups: **paraules variables** i **paraules invariables.**

Fixa't un altre cop en la paraula *pescadors*. Aquesta paraula pot adoptar formes diferents per a expressar el gènere (masculí o femení) i el nombre (singular o plural):

Masculí singular: *pescador*

Masculí plural: *pescadors*

Femení singular: *pescadora*

Femení plural: *pescadores*

I la paraula *pescar* també pot adoptar formes diferents, per a expressar la persona i el nombre (*jo, vosaltres, ell...*), el temps (*present, passat, futur...*), etc.:

Vosaltres + passat: *pescàveu*

Ella + futur: *pescarà*

Ara bé, fixa't en la paraula *ahir*. Pot canviar de forma?

Les **paraules variables** adopten **formes diferents** per a expressar el gènere, el nombre, la persona, el temps, etc.: *pescador, pescadora, pescadors...; pescarà, pescareu...*

Les **paraules invariables** sempre **apareixen igual,** sense modificacions: *ahir, no, entre, de, i...*

Tipus de paraules segons la **morfologia**

Les paraules variables i invariables també es poden classificar en grups més petits segons altres característiques de forma i de significat:

Paraules variables	**Nom**	Pot aparèixer acompanyat d'un determinant i se sol referir a entitats (objectes, individus, idees, etc.).	*bolígraf, núvol, Ester, por, pescadors*
	Adjectiu	Expressa qualitats, propietats o relacions del nom que acompanya.	*blau, espès, intel·ligent, familiar, metàl·lic*
	Determinant	Identifica el nom que acompanya.	*la, aquell, nostra, tots*
	Pronom	Adquireix el significat i la funció d'un nom o d'un sintagma nominal.	*això, ella, quins, què*
	Verb	Sol referir-se a accions, estats o processos, i expresssa nocions de temps.	*pescava, pescareu; dormen, dormiran; comprava, floreix, sortiu*
Paraules invariables	**Adverbi**	Expressa nocions de temps, de manera, de lloc...	*ràpidament, no, allà, així*
	Preposició	Indica la relació que hi ha entre altres paraules o sintagmes.	*a, en, entre, per*
	Conjunció	Relaciona altres paraules, sintagmes o oracions.	*i, o, però, que*

Quina diferència hi ha entre *el llibre, aquest llibre* i *aquell llibre?*

Fixa-t'hi!

Fixa't en els exemples següents:

a) *croquetes **de** pollastre*

b) *croquetes **i** pollastre*

Pots canviar l'ordre de les paraules de cada grup?

a) *pollastre de croquetes*

b) *pollastre i croquetes*

En el primer cas, no es pot canviar l'ordre dels noms (i, si es canvia, es dirà una cosa ben diferent), i en el segon, sí. La **preposició** no permet canviar l'ordre dels noms perquè sempre va amb el nom que la segueix.

Activitat interactiva

ACTIVITATS

1. Llegeix el fragment següent, que parla de les aventures d'un poll que, accidentalment, s'ha trobat en una classe com la teva. Després, contesta la pregunta.

L'Eudald Poch llegia, completament absort, un còmic. **De tant en tant es gratava el cap. No era pas que no entengués el còmic, sinó que el cap li picava. Hi tenia un poll.** Però el poll no estava pas tranquil en aquell cap, sempre amenaçat per les ungles que no paraven de gratar i perseguir-lo. Per això tot d'una va fer un bot i va canviar d'allotjament. Va anar al cap del costat, el d'en Josep M. Trull.

M. Àngels Gardella, «El poll», a *Bèsties petites*. Cruïlla.

— Quantes paraules hi ha en el fragment destacat?

Hi ha ... paraules i ho sé perquè ...

2. Mentre responies la pregunta anterior, el poll de la història ha anat saltant de cap en cap. Continua llegint-ne les aventures i respon les preguntes que hi ha a continuació.

Els cabells de la Clara Quer feien olor de sorra del pati. Passejar per aquella superfície capil·lar era una veritable tortura. El pobre poll ensopegava contínuament. El cap de la Clara Quer era **intransitable**. Sense pensar-s'hi més, se'n va anar.

M. Àngels Gardella, «El poll», a *Bèsties petites*. Cruïlla.

— Què signifiquen les paraules *transitar* i *transitable?* Fixa't en la forma d'aquestes dues paraules i en la diferència de significat que hi ha entre elles.

— La paraula *intransitable* està formada pels morfemes següents. Sabries dir quin significat té cada un?

-transita- -ble in-

3. Justifica que les paraules *gratava*, *tranquil* i *ungles* són variables.

4. Busca, en els textos anteriors, tres paraules invariables i digues com saps que ho són.

5. Digues si el grup de paraules següent està format per paraules variables o invariables:

una veritable tortura

6. Digues quina paraula de l'activitat anterior correspon a cada una d'aquestes categories i explica com ho has sabut:

Nom	...
Adjectiu	...
Determinant	...

— Ara fes el mateix amb aquest altre grup de paraules, en què hi ha dos noms:

feien olor de sorra

Preposició	...	
Verb	...	
Nom	...	...

7. Llegeix aquesta llista de paraules:

cabells - ensopegava - contínuament - el - capil·lar - de

- A quina d'aquestes sèries correspon la llista anterior?

a) Nom, verb, adverbi, pronom, adjectiu, preposició.

b) Nom, verb, adjectiu, pronom, adjectiu, preposició.

c) Nom, verb, adverbi, article, adjectiu, preposició.

d) Nom, verb, adverbi, article, adjectiu, conjunció.

e) Nom, verb, adverbi, pronom, adjectiu, conjunció.

8. Escriu un text omplint els buits que falten amb el tipus de paraules que t'indiquem entre parèntesis. Després, compara el missatge que t'ha sortit amb el dels teus companys. Són gaire diferents?

El (*nom*) de (*nom*) sempre (*verb*). Cada dia sortia (*preposició*) (*nom*) per (*verb*) a (*nom*). Era (*adjectiu*) i molt (*adjectiu*). Sempre (*verb*) a (*nom*).

9. El poll de la història ha anat saltant de cap en cap fins que, cansat, ha arribat al cap del professor. Com creus que acaba la història? Escriu un text breu amb un final en què apareguin, com a mínim, les paraules següents:

- cinc noms
- tres adjectius
- quatre determinants
- tres verbs
- dues preposicions
- un adverbi

— Quan acabis, subratlla-les.

EL SINTAGMA 44

Les paraules es poden combinar per a formar unitats lingüístiques més grans. Una d'aquestes unitats és el sintagma.

Un **sintagma** és una unitat lingüística formada per un grup de paraules amb una estructura interna.

És una unitat lingüística — És una unitat lingüística perquè totes les paraules d'un sintagma, juntes, fan una **mateixa funció.**

Té estructura interna — Té estructura interna, que es basa en la relació que totes les paraules tenen amb la que es considera la més important, que s'anomena **nucli.**

Llegeix els exemples següents i fixa't en les característiques comunes que tenen els grups de paraules de l'esquerra:

*L'**arròs** bullit...*
*Aquell **amic** seu...* → *no m'agrada.*
*El teu **mòbil** nou...*

Són intercanviables — Tots tres (i d'altres de semblants que podries inventar-te) combinen bé amb «no m'agrada». Això vol dir que tots **fan la mateixa funció.**

Tenen un nucli — Dins de cada grup de l'esquerra, hi ha paraules que fan de **nucli.** Fixa't que *arròs, amic* i *mòbil* són les paraules a l'entorn de les quals s'organitzen les altres.

Aquestes dues característiques indiquen que els grups de paraules de l'esquerra són **sintagmes.**

Mira-t'ho així!

Pots imaginar-te un **sintagma** com un **equip** que té una **missió.** Totes les paraules del sintagma treballen juntes per complir aquesta missió: fan la **mateixa funció.** A més, totes s'agrupen a l'entorn d'un líder que dirigeix l'equip, el **nucli.**

Tipus de sintagmes

Els sintagmes es poden classificar segons el tipus de paraula que fa de **nucli.** Per exemple, els nuclis dels tres sintagmes anteriors són noms. Si el **nucli** és un **nom,** es tracta d'un **sintagma nominal.** Vegem quins **tipus de sintagmes** hi ha:

- Sintagma nominal — *un **jersei** verd, en **Jaspreet**, tots els **alumnes***
- Sintagma adjectival — ***verd**, **fàcil** d'explicar, **familiar***
- Sintagma verbal — ***miro** sèries, **treballava**, m'**agrades** molt, **surts** poc*
- Sintagma preposicional — ***de** la Clàudia, **entre** els llibres, **amb** tu*
- Sintagma adverbial — ***poc**, **lentament**, molt **lluny***

Aprofundeix més en els **tipus de sintagma.**

Els sintagmes poden contenir altres sintagmes dins seu, com les nines russes:

[de [la Clàudia]] — [la Clàudia]: SN; [de la Clàudia]: SPrep

[un jersei [verd]] — [verd]: SAdj; [un jersei verd]: SN

[surts [poc]] — [poc]: SAdv; [surts poc]: SV

Activitat interactiva

ACTIVITATS

1. Fixa't en els grups de paraules següents. Quins són sintagmes? Per què?

a) vaixells cap ajudava
b) treballs en grup
c) de l'avió
d) li pissarra
e) poc cuit
f) groc dorm la

2. **Llegeix els sintagmes següents, assenyala'n el nucli i digues quin tipus de sintagmes són, com a l'exemple:**

L'onada de mar
nucli: onada Tipus de sintagma: SN

a) dorm molt
b) neu fosa
c) sota la taula
d) contenta de veure't
e) llibre de cuina
f) entre nosaltres

3. **Llegeix el text següent i troba-hi un nom, un adjectiu, un verb, una preposició i un adverbi i anota'ls.**

L'altra imatge que no em va abandonar mai va ser la de vosaltres dient-me adeu des del camí de darrere la casa. Vam pujar al cotxe i jo no vaig poder deixar de mirar per la finestreta. Estàveu totes juntes, éreu un munt de teles de colors llampants al mig del paisatge polsós, al mig de diferents tons d'ocre, totes juntes fèieu una taca de colors molt bonica. Fèieu voleiar els mocadors mentre encara sanglotàveu. Jo treia el cap del cotxe i us veia cada cop més petites fins que vaig deixar de distingir-vos una per una. Us vau convertir en un punt de color en l'horitzó i finalment vau desaparèixer davant dels meus ulls.

Najat El Hachmi, *Mare de llet i mel*. Edicions 62.

- Les paraules anteriors són el nucli d'un sintagma. Escriu el sintagma de què forma part cada una d'aquestes paraules.
- Ara ja tens un sintagma nominal, un d'adjectival, un de verbal, un de preposicional i un d'adverbial. Troba'n un més de cada tipus dins del text i indica'n el nucli.

4. **Fixa't en aquest exemple. És un sintagma nominal (SN) que conté un sintagma preposicional (SPrep) que, al seu torn, conté un sintagma nominal (SN):**

La casa de la Najat
SN
SPrep
SN

«La casa de la Najat» és un SN el nucli del qual és *casa*. Aquest SN conté, dins seu, un SPrep («de la Najat», amb el nucli *de*). El SPrep conté un SN («la Najat», amb el nucli *Najat*)

— Ara, crea sintagmes que tinguin les estructures següents:

a) Un SN que contingui un SPrep que contingui un SN.
b) Un SV que contingui un SAdv.
c) Un SPrep que contingui un SN.
d) Un SN que contingui un SAdj.

5. **Pensa en un record que tampoc no t'hagi abandonat mai, com el que explica la Najat el Hachmi al text que has llegit abans.**

Ara, escriu un text breu, com el seu, que contingui com a mínim...

- ...un sintagma nominal dins d'un sintagma verbal.
- ...dos sintagmes adjectivals.
- ...un sintagma nominal dins d'un sintagma preposicional.
- ...dos sintagmes preposicionals dins d'un sintagma nominal.

6. **Analitza aquests sintagmes que contenen altres sintagmes dins seu:**

a) un entrepà de tonyina
b) la pilota desinflada
c) plats bruts
d) l'estel de l'Oriol

EL NOM 45

Un **nom** és un tipus de paraula que sol designar entitats (persones, animals, objectes, llocs, idees, etc.). Els noms tenen gènere i solen flexionar-se en nombre.

Fixa't en els noms que apareixen en aquest fragment:

> L'abric me'l poso fent un bot i m'embolico amb dues voltes de mocador. No em pensava pas que faria tant de fred. Del cap del camí m'arriba una xerrera de dones, ofegada tot seguit pel petarram inconfusible dels tractors.
>
> Marta Rojals, *Primavera, estiu, etcètera*. La Magrana.

Fixa-t'hi!

Els noms poden pertànyer a diversos grups alhora; per exemple, ***músic*** és un nom comú, comptable i individual.

Els noms tenen gènere i es poden flexionar en nombre:

abric → masculí, singular
dones → femení, plural

xerrera → femení, singular
tractors → masculí, plural

Classificació dels noms

Segons el **significat,** els noms es classifiquen en els grups següents:

Noms

- **Propis**
  - **Vivaldi**
  - Designen éssers o objectes únics. Entre aquests hi ha els **antropònims** (es refereixen a persones: *Joan, Meritxell...*) i els **topònims** (designen llocs: *Terrassa, El Masnou...*).
- **Comuns**
  - **músic**
  - Designen éssers o objetes sense diferenciar-se de la resta de la seva mateixa classe: *casa, recepta...*
  - **Comptables**
    - **músic**
    - Anomenen realitats comptables: *ordinador, got, casa...*
    - **Individuals**
      - **músic**
      - Es refereixen, en singular, a un sol element: *ocell, ovella, abella, taula, alumne...*
    - **Col·lectius**
      - **orquestra**
      - Es refereixen, en singular, a un conjunt d'elements: *estol, ramat, eixam, mobiliari, alumnat...*
  - **No comptables**
    - **música**
    - Anomenen realitats no comptables: *aire, memòria...*

El gènere del nom

El nom forma part del grup de paraules variables, és a dir, aquelles que adopten formes diferents per a expressar unes determinades nocions gramaticals.

Tots els noms tenen gènere, masculí o femení:

la motxilla → femení *el camp* → masculí.

El determinant és el que ajuda a identificar el gènere.

En els noms que designen persones i animals (*noi/noia*) el gènere està relacionat amb el sexe. Però en la resta de noms el gènere és arbitrari (*un camió / una bicicleta*).

Canvis ortogràfics

Quan afegim al masculí la terminació *-a* per formar el femení, de vegades es produeixen canvis ortogràfics:

-t → -da *nebo**t**/nebo**da***
-c → -ga *ami**c**/ami**ga***
-p → -ba *llo**p**/llo**ba***
-s → -ssa *go**s**/go**ssa***

Formació del femení

- Generalment, afegint al masculí la terminació *-a* (en alguns casos precedida de *-n-*): *noi/noia, germà/germana.*
- Canviant la vocal final per *-a*: *ministre/ministra, monjo/monja, ateu/atea.*
- Mitjançant mots diferents: *oncle/tia, cavall/egua, gendre/nora.*
- Canviant les terminacions de la paraula: *metge/metgessa; emperedor/emperadriu; psicòleg/psicòloga.*

El nombre

Els noms comptables es poden flexionar en nombre. Si estan en **singular** es refereixen a un sol element, i en **plural** fan referència a més d'un element.

Canvis ortogràfics

Quan formem el plural o el femení a partir de la forma de masculí singular es produeixen canvis ortogràfics:

plaça/places
gos/gossa/gossos/gosses

Formació del plural

- Generalment afegim una ***-s*** (en alguns casos precedida de ***-n-***) al final del mot: *nen/nens, germà/germans.*
- Si el nom acaba en ***-a*** àtona, el plural es forma canviant-la per la terminació ***-es:*** *casa/cases.*
- Si el nom acaba en ***-sc, -st, -xt, -sp,*** el plural es forma afegint-hi ***-s*** o bé ***-os:*** *disc/discs-discos, test/tests-testos, text/texts-textos.*
- Si el nom acaba en ***-s, -ç, -x, -ix, -tx, -ig*** i és un mot masculí i agut, el plural es forma afegint-hi ***-os:*** *cas/casos, lluç/lluços, calaix/calaixos, esquitx/esquitxos, boig/bojos.*
- Alguns noms tenen la mateixa forma per al singular i el plural: *el llapis / els llapis, el dilluns / els dilluns.*

Activitat interactiva

ACTIVITATS

1. Classifica els noms següents a la taula de sota.

amistat - paper - tisores - equip - tristor - flota- Amsterdam equilibri - Ferran - paciència - ramat - Ter - taula - Teide fageda - calendaris

Comuns			Propis
Comptables		No comptables	
Individuals	Col·lectius	...	...
...	...		

2. Fixa't en el parell mínim següent:
   - La meva gateta Fosca dorm.
   - La meva gateta fosca dorm.

   — Quina diferència de significat hi ha entre les dues oracions?

3. Assenyala els noms individuals d'aquestes oracions i completa-les amb el nom col·lectiu adient.
   - Els roures que formaven la .... eren forts i alts.
   - Un .... està format per quatre músics o veus.
   - El submarinista va filmar un .... de peixos de colors.

4. Dividiu-vos en grups i porteu a classe retalls de titulars de diaris i revistes on surtin diferents noms. Després, representeu artísticament, en forma de *collage* o de mapa mental, o amb pintura, etc., els tipus de noms.

   — Aquest esquema us pot ajudar:

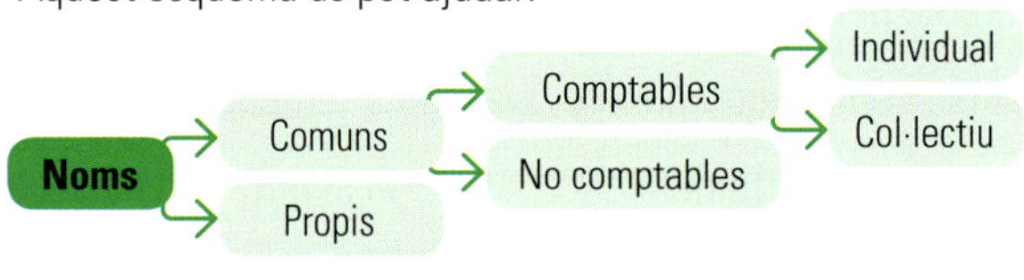

   — Retalleu els noms dels vostres titulars, classifiqueu-los segons el tipus i enganxeu-los a la vostra obra artística.

L'ADJECTIU 46

Llegeix aquestes dues descripcions d'un mateix paisatge:

Per entre les fulles dels arbres veig com es cola el sol. I sento el riu com corre. I quan surto del caminoi i començo a enfilar amunt, veig algunes cases lluny.

Per entre les fulles dels arbres veig com es cola el sol **groc** i **matinal**. I sento el riu com corre **content**. I quan surto del caminoi **humit** i **enfonsat** i començo a enfilar amunt, veig algunes cases **esparses** lluny.

Irene Solà, *Canto jo i la muntanya balla*. Llibres Anagrama.

— Quin dels dos textos dona més informació del paisatge descrit? Per què?

Les paraules que indiquen alguna qualitat dels noms als quals acompanyen s'anomenen **adjectius.**

Què és el grau de l'**adjectiu?**

Les paraules en negreta del segon text són **adjectius.**

Característiques de l'adjectiu

Acompanya el nom

Acompanya el nom indicant-ne les **qualitats, propietats** o **característiques** que l'acaben de definir:

→ Surto del caminoi humit i enfonsat...

Concorda amb el nom

Concorda amb el nom en **gènere** i en **nombre:**

→ unes cases esparses
un sol groc

Va darrere del nom

L'adjectiu sol anar al **darrere** del nom, tot i que, de vegades, també se situa al **davant.**

→ un paisatge bell
un bell paisatge

Alguns adjectius, com *gran*, *pobre*, *trist* o *vell*, tenen significats diferents segons que vagin davant o darrere del nom:

→ És una gran dona (de moltes qualitats)
És una dona gran (d'edat avançada)

I si l'adjectiu acompanya més d'un substantiu?

Si l'adjectiu acompanya més d'un substantiu, hi concorda en plural i en masculí, excepte si tots dos noms són femenins. En aquest segon cas, hi concorda en femení:

- *El camí* (masculí singular) *i la carretera* (femení singular) ***llargs*** (masculí plural) *enfilen la muntanya.*
- *La cullera* (femení singular) i *la forquilla* (femení singular) ***brutes*** (femení plural) *s'han de rentar.*

Canvis ortogràfics

A l'hora de formar el femení i el plural d'alguns **adjectius variables,** es produeixen canvis ortogràfics:

En la formació del **femení:**

c	→	**g**	*anti**c**/anti**g**a*
ig	→	**j**	*boi**g**/bo**j**a*
l	→	**l·l**	*nu**l**/nu**l·l**a*
s	→	**ss**	*ro**s**/ro**ss**a*
t	→	**d**	*menu**t**/menu**d**a*
u	→	**v**	*no**u**/no**v**a*

En la formació del **plural:**

g	→	**gu**	*llar**g**a/llar**gu**es*
j	→	**g**	*flon**j**a/flon**g**es*
qu	→	**qü**	*obli**qu**a/obli**qü**es*
ig	→	**j**	*boi**g**/bo**j**os*

Adjectius invariables

Alguns dels més habituals són aquests:

home **actual**	dona **actual**
vestit **elegant**	faldilla **elegant**
gos **fidel**	gata **fidel**
caràcter **feble**	voluntat **feble**
conte **alegre**	cançó **alegre**
país **jove**	nació **jove**
exercici **fàcil**	activitat **fàcil**
home **prudent**	dona **prudent**
cosí **belga**	cosina **belga**

El gènere i el nombre de l'adjectiu

Els adjectius **concorden** en gènere i en nombre amb els noms. Això passa perquè moltes vegades són paraules variables, i es poden flexionar en gènere i en nombre:

Un gat blanc	Una gata blanca
Uns gats blancs	Unes gates blanques

En alguns casos, però, hi ha adjectius que no varien per a concordar en gènere amb el nom que acompanyen. S'anomenen **adjectius invariables** (tot i que has de tenir en compte que sí que es flexionen en nombre):

Un gat **enorme**	Una gata **enorme**
Uns gats **enormes**	Unes gates **enormes**

Els adjectius acabats en ***-aç, -iç, -oç*** són **invariables en gènere** quan estan en **singular,** però en plural es flexionen tant en masculí com en femení. Fixa-t'hi:

un home capaç	uns homes capaços
una dona capaç	unes dones capaces
un gat feliç	uns gats feliços
una gata feliç	unes gates felices

Adjectius explicatius i especificatius

Segons l'**ús** que en fem, els adjectius poden ser de dos tipus: **explicatius** i **especificatius.** Fixa't en la parella d'exemples següents:

Ús explicatiu — Els concursants**, decebuts,** han marxat.

Ús especificatiu — Els concursants **decebuts** han marxat.

En el primer cas, tots els concursants estan decebuts: l'adjectiu afecta **tot el referent** del nom. Aquest tipus d'adjectiu s'anomena **explicatiu.**

En el segon cas, són només alguns concursants els que estan decebuts. L'adjectiu afecta només **una part del referent** del nom. Aquest tipus d'adjectiu s'anomena **especificatiu.**

ACTIVITATS

Activitat interactiva

1. Identifica els adjectius que apareixen en aquest text i relaciona'ls amb el nom que caracteritzen.

> Eren si fa no fa les onze del matí, a mitjan octubre, amb el sol que no es decidia encara a brillar i un aire emplujat. Jo duia el meu vestit blau pólvora i la camisa blau fosc, corbata i mocador a la butxaca superior, sabata flexible negra, mitjons de llana negres amb llunes estampades, també blau fosc. Estava presentable, net, afaitat i serè, i tant se me'n donava el que la gent pensés. Era la viva imatge del detectiu privat, ben vestit, com calia.
>
> Raymond Chandler, *La gran dormida*. Edicions 62.

2. Escriu tres adjectius que es puguin relacionar amb cadascun dels elements d'aquestes il·lustracions.

ACTIVITATS

3. Torna a escriure aquestes oracions substituint-ne el fragment destacat per un adjectiu que tingui el mateix significat. Fixa't en l'exemple.

De tant ficar-les a l'aigua, tenia la pell de les mans **que semblava una pansa**.

De tant ficar-les a l'aigua, tenia la pell de les mans ***pansida****.*

a) Vilafanya era un poble **on sempre hi havia boira**.

b) Hem col·locat una plataforma **que gira** sota el televisor del menjador.

c) El mestre diu que no li agraden els alumnes **que s'expressen cridant**.

d) Hem vist unes pel·lícules **que esgarrifaven**.

e) La Cecília és una fisioterapeuta **amb molta experiència**.

f) Es tracta d'una reacció **que es pot comprendre**.

g) En Joaquim té un nas **que sembla el bec d'una àguila**.

4. Completa aquests grups amb la forma adient de l'adjectiu. Observa l'exemple.

Singular		Plural	
Masculí	Femení	Masculí	Femení
rus	...	...	...
...	blanca	...	...
...	...	antipàtics	...
...	...	...	capricioses
...	suau	...	...
precoç	...	...	...
...	...	...	espesses
...	...	responsables	...
alegre	...	...	...
...	...	...	agres
...	nul·la	...	...
...	...	grocs	...

5. Llegeix les oracions i, després, contesta.

a) Les jugadores contentes van aplaudir.

b) Les jugadores, contentes, van aplaudir.

— Quina diferència de significat hi ha entre les dues oracions?

— De quin tipus és l'adjectiu de l'oració *a?* I el de l'oració *b?*

6. Elabora oracions relacionant un nom de la columna de l'esquerra amb un adjectiu de la dreta.

herba	còmode
sofà	boig
companya	xerraires
terra	veraç
xicots	llunyana
noi	fidel
afirmació	felices
nenes	aromàtica

7. Subratlla els adjectius d'aquest text, escriu-los en una llista i després completa la taula.

Ahir al cel hi havia uns núvols rodons molt foscos. Havia de ploure i vaig veure una dona gran que es va asseure en un banc petit de la plaça. Va treure un paraigua diminut amb dits tremolosos i quan el va obrir era enorme. La pluja queia amb gotes gruixudes, però ella es va quedar quieta mirant el cel ennuvolat.

rodó	rodona	rodons	rodones
...	...	...	...
...	...	...	...

8. Amplia la llista d'adjectius referits a persones afegint-ne tres per a cada element.

Els cabells	Els ulls	El nas
rinxolats	vius	aixafat
rossos	blaus	arromangat
...	...	...

L'aspecte general	La manera de ser
esprimatxat	alegre
corpulent	tranquil
...	...

— Després, descriu un company o companya de la classe usant adjectius de cada columna.

— Fes servir dos adjectius invariables en gènere i assenyala'ls.

9. Observa les fruites i hortalisses i escriu oracions que continguin adjectius en grau comparatiu i superlatiu.

47 ELS DETERMINANTS

Observa aquestes paraules destacades i fixa't en la informació que aporten al nom que acompanyen:

El nom està introduït per un tipus de paraules que n'especifiquen la interpretació, i hi concorden en gènere i nombre. Aquesta classe de paraules s'anomena **determinant** i n'hi ha de diferents tipus:

Article	Demostratiu	Possessiu
Definit: **la** tarda	Proximitat: **aquesta** platja	El **meu** gos
Indefinit: **una** tempesta	Llunyania: **aquells** núvols	

L'apostrofació de l'article

- L'article definit ***el*** s'apostrofa sempre davant de vocal (amb o sense *h*):

  l'estiu, l'univers, l'indi, l'hivern...

- L'article definit ***la*** no s'apostrofa davant de les vocals *i, u* àtones (amb o sense *h*):

  l'amiga, l'Índia, l'única...

  però *la indústria, la història, la unió, la humanitat...*

- En alguns parlars del català occidental s'usen els articles ***lo, los:*** *lo llibre, los llibres*. Els parlars baleàrics utilitzen els articles salats ***es, sa, es*** i ***ses:*** *sa casa, ses cases*.

L'ús de l'article en noms de persona segons els **dialectes.**

Els articles

Especifiquen el nom que acompanyen, indicant-ne el gènere i el nombre. Es classifiquen en:

Articles definits

introdueixen un nom que designa una realitat coneguda.

Singular		Plural	
Masculí	Femení	Masculí	Femení
el (l')	la (l')	els	les

Articles indefinits

introdueixen un nom que designa una realitat no coneguda.

Singular		Plural	
Masculí	Femení	Masculí	Femení
un	una	uns	unes

Els noms propis de persona solen ser introduïts per un article, que pot variar segons els parlars: *el* Marc i *la* Júlia; *en* Marc i *la* Júlia; *en* Marc i *na* Júlia; *lo* Marc i *la* Júlia.

Les formes *en, na* i *n'* s'anomenen **articles personals.**

Els demostratius

Indiquen la proximitat o la llunyania d'allò que designa el nom respecte de la persona que parla i de la que escolta.

En la majoria de parlars catalans es distingeixen aquests dos graus de **proximitat** i de **llunyania:**

	Singular		Plural	
	Masculí	Femení	Masculí	Femení
Proximitat	aquest	aquesta	aquests	aquestes
Llunyania	aquell	aquella	aquells	aquelles

En alguns parlars es distingeixen tres graus:

Proximitat a l'emissor	Proximitat al receptor	Llunyania
aquest / este	aqueix / eixe	aquell

Els possessius

Indiquen la propietat o relació d'allò que designa el nom respecte d'una persona. Els possessius poden ser **tònics** o **àtons.**

Tònics o forts

		Singular		Plural	
	Persona	Masculí	Femení	Masculí	Femení
Un posseïdor	1a	meu	meva/meua	meus	meves/meues
	2a	teu	teva/teua	teus	teves/teues
	3a	seu	seva/seua	seus	seves/seues
Més d'un posseïdor	1a	nostre	nostra	nostres	nostres
	2a	vostre	vostra	vostres	vostres
	3a	seu	seva/seua	seus	seves/seues

Els possessius tònics, quan introdueixen un nom, van acompanyats d'un article o d'un demostratiu: *el* ***meu*** *germà, una* ***meva*** *amiga, aquests* ***teus*** *somnis.*

Àtons o febles

Singular masculí	Singular femení	Plural masculí	Plural femení
mon, ton, son	ma, ta, sa	mos, tos, sos	mes, tes, ses

Aquestes formes àtones tenen un ús reduït. Tot i que es troben en algunes expressions com *Sa Majestat*, en refranys o en poesia, actualment només es fan servir per a indicar termes de parentiu: *ma mare, mon avi, sa germana...*

Ús dels **possessius** que cal evitar.

Sense article

Els possessius tònics també poden aparèixer darrere del nom o sols:

Una mania ***meva****.*

Marxa cap a casa ***seva****.*

Ve de part ***seua****.*

Fill ***meu,*** *no diguis això.*

És ***teu****.*

Activitat interactiva

ACTIVITATS

1. Assenyala els determinants que hi ha en aquest text. Indica de quin tipus són i el nom que determinen.

   Aquest diumenge, la meva mare ha tret de l'armari una caixa amb els records de la seva infantesa. Tot mirant els llibres antics, ha recordat aquelles dolces nits d'hivern en què el seu pare, el meu avi Miquel, li explicava històries.

   —Guarda aquests contes, filla meva —li deia—. Potser els teus fills també els llegiran.

   Exemple: *Aquest diumenge* — Aquest: Determinant demostratiu → diumenge: Nom

2. Completa aquesta cançó amb els articles adients.

   Tanca els ulls

   Tanca __ ulls i digue'm si veus
   El mateix quadre que jo
   Com ballen __ colors
   I ara són un de sol
   Algun pintor va creure molt millor
   Fer __ marges de graons
   I salta al mar si el veus tan blau com jo
   I deixa que __ taurons et parlin de l'amor
   Que després parlaré jo dels llops enmig del bosc
   I d'__ nen que no té por
   __ nen que no té por
   I respira poc a poc
   I respira poc a poc
   Per tocar __ sol no et cal moure's del lloc
   Agafa't a un ocell que emprengui avui __ vol
   I parla'm de __ llum i __ cos que no és __ cos
   I parla'm de __ vida d'aquells exploradors
   I ja tornant, pareu al meu terrat
   Que en uns segons arreglarem __ món
   Que pugin __ veïns que és festa major
   I algú canta de fons
   I __ blanc torna al seu lloc
   I respira poc a poc

   Txarango

3. Completa les oracions amb la forma adequada dels articles, segons el teu parlar:

   a) ____ Sandra ha guanyat el primer premi i ____ Andreu, el segon.
   b) ____ Lucía juga en el mateix equip que ____ Pau.
   c) Sabies que ____ Guillem juga a bàsquet amb el Manresa?
   d) ____ Irina i ____ Albert estudien música des de ben petits.
   e) El germà de __ Asha és molt amic de __ Isidre i ____ Íria.

   — Com dirien els articles anteriors en altres indrets del territori lingüístic? Investiga-ho.

4. Escriu l'article adient d'aquests noms, el gènere dels quals no coincideix amb el del nom en castellà.

   - .... front
   - .... llegums
   - .... xocolates
   - .... bacteris
   - .... compte
   - .... dent
   - .... lleixiu
   - .... afores
   - .... suor
   - .... olors
   - .... calor
   - .... pebre
   - .... postres
   - .... pendent
   - .... anàlisis

5. Completa aquestes oracions amb el determinant demostratiu més adient.

   a) .... pantalla que mires s'adapta perfectament al teu ordinador.
   b) Som a l'hivern, i .... dies d'estiu trigaran a tornar.
   c) M'estimo més .... discos originals que no pas .... còpies tan senzilles que vas deixar a la Júlia.
   d) .... xicot d'allà és el professor d'anglès d'.... curs.
   e) Recordes .... vetllades a l'esplai, quan érem petits?
   f) .... festes de Nadal he revisat .... redacció que ens van demanar.

6. Torna a escriure aquestes oracions tot substituint els fragments destacats pels determinants possessius corresponents. Per exemple:

   *Aquesta és la col·lecció **meva i de l'Enric**.* → *Aquesta és la **nostra** col·lecció.*

   a) Les filles ***del mecànic*** han començat a treballar a l'escola.
   b) El llibre de ciències és la font de consulta ***de la Clara i d'en Joaquim***.
   c) Ho faré perquè és la voluntat ***teva i de la resta de la classe***.
   d) Els llibres ***teus i de l'Aina*** estan farcits d'anotacions.
   e) Els amics ***de l'Albert*** també vindran a passar les vacances amb l'Albert i amb mi.
   f) Els pares ***dels meus companys*** han organitzat la festa d'aniversari de l'Eulàlia.
   g) El gos ***que em pertany*** respecta les normes bàsiques de convivència a casa.
   h) *L'avi **de la Marina** té vuitanta anys.*
   i) *La germana **de la Judit** l'ajuda amb les matemàtiques.*

7. Completa les oracions següents amb els determinants possessius àtons *son*, *ma*, *sa* i *mon:*

   a) .... mare sempre em diu que he d'ajudar més a casa.
   b) ... Majestat es va posar la corona de gala.
   c) .... avi, el pare de la meva mare, té vuitanta anys.
   d) La Maria sempre consulta a .... germà tots els dubtes que té sobre matemàtiques.

ELS QUANTIFICADORS 48

Observa les paraules subratllades d'aquest web informatiu i fixa't en la informació que aporten al nom que acompanyen:

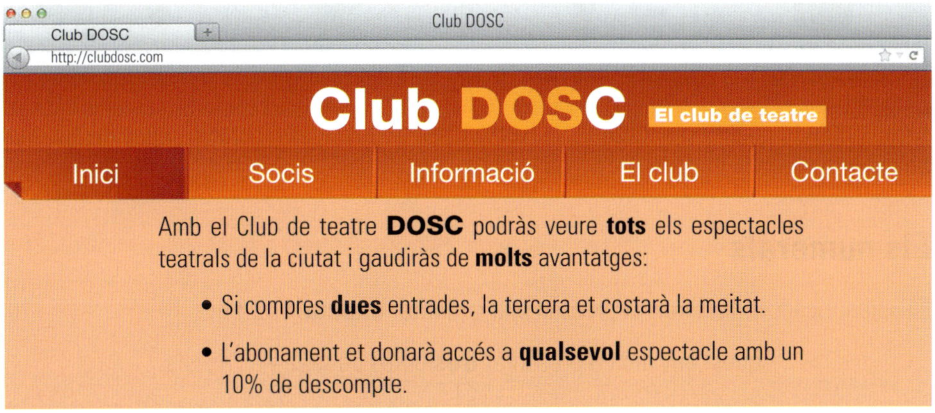

Les paraules *tots, molts, dues* i *qualsevol* designen una quantitat. S'inclouen a la classe de paraules anomenada **quantificadors.** De quantificadors, n'hi ha de dos grans tipus.

Quantificadors universals

Són els que afecten tots els elements d'un conjunt:

Tots aquests gats són negres.

El quantificador *tots* inclou tot el grup de gats. Al grup al qual es refereix no hi ha cap gat que no sigui negre.

Quantificadors no universals

Són els que designen una part dels elements d'un conjunt:

Molts d'aquests gats són negres.

El quantificador *molts* no inclou tots els gats del grup. Al grup al qual es refereix hi ha alguns gats que no són negres.

Aquests quantificadors són els anomenats:

- **indefinits**
- **quantitatius**
- **numerals**

Els indefinits

Els quantificadors indefinits delimiten de manera **imprecisa** l'existència d'elements. Fixa't en aquests exemples:

Algun dia aniré al teatre.

No es precisa de quin *dia* es tracta.

M'agrada **qualsevol** espectacle.

No es precisa de quin *espectacle* es tracta.

Els quantitatius

Els quantificadors quantitatius designen quantitat aproximada d'una sèrie d'elements:

No representen **gaires** obres musicals.

Expressa una quantitat d'una manera aproximada, no diu el nombre exacte d'*obres musicals*.

Qualsevol o qualssevol?

El quantificador indefinit *qualsevol* és invariable en gènere. Quan el flexionem en nombre i indica plural, s'escriu amb dues *s*: *Agafa'n tres qual**ss**evol.*

Recorda!

Molts quantificadors es flexionen en gènere i nombre, però n'hi ha que són invariables, com, per exemple, *gens* o *menys*.

A vegades flexionem, erròniament, alguns quantificadors invariables com *massa*, *prou* i *força*:

✗ *Hi havia **masses** cotxes.*
*Ja tenen **prous** joguines.*
*M'han fet **forces** regals.*

Quan cal posar el guionet en els numerals ordinals?

Recorda la regla del DUC (desena-unitat-centena), que indica que cal posar guionet entre les desenes i les unitats (quaranta-quatre) i entre les unitats i les centenes (cinc-cents):

3.544 s'escriu *tres mil cinc-cents quaranta-quatre.*

També s'escriuen amb guionet els nombres entre el vint-i-u i el vint-i-nou.

Com escrivim els numerals fent servir xifres?

Fixa't bé com s'escriu la forma abreujada dels numerals ordinals:

- Numerals cardinals: *1, 7, 65, 1.234...*
- Numerals ordinals: *1r, 2n, 3r, 4t, 5è, 22è, 143è...*
- Numerals partitius: *1/2, 1/3, 6/8...*

A diferència dels indefinits, estableixen una gradació que pot anar de 0 a una quantitat molt elevada:

Gens de flors

Poques flors

Força flors

Moltes flors

Alguns quantificadors quantitatius serveixen per a indicar comparació: *Plou menys que abans.*

Els numerals

Els quantificadors numerals expressen una quantitat **exacta.** Fixa-t'hi:

Aquest any hem representat **tres** obres de teatre a l'escola.

Expressa una quantitat exacta d'*obres de teatre.*

Els quantificadors **numerals** poden ser de diversos tipus:

- **Cardinals**: indiquen una quantitat exacta → *un, dos, tres, trenta, dos-cents...*
- **Ordinals**: indiquen l'ordre → *primer, segon, tercer, cinquè, sisè, desè, vint-i-dosè...*
- **Partitius**: indiquen una part o fracció → *mig, meitat, terç, quart, onzena...*
- **Multiplicatius**: indiquen multiplicació → *doble, triple, quàdruple...*

Activitat interactiva

ACTIVITATS

1. Identifica els quantificadors de les oracions següents:

a) Cada vegada que et pregunto dius la mateixa resposta.

b) Si no vigiles, qualsevol dia et trobaràs amb alguna sorpresa.

c) Tots els ordinadors de l'escola accepten qualsevol programa educatiu.

d) En cap cap no hi cap tota la imaginació que hi cap en aquest cap.

e) Alguns equips de la competició tenen certa por de jugar a casa nostra.

f) És la quarta vegada que t'ho dic.

g) Em sembla que anirà bé qualsevol d'aquests cinc dies.

h) Trobo que ha vingut força gent, pensava que n'hi hauria menys.

i) Tha quedat bo, el púding, però hi has posat massa panses.

2. Classifica els quantificadors de les oracions anteriors en una taula com aquesta:

Quantificadors universals	Quantificadors no universals		
	Indefinits	Quantitatius	Numerals
...	...	...	...

3. Escriu una oració amb cadascun d'aquests quantificadors indefinits:

a) gaire

b) qualssevol

c) cadascun (de)

d) algunes

e) certa

f) qualsevol

4. **Completa aquestes oracions fent servir quantificadors quantitatius.**

- **41º** • Fa ..... calor, tot i ser estiu!
- **35º** • Fa ..... calor que el mes passat.
- **28º** • No fa ..... calor per banyar-nos a la platja de nit.
- **23º** • Fa ..... calor per ser el mes de març!
- **18º** • Ja fa ..... fred, es nota que ens acostem a la primavera!
- **10º** • Fa ..... fred que ahir, que estàvem a 12 graus.
- **6º** • Fa ..... fred, agafa la jaqueta!
- **0º** • Fa ..... fred per esquiar.
- **-5º** • Fa ..... fred per seure a fora.

5. **Escriu un quantificador quantitatiu per a cada mot en la forma correcta. Després, classifica'ls segons si són variables o invariables.**

bastant petit	... llenya	... calor	... amistós	... feina	... prim
... gent	*gaire* aigua	... pasta	... gana	*força* alta	... sal
... cotxes	... bars	*més* nois	... estudis	... cartells	*massa* ocells
... amigues	... sortides	... cases	*poques* persones	... cadires	... coses

6. **Escriu els quantificadors numerals indicats entre parèntesis i classifica'ls segons el grup de què formin part:**

a) Era la (*5a*) ___ vegada que pujava fins a dalt de tot d'aquella muntanya.

b) L'edifici té (*5*) ____ plantes i (*10*) ___ pisos, la (*1/2*) ___ dels quals són de lloguer i n'hi ha (*2*) ___ que són buits.

c) La ciutat de Figueres tenia, l'any (*2021*) ____, (*47.043*) ____ habitants; en canvi, Sabadell en tenia (*216.204*) ________.

d) He repartit (*1/3*) ____ de pastís d'aniversari entre les meves (*2*) ____ germanes.

e) Va quedar (*1r*) ___ en el campionat d'escacs de l'escola.

f) Avui celebrem el .... (*25è*) aniversari de la nostra escola.

7. **Ara completa aquestes altres oracions. T'indiquem els multiplicatius amb un signe de multiplicació:**

a) A la prestatgeria m'agradaria tenir el (*x2*) ____ de llibres i no tantes figuretes.

b) He comptat (*134*) ____ finestres a la façana de la catedral, gairebé el (*x3*) ____ que a casa meva!

c) És una torre tan alta que diuen que té (*3.478*) ____ graons.

8. **Escriviu un text breu amb quantificadors aplicant la tècnica cooperativa del joc de les paraules:**

— Dividiu la classe en tres grans grups base.

— El professor escriurà a la pissarra quantificadors indefinits, quantitatius i numerals de tota mena.

— Cada membre del grup haurà de construir una oració amb un dels quantificadors de la pissarra i la mostrarà als companys per a comprovar que l'ha utilitzat correctament.

— El company següent escriurà una altra oració amb un altre dels quantificadors de la pissarra. I així fins a construir un text amb tots els quantificadors.

9. **Escriu una oració amb cadascun d'aquests quantificadors numerals:**

a) vint-i-dosè
b) terç
c) mil·lèsim
d) cèntuple
e) quàdruple
f) centèsima
g) trilió
h) miler

10. **Subratlla els numerals que apareixen a les oracions següents i corregeix-los, si cal:**

a) Puja al 2on pis i busca el paquet de cinquanta folis que hi ha al tercer calaix del meu escriptori.

b) L'any dos mil tres cents-trenta tres els humans ja no contaminarem.

c) Va quedar 3º a la competició d'atletisme de fa cinc anys, però ara fa quatre anys que no guanya cap medalla.

d) He fet el quadruple de feina que tu, i hi he dedicat la meitat de temps.

49 ELS PRONOMS

Llegeix el text següent i fixa't en les paraules destacades en negreta:

> Em mostrares molts dels racons que, temps ençà, del temps de la teva adolescència, quan et nasqué l'afició de caminar horabaixa, molta estona, per llocs solitaris, descobrires. El meus ulls que eren els teus —**jo** veia el món com **tu el** miraves— captaren matisos, colors, formes, detalls que a tu et semblaven sorprenents i nous.
>
> Carme Riera, *Te deix, amor, la mar com a penyora.* Edicions 62.

La paraula ***jo*** fa referència a l'**emissor** del discurs, la paraula ***tu*** fa referència al **receptor** del discurs i la paraula ***el*** fa referència al sintagma nominal *el món*.

> Els **pronoms** són paraules que fan la mateixa funció que un sintagma.

Fixa't en l'exemple següent: **Na Carme** ha escrit aquest llibre. ⟶ **Ella l'**ha escrit.

na Carme el llibre

Els **pronoms** *ella* i *l'* d'aquest exemple fan la mateixa funció que un **sintagma** nominal. Però n'hi ha que fan també la funció d'un **sintagma adjectival,** d'un **sintagma preposicional** o d'un **sintagma adverbial.** Fixa't en l'exemple següent:

Et nasqué l'afició de caminar horabaixa.

a tu

Els pronoms personals

Els pronoms que fan la mateixa **funció** que un **sintagma nominal** s'anomenen **pronoms personals.** Se'ls designa d'aquesta manera no pas perquè es refereixin a una persona, sinó perquè **tenen persona gramatical** (1a persona, 2a persona...).

A l'oració «jo veia el món com tu el miraves» hi ha tres pronoms personals: **jo** (1a persona del singular), **tu** (2a persona del singular) i **el** (3a persona del singular), encara que, com hem vist, no tots tres tenen com a referent una persona.

Pronoms forts i pronoms febles

Forts o febles?

Hi ha dos tipus de pronoms: els **forts** i els **febles.**

> **Ell em** va dir que **us** explicaríem **el** que havia passat quan **hi** arribéssim, però després **tu** vas dir-**me** que **ho** faríem d'una altra manera.

Si et fixes com pronunciem els **forts** (*ell, tu, vosaltres...*) veuràs que són **tònics,** i això és el que els caracteritza. Els pronoms **febles,** en canvi, són **àtons** (*us, el, hi, em, ho...*), és a dir, no tenen accent; una altra característica és que poden anar **davant** o **darrere** del **verb:** Tu **em** vas dir coses; Tu vas dir-**me** coses.

Activitat interactiva

ACTIVITATS

1. Fixa't en les paraules destacades d'aquestes oracions. Diries que són pronoms? Si creus que sí, explica per què:
   a) La closca de **les** tortugues serveix per protegir-**les**.
   b) **El** va convidar a **la seva** festa d'aniversari.
   c) **Jo** no **ho** sé, però **en** Martí creu que sí.
   d) D'exàmens, ja no **en** tinc més.
   e) **Hi** anem?
   f) **On** t'has comprat aquesta brusa? **Et** queda molt bé!

2. Substitueix tots els grups nominals destacats del text següent per pronoms:

> Un matí que **en Gregor Samsa** es va despertar **d'uns somnis agitats**, es va trobar **al llit** transformat en un insecte monstruós. Ajagut sobre una esquena dura com una cuirassa, si aixecava una mica **el cap** es veia **la panxa** fosca i inflada, segmentada per unes durícies en forma d'arc.
>
> Franz Kafka, *La metamorfosi.* Sembra Llibres (trad. de Marta Pera Cucurell).

EL VERB (I) 50

Llegeix les oracions següents i fixa't en els mots destacats:

L'avi **explica** una rondalla.	L'avi **és** un home savi.	La mimosa **floreix** a l'hivern.
Acció	Estat	Procés

El verb és un tipus de paraula variable que expressa **accions, estats** o **processos** i que, mitjançant **morfemes** flexius, informa sobre el **temps,** l'**aspecte,** el **mode,** el **nombre** i la **persona.**

Estructura del verb

Les paraules variables poden adoptar formes diferents per a expressar nocions de gènere, nombre, persona, temps, etc. Aquestes nocions s'expressen mitjançant **morfemes.** Els morfemes són unitats més petites que les paraules. Fixa't en l'exemple següent:

explic + **a/ava/aré** = *explica, explicava, explicaré*

Arrel o base lèxica
És la part invariable, i expressa el significat del verb.

Morfema flexiu
És la part variable, i ens informa sobre la persona, el nombre, el temps i el mode del verb.

Com veus, els verbs estan formats per una arrel i per morfemes flexius.

Persona i nombre del verb

Els **morfemes flexius** informen sobre la persona i el nombre.

— **Persona:** indica a qui es refereix l'acció o de qui estem dient alguna cosa. Presenta els tipus següents:

	Indica...	Exemple
Primera	Qui parla *(jo, nosaltres)*	canto, cantem *(1a persona)*
Segona	Qui escolta *(tu, vosaltres)*	cantes, canteu *(2a persona)*
Tercera	De qui o de què es parla *(ell, ells)*	canta, canten *(3a persona)*

— **Nombre:** indica si el verb es refereix a un sol individu o a més d'un.

	Indica...	Exemple
Singular	Un individu	explico *(1a persona del singular)* expliques *(2a persona del singular)* explica *(3a persona del singular)*
Plural	Diversos individus	expliquem *(1a persona del plural)* expliqueu *(2a persona del plural)* expliquen *(3a persona del plural)*

Recorda!

Els pronoms personals són els que es refereixen a les tres persones del verb, tant del singular com del plural:

***Jo** cuino, **vosaltres** pareu taula i **ells** van a comprar les begudes.*

Per a què fem servir el **temps present?**

Temps del verb

Els morfemes flexius també informen sobre el **moment** en què es realitza l'acció en relació amb el moment en què es parla.

	Indica...	Exemple
Passat	Fets esdevinguts *(abans)*	explic-**ava**
Present	Fets que s'esdevenen *(ara)*	explic-**o**
Futur	Fets que s'esdevindran *(després)*	explic-**aràs**

L'aspecte del verb

Els morfemes flexius també donen informació sobre si el parlant considera que l'acció és puntual o acabada, o bé s'allarga en el temps.

Perfet — El parlant considera que l'acció és puntual o acabada:
Ahir a la tarda la Maria **va jugar** molt.

Imperfet — El parlant considera que l'acció s'allarga en el temps:
Ahir a la tarda la Maria **jugava** quan tu vas trucar.

Mode del verb

Els morfemes flexius també aporten informació sobre l'**actitud** de qui parla respecte de l'acció del verb.

	Es fan servir quan...
Indicatiu	El parlant considera **real** l'acció que expressa. *La Marta **estudia** molt.*
Subjuntiu	El parlant considera que l'acció que expressa és un **desig,** un **dubte** o una **possibilitat.** *Tant de bo en Marc **estudiï** tant com la Marta.*
Imperatiu	El parlant considera que l'acció que expressa és una **ordre afirmativa.** *Marc, **estudia** tant com la Marta!*

Fixa't, a partir d'alguns exemples, en la informació que proporcionen els morfemes flexius:

estudi-**o**

Persona: 1a persona
Nombre: singular
Temps: present
Aspecte: imperfet
Mode: indicatiu

estudi-**em**

Persona: 1a persona
Nombre: plural
Temps: present
Aspecte: imperfet
Mode: indicatiu

estudi-**aven**

Persona: 3a persona
Nombre: plural
Temps: passat
Aspecte: imperfet
Mode: indicatiu

estudi-**aré**

Persona: 1a persona
Nombre: singular
Temps: futur
Aspecte: imperfet
Mode: indicatiu

estudi-**ïs**

Persona: 2a persona
Nombre: singular
Temps: present
Aspecte: imperfet
Mode: subjuntiu

estudi-**eu!**

Persona: 2a persona
Nombre: plural
Mode: imperatiu

Activitat interactiva

ACTIVITATS

1. **Separa l'arrel i els morfemes flexius d'aquests verbs. Fixa't en l'exemple:**

escoltaria → *escolt-aria*

trobem servia

cantés ballaràs

agafi llegiríem

2. **A partir de la informació que aporta el seu morfema flexiu, indica la persona i el nombre d'aquestes formes verbals:**

dormiré → *Primera persona del singular*

pintem trenquem vindreu

menges tenies escriurem

saltareu parlàrem temeres

3. **Torna a escriure aquestes oracions canviant-ne la persona i el nombre. Fixa't en els exemples:**

Menjaré coco. (1a persona singular)

Menjareu coco. (2a persona plural)

a) Contemplo el paisatge.

b) Controlem la situació.

c) Reflexionen sobre la qüestió.

d) Últimament no dormo bé.

4. **Identifica els verbs d'aquest text i escriu el mode i el temps que indiquen.**

La nostra trobada amb les amigues de la Gràcia no va alterar els nostres plans. Quan ens havien espantat els fantasmes? Quan...? La veritat és que en algun moment sí, com quan ens vam perdre el David i jo al mausoleu dels espectres sagnants, però és que qualsevol cosa que succeeix a la nit i en un cementiri fa una mica de por. Ara era diferent. Érem en un col·legi amb mil alumnes en ple dia. L'ambient no era propici per tenir por.

—Fantasmes a mi! —va presumir en David, tan bon punt vam entrar per la porta principal.

La Cristina, però, no estava convençuda que haguéssim d'actuar. Al passadís m'ho va comentar.

—Te n'has adonat? La Núria i la Nerea han vist el mateix lloc i només uns dies abans. No va ser la meva imaginació. No va ser el que jo vaig creure que veia sinó el que vaig veure. Em creus, ara?

—Mmm... Tranquil·la. De segur que hi ha una explicació. No et preocupis, tu queda't a classe amb la Gràcia, que nosaltres anirem a investigar.

José María Plaza, *El col·legi del soterrani maleït*. edebé.

5. **Relaciona els diversos modes verbals amb el que expressen.**

indicatiu - subjuntiu - imperatiu

a) Expressa un desig, una voluntat, un dubte.

b) Expressa una ordre, una instrucció.

c) Indica una acció o un fet real.

— Escriu un exemple d'oració en indicatiu, en subjuntiu i en imperatiu.

6. **Observa el morfema flexiu d'aquestes formes verbals i escriu la informació que indica.**

Forma verbal	Nombre	Persona	Temps
cant**aves**	....	....	....
cant**arà**	....	....	....
sort**íem**	....	....	....
compr**àveu**	....	....	....
corr**en**	....	....	....
pens**es**	....	....	....
sop**areu**	....	....	....
escal**arem**	....	....	....
confi**aven**	....	....	....
estudi**aries**	....	....	....

7. **Assenyala el verb d'aquesta oració i fes-hi les transformacions que s'indiquen. Per fer-ho, canvia'n els elements necessaris (modifica'n el subjecte o el predicat, elimina'n o afegeix-hi paraules...).**

Avui tenim classe d'informàtica.

Recorda que només pots canviar un element cada vegada: si se't demana de canviar la persona, no pots variar la persona i el nombre!

a) Canvia la persona del verb.

b) Tot seguit, modifica el nombre del verb.

c) Ara, canvia el temps del verb.

d) Modifica el mode del verb.

8. **Indica quin tipus de present (habitual, històric o de futur) s'utilitza en cadascuna de les oracions.**

a) Ens truquem demà, entesos?

b) Llull escriu el *Llibre d'Evast e Blanquerna* el 1283.

c) T'ho explico demà quan hàgim sortit de classe.

d) És un gos de caça, un *setter* irlandès.

e) Cada dia compro el diari.

f) Demà surto cap a París.

51 EL VERB (II)

Formes no personals

El verb dona informació gramatical sobre la persona, el nombre, el temps i l'aspecte mitjançant morfemes flexius.

Les formes del verb que ofereixen informació de persona són les **formes personals.** En canvi, hi ha formes del verb que no tenen morfema de persona. Són les que anomenem **formes no personals** del verb. Fixa't en les paraules següents:

recitar | recitant | recitat

Si preguntem «qui recita?» a cadascun dels tres verbs no trobarem resposta, ja que no tenen el morfema flexiu que ens informa de la persona que fa l'acció.

Les formes no personals d'un verb són tres:

Infinitu	**-ar**, **-er/-re**, **-ir**	cant**ar**, tém**er**, vend**re**, dorm**ir**
Gerundi	**-ant**, **-ent**, **-int**	cant**ant**, tem**ent**, dorm**int**
Participi	**-at**, **-ut**, **-it**, **-ès...**	cant**at**, tem**ut**, dorm**it**, ent**ès**

La forma de **participi** és l'única que expressa gènere i nombre; fixa't que s'assembla a un adjectiu: la màquina *espatllada.*

Fas servir correctament els **participis** dels *verbs cabre, saber i vendre?*

Singular		Plural	
Masculí	**Femení**	**Masculí**	**Femení**
espatll**at**	espatll**ada**	espatll**ats**	espatll**ades**

La forma d'**infinitiu** és la que s'utilitza per a anomenar els verbs. Quan volem buscar un verb al diccionari ho fem a partir de la forma d'infinitiu.

Verb **cantar**	Verb **témer**	Verb **vendre**	Verb **dormir**
cantaré	temeré	vendré	dormiré
cantava	temia	venia	dormia
cantem	temem	venem	dormim
cantaria	temeria	vendria	dormiria

Les perífrasis verbals

Les perífrasis verbals són expressions que funcionen com un verb. Estan formades per un **verb en forma personal** i un **verb en forma no personal.** Segons aquest últim, poden ser d'infinitiu, de gerundi o de participi:

He de fer els deures.
Perífrasi d'infinitiu

Estem preparant el sopar.
Perífrasi de gerundi

Ell és considerat el millor boxejador.
Perífrasi de participi

Formes simples, compostes i perifràstiques

Cadascuna de les tres conjugacions verbals té formes simples, compostes i perifràstiques:

Conjugacions verbals

Formes simples
Un sol verb: **arrel** + un **morfema flexiu** que informa sobre el nombre, la persona, el temps i el mode.
*interpret**arem**, interpret**àvem**, interpret**em***

Formes compostes
Dues formes verbals: forma personal del verb ***haver*** + **participi** del verb que es conjuga.
hem representat

Formes perifràstiques
Dues formes verbals: forma personal del verb ***anar*** (*vaig, vas, va...*) + l'**infinitiu** del verb que es conjuga.
vaig representar

La conjugació verbal

Un verb està format per una arrel i un morfema flexiu:

recit**em**	recit**àvem**	recit**arem**

recit- → **Arrel**

-em / -àvem / -arem → **Morfemes flexius**

Ens informen sobre la persona, el nombre, el temps i el mode del verb. Segons aquesta informació, el verb pren **formes diferents** (*recit**em**, reci**tàvem**, recit**arem***).

Així, **conjugar** un verb significa realitzar totes les combinacions possibles entre la base lèxica o arrel i els diversos morfemes flexius.

Cada conjugació té unes formes pròpies, que se solen exemplificar a partir d'un verb que funciona com a **model** (*cantar - témer - vendre - dormir - servir*).

> El conjunt de totes les formes que pot prendre un verb pel que fa a la persona, el nombre, el temps i el mode es coneix amb el nom de **conjugació.**

Recorda que l'infinitiu correspon a la manera que tenim d'anomenar els verbs. Segons com acabi aquest infinitiu, els verbs es conjugaran d'una manera o d'una altra.

Hi ha tres **models de conjugació:**

Primera conjugació	Infinitius acabats en *-ar.*	*cantar*
Segona conjugació	Infinitius acabats en *-er* o *-re.*	*témer i perdre*
Tercera conjugació	Infinitius acabats en *-ir.*	

Incoatius

Afegeixen *-eix* entre l'arrel i la terminació en algunes formes del present.

servir → *serveix*

Purs

No afegeixen *-eix* entre l'arrel i la terminació.

dormir → *dorm*

Verbs regulars i irregulars

Els verbs proposats com a exemple (*cantar, témer, perdre servir i dormir*) són verbs model. Tots els verbs que segueixen aquest model són els **verbs regulars:** mantenen la mateixa arrel en totes les seves formes i s'ajusten a la conjugació del verb model.

Si conjugues el verb *ballar*, veuràs que es tracta d'un verb regular perquè l'arrel es manté inalterable (*ball-*) i es conjuga exactament igual que *cantar*.

En canvi, hi ha alguns verbs que mostren canvis. Són els que anomenem **verbs irregulars;** per exemple, *anar* (*vaig, vas, va...*).

ACTIVITATS

Activitat interactiva

1. Digues quin pronom personal correspon a cada verb segons la flexió de nombre i persona:

> ballem - saltar - perdut - escolto - escriurà - caminat
> jugat - sortir - anirà

— De quins verbs no has pogut escriure pronom personal? Per què no has pogut? Quin tipus de formes del verb són?

2. Completa aquesta taula amb les formes no personals adients.

Infinitiu	Gerundi	Participi
penjar	...	...
...	...	perdut
...	dient	...
...	...	sortir
escriure	...	...
...	rient	...

3. Fes una llista amb els verbs en forma no personal del text següent i classifica'ls segons si són infinitius, gerundis o participis.

Les classes de la tarda començaven a les tres en punt. Tot i així, l'obertura de l'escola es produïa mitja hora abans, per això desenes d'alumnes, sobretot dels primers cursos, s'agombolaven davant la porta proveïts de pilotes de futbol i de bàsquet, tot esperant amb avidesa que el conserge, l'Anastasi, un senyor simpatiquíssim i amb una jovialitat ben curiosa en un home de gairebé seixanta-cinc anys, els obrís les portes per poder entrar als immensos patis de què disposaven. Un camp de futbol, dos de bàsquet, un de futbol sala i un de minibàsquet formaven unes instal·lacions envejables per a la resta de les escoles de la ciutat. L'Arnau, en Jordi, en Manu i en Jairo aprofitaven aquesta estona per fer algunes cistelles amb els altres companys, mentrestant les noies xerraven animosament amb altres alumnes al porxo de l'entrada, situat a un costat, davant de les pistes de bàsquet. Allò que caracteritzava la colla de l'Arnau era l'obertura als altres, no era un grup tancat, tan propi de l'adolescència, sinó totalment al contrari. Sempre estaven en contacte amb tots els alumnes i sempre amb bones relacions, això sí, exceptuant la colla del Freddie…

Toni Cotet i Masià, *I després de l'ESO, què?* edebé.

4. Si haguessis de buscar al diccionari el significat d'aquests verbs, en quina forma no personal ho faries?

a) Vol que **visualitzem** les diapositives que ha preparat.

b) Aquest any la Fatiha i tu **organitzeu** la festa de final de curs.

c) Feia temps que no **coincidíeu**, oi?

d) El sol **enlluernava** tant que no el vaig veure.

e) No t'hi **amoïnis**, Jose!

f) La Sara **ha dut** els llibres a la biblioteca.

5. Elabora cinc oracions inventades. Cada una ha d'incloure un verb…

a) … de la segona conjugació l'infinitiu del qual acabi en *-re*.

b) … de la primera conjugació en forma de gerundi.

c) … de la primera conjugació en forma de participi.

d) … de la tercera conjugació en forma d'infinitiu.

e) … de la primera conjugació en forma de participi amb valor d'adjectiu.

6. Inventa't, a partir de la imatge, un diàleg en el qual apareguin, com a mínim, dos verbs de cada conjugació i subratlla'ls.

— Una vegada ho hagis fet, indica'n la persona, el nombre, el temps i el mode.

7. Completa les oracions següents amb les formes adequades dels verbs que hi ha entre parèntesis:

a) Ja has omplert el maleter? T'hi han ... (*cabre*) totes les bosses?

b) Però on vols que pengi aquest quadre? En aquesta paret ja no hi ... (*cabre*) ni un quadre més!

c) Avui he ... (*saber*) que s'ha mort el pare del Jordi. Em sap molt de greu. Descansi en pau.

d) L'Alba n'està molt, de tu! Si ... (*saber*) com n'arriba a estar, d'enamorada, no haguessis dit això!

e) Com han anat les vendes al mercat, avui? Has ... (*vendre*) tot el peix, avui?

LES PARAULES INVARIABLES 52

Les paraules variables tenen morfemes que canvien segons la informació que donen, relacionada amb el gènere, el nombre, el temps, la persona, etc. En canvi, les **paraules invariables,** com el seu nom indica, **no canvien** mai de forma. Aquí veuràs tres tipus de paraules invariables: els **adverbis,** les **preposicions** i les **conjuncions.**

Els **adverbis** són paraules invariables que poden modificar verbs, adjectius, altres adverbis o oracions:

Vam arribar **tard**. — *tard* modifica el verb

Sempre sopa en aquest restaurant. — *sempre* modifica l'oració

En Joaquim estava **molt** cansat. — *molt* modifica l'adjectiu

Ho ha fet **molt** bé. — *molt* modifica l'adverbi

Sovint tenen significats relacionats amb nocions de temps, de manera, de lloc, de quantitat...:

LLOC	*aquí, lluny*	MANERA	*així, bé, ràpidament*
TEMPS	*tard, demà, avui*	QUANTITAT	*força, poc, molt*

Preposicions

Les **preposicions** són paraules invariables que indiquen la relació que hi ha entre paraules o entre sintagmes.

croquetes ← **de** → pollastre   ànec ← **amb** → peres

Són exemples de preposicions les paraules *a, amb, de, durant, entre, sense*... A vegades, hi ha grups de paraules que funcionen com a preposicions. Són les **locucions preposicionals:** *cap a, des de, davant de, a sota de, en contra de*...

Conjuncions

Les **conjuncions** són paraules invariables que connecten:

Altres paraules: Hi posaràs enciam **o** tomata, a l'amanida?

Sintagmes: Anirà al cinema amb la Clara **i** amb altres amics.

Oracions: Vaig descobrir **que** no havia vingut.

Adverbis de manera en *-ment*

Alguns adverbis de manera es formen amb el morfema ***-ment***, que sempre s'afegeix a la forma femenina d'un adjectiu: *ràpida* → *ràpidament* (fixa't en la posició de l'accent); *clara* → *clarament.*

Què passa quan algunes **preposicions** estan en contacte amb els articles?

No les confonguis!

Tant les ***preposicions*** com les ***conjuncions*** relacionen elements; per tant, cal que les sàpigues distingir bé. Per exemple, la **preposició *de*** necessita un sintagma nominal que la complementi: *de panses*. A la vegada, *de panses* fa de complement d'un altre element nominal: *pastís: Pastís [de [panses]]*

La preposició *de* mostra la relació que hi ha entre un sintagma nominal que li fa de complement (*panses*) i un que complementa (*pastís*).

Una **conjunció,** en canvi, funciona de **nexe** entre constituents, i, a diferència de les preposicions, no encapçala cap complement.

Activitat interactiva

ACTIVITATS

1. Llegeix aquest text i busca'n les paraules invariables. Com ho has fet, per saber quines ho són?

   A fora lluïa el cel primaveral d'Istanbul. La gent que passava pel carrer, encara embolcallada amb roba d'hivern, suava, però a les cases i a les botigues, sota els til·lers i els castanyers, continuava fent-hi fred. Aquella mena de fred també emanava del matalàs amb olor de florit en què ens estimàvem com infants feliços oblidant tot el que ens envoltava.

   Orhan Pamuk, *El museu de la innocència.*

2. Com mostrem a l'exemple, forma adverbis a partir d'aquests adjectius: *fred, càlid, suau, ràpid, sorprenent.*

   Justificat → *justificadament*

3. A les oracions següents, hi hem destacat els adverbis. Podries indicar a quin mot o a quins mots modifica cada un? I de quin tipus és l'adverbi, tenint-ne en compte el significat?

   a) La Sofia sempre arriba **tard**.
   b) Les fulles dels arbres queien **lentament** a terra.
   c) Ho farà molt **bé**, com sempre!
   d) Deixa les fitxes **aquí**.
   e) N'és **plenament** conscient.

4. Llegeix els dos exemples següents i explica'n la diferència de significat tenint en compte el tipus de paraules invariables que hi apareixen.

   Vull pastís i panses.   Vull pastís de panses.

53 L'ORACIÓ. TIPUS D'ORACIONS

Les paraules que fem servir quan ens comuniquem es combinen d'una manera organitzada i estructurada per a formar unitats superiors. Una d'aquestes unitats són els sintagmes; ara veuràs què són les oracions.

Què vol dir «sentit complet»?

La idea de *sentit complet* fa referència al fet que es tracta d'un **enunciat** independent que expressa una **declaració,** un **desig,** una **pregunta** o una **ordre.**

Una **oració** és un **conjunt estructurat** de paraules i de sintagmes que formen una unitat, que transmet un missatge amb **sentit complet** i que està format per dos constituents: el **subjecte** i el **predicat.** El nucli del predicat és un verb en forma personal.

Subjecte

És un **sintagma nominal** (SN) el nucli del qual **concorda** en nombre i persona amb el **verb.**

Exemple

El jardiner — rega les plantes.
3a pers. sing. — 3a pers. sing.

Predicat

És un **sintagma verbal** (SV) que aporta informació que s'atribueix al subjecte (**accions, propietats, estats** i **processos**).

Exemple

En Jaume agafa el mòbil de sobre de la taula. (accions)

El teu amic és molt pesat. (propietats)

L'escola romandrà tancada fins dilluns. (estats)

Les roses floreixen a la primavera. (processos)

En l'oració *El jardiner rega les plantes*, el subjecte és el SN «el jardiner». El nucli d'aquest SN, *jardiner*, és un nom que es refereix a una tercera persona del singular (*ell*). Fixa't que el verb, *rega*, està flexionat, també, en tercera persona del singular. Què passa si canviem la persona i/o el nombre d'un dels dos elements?

Què indica l'asterisc?

En lingüística, es fa servir l'asterisc (*) per a marcar aquells **enunciats** que **no** són **gramaticals,** és a dir, que no són conformes a les regles de la gramàtica.

*Els jardiners — rega les plantes.
3a pers. sing. — 3a pers. sing.

Que l'oració anterior deixa d'estar ben formada; deixa de ser gramatical (no es produeix la concordança).

Fixa't ara en aquestes altres oracions que hi ha a continuació. Si n'omples els buits, t'adonaràs que el subjecte hi és, però no apareix explícitament.

__ reguen les plantes. __ rego les plantes.

Tipus d'oracions segons la modalitat

Segons la **intenció** o l'**actitud** del parlant quan es comunica, les oracions tenen una **modalitat** o una altra. En aquest sentit, les oracions es classifiquen en els tipus següents: **declaratives, interrogatives, exclamatives** i **exhortatives.**

Modalitat	La intenció és...	Característiques	Exemple
Declarativa	Informar	• Verb en mode indicatiu. • Poden ser afirmatives o negatives.	*La Clàudia té son.* *La Clàudia no té son.*
Interrogativa	Demanar, preguntar	• Verb en mode indicatiu. • Poden ser **totals** o **parcials.** • Tenen una entonació especial.	*Què voldràs per sopar?* *Vindràs?*
Exclamativa	Manifestar sorpresa, admiració, rebuig...	• Verb en mode indicatiu. • Tenen una entonació especial.	*Que lent que ets!* *Que bé que neda!* *No vull pèsols!*
Exhortativa o imperativa	Manar, prohibir, aconsellar	• Verb en mode imperatiu o subjuntiu. • Poden ser afirmatives o negatives.	*No t'estiguis tanta estona sense fer res.* *Porta'm les llibretes!*

Oracions interrogatives

Les **interrogatives totals** pregunten sobre el contingut complet de l'oració i es poden respondre amb un *sí* o amb un *no: T'agrada la pluja?*

Les **interrogatives parcials** pregunten sobre una part de l'oració, i no es poden respondre amb un *sí* o amb un *no: Què vol la Jovita?*

Tipus d'oracions segons el verb

Les oracions també es classifiquen segons el **tipus de verb.** La majoria d'oracions que hem anat veient són **predicatives,** amb verbs que tenen un significat: *Rego les plantes; Salto; Les roses floreixen...* En canvi, aquelles oracions que contenen els verbs *ser, estar* i *semblar*, que presenten menys significat, s'anomenen **copulatives** o **atributives.**

D'acord amb això, es distingeixen dos grans tipus de verbs: els **copulatius** (*ser, estar* i *semblar*) i els **predicatius** (que són la resta de verbs):

Oracions copulatives

La Marina **és** riallera.
El professor **està** molt refredat.
La directora **sembla** contenta.

Oracions predicatives

La Marina **compra** ametlles.
El professor **explica** bé.
La directora **vindrà** d'excursió.

Les oracions copulatives

Com que el verb copulatiu té poc significat, les oracions copulatives sempre es construeixen amb un altre element que li completa el sentit:

En Joan ***està*** *malalt* (però no **En Joan està*).

En Joan ***és*** *molt espavilat* (però no **En Joan és*).

En canvi, els **verbs predicatius** tenen un **significat més complet.**

El subjecte pot no aparèixer...

En llengües com el català, moltes vegades el subjecte no apareix explícitament: és més habitual dir *Rego les plantes* que no pas *Jo rego les plantes*. En cada un dels exemples (*Reguen les plantes* i *Rego les plantes*) no és que no hi hagi subjecte, sinó que hi ha un **subjecte implícit** (amb què el verb concorda en tercera persona del plural, en el primer cas, i en primera persona del singular, en el segon).

...o no aparèixer en primera posició

Quan el **subjecte és explícit,** hem de tenir en compte que no sempre apareix en primera posició:

M'agrada la xocolata.   *Ens va obrir la porta la Txell.*

Activitat interactiva

ACTIVITATS

1. Relaciona els subjectes de la columna de l'esquerra amb els predicats de la columna de la dreta per formar oracions.

• El cactus amb punxes	• passeja amb tranquil·litat.
• En Dimitri	• m'agrada tant com l'altre.
• Aquelles tres vaques	• surten del cobert de davant.
• Les patates fregides	• és a la calaixera de l'habitació petita.
• La fotografia vella	• són més bones.

— Per què no has relacionat el subjecte *Aquelles tres vaques* amb el predicat *passeja amb tranquil·litat?*

2. Fixa't en els grups de paraules següents. Podries dir quines són oracions? Què és el que t'ha permès de saber-ho?

a) El pati moll de la pluja.

b) Encén el llum del passadís!

c) Al meu avi li agraden les novel·les de ciència-ficció.

d) La Petra menjant espaguetis amb salsa *pesto.*

— Converteix en oracions les que no ho són. Què has hagut de fer?

3. Observa aquest parell mínim. Un dels exemples està ben format però l'altre, no. Digues quin i per què.

La Bea parla de les seves vacances.

La Bea parlen de les seves vacances.

— Llegeix aquest altre. Totes dues oracions estan ben formades, però ara has de demostrar per què el sintagma nominal que apareix al començament no és el subjecte de les oracions.

La propera setmana farà l'examen.

Les properes setmanes faran l'examen.

4. Llegeix les oracions següents. Assenyala en cada cas el subjecte i el predicat i subratlla'n els nuclis. Digues en quina persona i nombre concorden, com en l'exemple:

— Recorda la noció de *subjecte el·líptic* i, també, que el subjecte no sempre es troba en primera posició.

Els veïns / mouen les cadires del centre cívic.
subjecte   predicat   Concorden en persona del plural

a) Nosaltres vindrem més aviat que vosaltres.

b) Ja he comprat els retoladors de colors.

c) La Yasmine va recitar molt bé el poema de Maria Mercè Marçal.

d) Abans, la gent no feia servir telèfons mòbils.

e) Voleu més mandonguilles?

f) La llum del sol no em deixa veure bé el paisatge!

5. Digues en quins casos el sintagma nominal *un company teu* fa de subjecte, i explica com ho has sabut.

a) He escrit una carta a un company teu.

b) Un company teu menja un entrepà.

c) M'agrada molt un company teu.

d) Sempre he odiat un company teu.

e) Aquesta redacció ha estat escrita per un company teu.

— Quin és el subjecte de les oracions que no tenen *un company teu* com a subjecte?

6. Escriu una oració que vagi bé amb cada imatge i indica quina modalitat oracional has fet servir en cada cas.

a

c

b

d

7. En Mamadu i la Judit volen anar al cinema aquest cap de setmana, i ara han quedat per decidir quina pel·lícula veuran. Escriu el diàleg que tenen, tenint en compte que hi han d'aparèixer, com a mínim, els tipus d'oracions que detallem a continuació, i assenyala-les:

a) Una oració declarativa amb un verb copulatiu.

b) Una oració declarativa amb un verb predicatiu.

c) Una oració interrogativa amb un verb copulatiu.

d) Una oració interrogativa amb un verb predicatiu.

e) Una oració exclamativa amb un verb copulatiu.

f) Una oració exclamativa amb un verb predicatiu.

g) Una oració imperativa.

COMPLEMENTS ARGUMENTALS I ADJUNTS

Un **nucli** és la paraula a l'entorn de la qual s'organitzen les altres paraules en un sintagma. En parlar de les oracions, has vist que un subjecte té com a nucli un nom i que un predicat té com a nucli un verb. Les unitats que acompanyen aquests nuclis s'anomenen **complements.**

> Un **complement** és un element que depèn d'un altre i en dona informació important.

Fixa't en l'oració següent:

L'amic de la Vinyet vol taronges.

El **subjecte** de l'oració és el sintagma nominal *l'amic de la Vinyet.*

El nucli d'aquest sintagma nominal és *amic.* Per tant, *de la Vinyet* és un complement del nom *amic:*

l'**amic** de la Vinyet
nucli nom — complement del nom

El **predicat** és el sintagma verbal *vol taronges.*

El nucli d'aquest sintagma verbal és *vol.* Per tant, *taronges* és un complement del verb *vol:*

vol taronges
nucli verb — complement del verb

Els **complements** poden ser de dos tipus:

Argumentals	La seva presència és **necessària.**	L'amic de la Vinyet **vol taronges**. El complement del verb és **necessari** per a completar el sentit del verb: **L'amic de la Vinyet vol.* El verb *voler* necessita un complement.
Adjunts	La seva presència és **opcional** (afegeixen informació addicional).	L'amic de la Vinyet ha trucat **fa un moment**. El complement del verb **no és necessari** per a completar el sentit del verb: *L'amic de la Vinyet ha trucat.*

Malgrat que tots els tipus de nuclis tenen complements (i per això hi ha complements del nom, de l'adjectiu, etc.), aquí ens centrarem en els complements del verb. N'hi ha de molts tipus, però de moment n'estudiaràs tres: el **complement directe,** el **complement indirecte** i el **complement circumstancial.**

El complement directe

És **argumental;** la seva presència és **obligatòria.**

El reconeixem perquè el podem substituir per *el, la, els* o *les* si és determinat, o *en* o *ho* si és indeterminat:

Els teus cosins volen el patinet. → Els teus cosins el volen.

Els teus cosins volen pomes. → Els teus cosins en volen.

Els teus cosins volen això. → Els teus cosins ho volen.

El complement indirecte en plural

Tot i que en registres formals i per escrit el complement indirecte en plural es pronominalitza per ***els,*** oralment se sol pronominalitzar per ***els hi:***

Els va enviar un paquet. → ***Els hi*** *va enviar un paquet.*

Recorda, però, que ***per escrit*** has de fer servir la forma *els*.

El complement indirecte

És **argumental,** la seva presència és **obligatòria.**

El reconeixem perquè va precedit de la preposició *a* i es pot substituir pels pronoms *li, els:*

Va enviar un paquet a en Marc. → Li va enviar un paquet.

Va enviar un paquet a les tietes. → Els va enviar un paquet.

El complement circumstancial

És un **adjunt:** la presència d'aquest complement és **opcional.**

Per tant, afegeix **informació addicional.** Si eliminem els segments destacats, l'oració encara té sentit; és perquè els fragments destacats són complements circumstancials:

Avui tocaré la guitarra quan surti de l'institut. → Tocaré la guitarra.

El camió va bolcar sobtadament a l'autopista. → El camió va bolcar.

Fixa't que, a diferència del que passa amb els complements circumstancials, si intentem eliminar els complements directes i indirectes, les oracions no tenen un sentit complet:

Els teus cosins volen <u>aquell joc nou</u>. → *Els teus cosins volen.

Va enviar <u>un paquet</u> <u>a en Marc</u>. → *Va enviar.

Activitat interactiva

ACTIVITATS

1. Llegeix les oracions següents. Indica'n el subjecte i el predicat i subratlla'n el nucli. Tenen complements, aquests nuclis? Assenyala'ls també.

   a) Els ànecs de l'estany neden tranquil·lament.

   b) La Cèlia regala dibuixos a la seva germana.

   c) La Sílvia i la Maria comparteixen un entrepà al pati.

   d) L'amic d'en Xavier menjarà peix al restaurant.

2. Copia els predicats de les oracions anteriors i determina quins complements del verb són argumentals i quins són adjunts.

   — Quins són complements directes, indirectes i circumstancials?

3. Completa les oracions següents amb els complements indicats. Fixa't en l'exemple:

   En Jordi escriu [un complement directe i un complement indirecte].

   En Jordi escriu *<u>cartes</u>* *<u>a la Cristina</u>*.
   CD CI

   a) La Farzana regala [un complement directe i un complement indirecte].

   b) La Carla condueix [un complement directe i un complement circumstancial].

   c) En Francesc prepara [un complement directe i un complement circumstancial].

   d) En Karim regala [un complement directe, un complement indirecte i un complement circumstancial].

4. Observa aquesta oració:

   La Maria portarà els pastissos demà.

   — Tenint en compte l'oració anterior, mira ara el parell d'exemples següent i digues quina de les dues oracions no està ben formada i per què:

   La Maria portarà demà. *La Maria portarà els pastissos.*

SONS I GRAFIES 55

Quan parlem emetem **sons,** i quan els volem escriure, ho fem mitjançant **lletres.**

Com **sonen?**

Cada llengua representa els sons fent servir unes lletres diferents i la correspondència entre els sons i les lletres no és exacta.

Fixa't en les vocals destacades en negreta de les paraules següents. Les **cinc grafies** *(a, e, i, o, u)* representen **vuit sons** en alguns llocs del territori català.

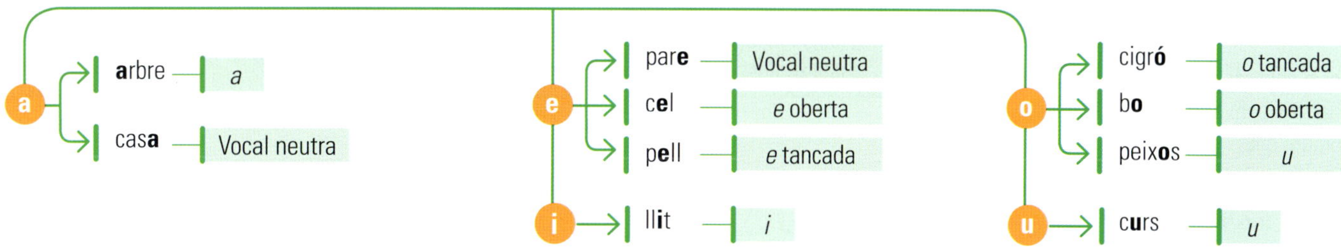

— Ara, llegeix aquestes paraules i fixa't en les consonants destacades:

* En alguns llocs del territori català, la *b* i la *v* sonen diferent.

Lletres	Paraules	
s / ss / c / ç	**s**aler, pa**ss**arà, **c**irera, pla**ç**a	**Un mateix so** es pot representar amb **lletres diferents.**
s / z	co**s**a, **z**ebra	
b / v*	ca**b**ell, **v**ell	
g	**g**irafa, **g**oril·la	**Una mateixa lletra** pot representar **sons diferents.**
x	ta**x**i, e**x**amen	
h / r / t / p / b	**h**ora, mocado**r**, can**t**, llam**p**, tom**b**	Algunes **lletres no es pronuncien** (*h*) i d'altres no es pronuncien en uns determinats contextos. Són grafies mudes.

ACTIVITATS

Activitat interactiva

1. Classifica els mots que tens a continuació segons si el so de la grafia que apareix en negreta sona com:

ceba	bar**c**a	ro**s**a	**J**ordi	**gu**erra
.....	.....	.....	.....	.....

ro**ss**e**j**ar - **qu**ilo - col**z**e - **j**urista - **c**endra - **g**at - pu**ç**a
vi**s**ió - **qu**asi - **g**ener - **z**ona - **g**rip - ca**s**a - **c**arro
saber - **gu**ineu - in**j**ecció - **j**ardí - **g**orra

2. Busca altres paraules que segueixin cadascun dels casos de la taula que tens a l'explicació:

- Un mateix so es pot representar amb lletres diferents.
- Una mateixa lletra pot representar sons diferents.
- Algunes lletres no es pronuncien en uns determinats contextos.

3. Les diverses llengües representen els sons amb lletres diferents.

— Busca com s'escriuen les paraules *nit, llibre, paraula* i *any* en castellà, en francès i en italià. Després, compara les lletres que utilitzen.

català	castellà	francès	italià
muntanya	*montaña*	*montagne*	*montagna*
nit	.....	.....	.....
llibre	.....	.....	.....
paraula	.....	.....	.....
any	.....	.....	.....

— Pots buscar aquests mots en diccionaris i traductors en línia com ara Softcatalà.

56 SÍL·LABA I DÍGRAFS

La partició de mots a final de línia

Cadascun dels cops de veu amb què emetem una paraula s'anomena **síl·laba.** Quan una síl·laba es pronuncia amb més intensitat que la resta, parlem de síl·laba **tònica (T).** Les altres són **àtones (A):** *cara* ⟶ ***ca*** - *ra* **(T)** (A)

Segons el nombre de síl·labes, les paraules poden ser:

Monosíl·labes (una síl·laba)	Polisíl·labes (més d'una síl·laba)			
	Bisíl·labes (2 síl·labes)	**Trisíl·labes** (3 síl·labes)	**Tetrasíl·labes** (4 síl·labes)	**Pentasíl·labes** (5 síl·labes)
sol	so-la	so-li-tud	so-li-da-ri	so-li-da-ri-tat
llum	llu-mí	llu-mi-nós	il-lu-mi-nar	llu-mi-no-si-tat

En alguns casos, per a representar un so necessitem un grup de lletres. Aquest grup s'anomena **dígraf** *(ll, rr, tx...).* Alguns d'aquests dígrafs es poden separar i d'altres no.

Dígrafs que SE SEPAREN

- rr → ca**r-r**o
- ss → pa**s-s**ar
- tg → ju**t-g**e
- tj → pla**t-j**a
- dj → a**d-j**ectiu
- ts → po**t-s**er
- tx → co**t-x**e
- tz → a**t-z**ar
- ix* → pe**i-x**os
- sc → e**s-c**ena

Dígrafs que NO SE SEPAREN

- gu → pa-**gu**es
- ll → ca-**ll**ar
- ny → pi-**ny**a
- qu → ra-**qu**e-ta
- A fi de mot: ig (bo**ig**) i tx (em-pa**tx**)

Partició de paraules a final de línia

Per a separar les síl·labes d'una paraula quan arribem a final de línia, cal tenir en compte que:

- Hem de separar correctament els dígrafs: to**r-**/**r**e fle**t-**/**x**a.
- Hem de substituir el punt volat per un guionet quan la paraula porta ela geminada (*l·l*): cel-/la col-/legi.
- No es pot deixar **cap vocal sola** ni a començament ni a final de línia; si hi ha un apòstrof, no es pot partir per l'apòstrof: **l'a-**/vió **d'a-**/ra.

El dígraf *ix*

El dígraf *ix* situat a final de paraula no es pot separar: *ca-la**ix**, pe**ix***.

* Tingues en compte, però, que en alguns dialectes del català, *ix* no és un dígraf perquè la *i* es pronuncia.

Activitat interactiva

ACTIVITATS

1. Treu la síl·laba tònica de cadascuna d'aquestes paraules i obtindràs una altra paraula.

   Per exemple: *mar**car*** ⟶ *mar*

   màscara - gavina - paper - gerani
   jugador - cotilla - purgar

2. Escriu una oració per a cadascuna d'aquestes paraules on se'n vegi clarament el significat.

   - ànima - anima
   - òpera - opera
   - cèlebres - celebres
   - còpies - copies

3. Escriu dues paraules que continguin cadascun dels dígrafs següents.

   - ny • ll • ss • rr • tg • gu
   - qu • gu • tx • ix • tj • ts

4. Indica de quantes maneres diferents podries separar aquests mots si es trobessin a final de línia.

   Exemple: *arraco-nat* *arra-conat* *ar-raconat*

   arruga - passador - enginyer - pallissa - aixeta - metge
   petjada - matxucar - piscina

DIFTONGS I HIATS 57

Diftongs

Quan dues vocals seguides, una de les quals és una ***i*** o una ***u*** àtones, es pronuncien dins d'una mateixa síl·laba es produeix un **diftong.** Hi ha dos tipus de diftongs:

Diftongs decreixents

Es formen quan la *i* o la *u* àtones es troben **darrere d'una altra vocal.**

ai →	*mai*	**eu** →	*veu-re*
ei →	*re-mei*	**iu** →	*viu-re*
oi →	*noi*	**ou** →	*pou*
ui →	*cui-na*	**au** →	*pau*
uu →	*duu*		

Diftongs creixents

Es formen quan la *i* o la *u* àtones es troben **davant d'una altra vocal** en els casos següents:

Precedides de ***q*** o ***g***:

gua →	*gual*	**qua** →	*pas-qua*
güe →	*ai-gües*	**qüe** →	*fre-qüent*
güi →	*in-güí*	**qüi** →	*a-de-qüi*
guo →	*pa-rai-guot*	**quo** →	*quo-ta*

A principi de mot: ***io**gurt*, ***ie**n*, ***io**ga*, ***ia**ia*, ***io**de*, ***io**t*, ***hie**na*, ***hia**t*...

Entre vocals: *du**ia***, *vè**ie**m*, *re**ia***, *no**ia***, *ia**ia***, *cla**ue**r*, *se**ue**n*, *cre**ua**r*...

Cal tenir en compte que quan la *i* o la *u* precedeixen una altra vocal a principi de paraula o bé es troben entre dues vocals, representen un so consonàntic.

Hiats

Anomenem hiat la combinació de **dues vocals** que **no formen diftong** perquè pertanyen a síl·labes diferents. Per exemple:

- d**i** - **a** - ri / d**i** - **e** - ta / i - d**i** - **o** - ma
- d**u** - **a** - na / cr**u** - **e**l - tat / s**u** - **a** - vi - tat
- g**e** - **o** - gra - f**i** - **a** / g**a** - **è** - lic / me - t**e** - **o** - rò - leg

Juntes o separades?

Activitat interactiva

ACTIVITATS

1. Separa en síl·labes les paraules següents i classifica-les segons que continguin un diftong o un hiat.

peu - xiular - biblioteca - llauna - feina - lingüística
pàtria - quantitat - Maria - duus - euga - truita - aire
aguantar - freqüent - aeroport - niu - aula - Oriol
sauna - Elies - violí - memòria - estudies - ciència - iaia

Diftongs	Hiats
peu	bi-bli-o-te-ca
...	...

2. Classifica els mots amb diftong de l'activitat anterior segons que tinguin un diftong decreixent o creixent:

Diftongs decreixents	Diftongs creixents
peu	lingüística
...	...

3. Digues com partiries cada una de les paraules següents si a l'hora d'escriure-les et quedessin a final de ratlla:

empeny - traieu - llonganisses - atzar - prioritari - classe

4. DICTAT Escolta i fes el dictat.

L'ACCENTUACIÓ

Canvi de significat

Sovint trobem paraules que tenen significats diferents segons la síl·laba en què recau l'accent. Per exemple: ***à**nima*, ***càr**rega*, ***fór**mula*... (esdrúixoles), *a**ni**ma*, *car**re**ga*, *for**mu**la*... (planes); *ani**mà***, *carre**gà***, *formu**là***... (agudes).

Llegeix aquest text i fixa't en els mots destacats. Per què n'hi ha dos que s'accentuen i, en canvi, un altre que no?

> Aquest cotxe es **fabrica** a la nostra **fàbrica**.
>
> L'altre model es **fabricà** l'any passat.

La síl·laba tònica d'una paraula es marca amb la intensitat de la veu *(fa**bri**ca)* i, a més, amb un accent gràfic quan ho indiquen les normes ortogràfiques *(**fà**brica, fabri**cà**)*.

En català, aquest **accent gràfic** pot ser:

- Obert o greu (`) → **à**nima
- Tancat o agut (´) → pastí**s**

L'accent gràfic en català es col·loca de la manera següent:

- Damunt de la vocal *a* l'accent és sempre obert: **à**.
- Damunt de les vocals *i*, *u* l'accent és sempre tancat: **í**, **ú**.
- Damunt de les vocals *e, o* l'accent pot ser obert o tancat: **è**/**é**, **ò**/**ó**.

Recorda que les **normes ortogràfiques** són les següents:

Agudes

Darrere síl·laba tònica.

S'accentuen quan acaben en:

- A E I O U
- AS ES IS OS US
- EN IN

Jardí, cabàs, Berlín...

Planes

Penúltima síl·laba tònica.

S'accentuen quan **no** acaben en:

- A E I O U
- AS ES IS OS US
- EN IN

Núvol, plàstic, dòcil...

Esdrúixoles

Antepenúltima síl·laba tònica.

S'accentuen

- Sempre:

Ceràmica, música, històrica, ètica, gàbia, família...

Obert o **tancat?**

Accentuació de la *e* i de la *o*

Les vocals *e* i *o* poden ser **obertes** o **tancades** segons la manera com es pronuncien. La seva accentuació segueix les normes establertes.

La pronunciació oberta sona com:

> m**e**l - esp**è**cie - **è**tica - c**e**l - s**e**t
> s**o**l - c**ò**smic - l**ò**gica - c**o**r - d**ò**lar

La pronunciació tancada sona com:

> d**e**nt - nom**é**s - t**é**mer - esgl**é**sia - pr**e**c
> balc**ó** - c**ó**rrer - t**ó**mbola - d**o**lç - c**o**nte

Damunt de les vocals ***e*** i ***o*** l'accent gràfic pot ser obert (`) o tancat (´), segons si la pronunciació és oberta o tancada.

Activitat interactiva

ACTIVITATS

1. Agrupa aquestes paraules segons el nombre de síl·labes.

- torneig
- escanejar
- col
- arquitectura
- sol
- bossa
- canya
- il·lusionat
- dissenyar
- conflictivitat
- esquirol
- corredissa

1 síl·laba	2 síl·labes	3 síl·labes	4 síl·labes	5 síl·labes
....	....	....	....	....
....	....	....	....	....

2. Separa en síl·labes els mots següents. Tingues en compte els diftongs, els hiats i els dígrafs.

gual - diari - aigües - remei - duana - carretera
geografia - cuina - aeroport - viure - ambigüitat
platja - piscina - canya - pou - quota

3. Subratlla la síl·laba tònica de cadascuna d'aquestes paraules.

Maria - meravella - carril - cartografia
examen - pensar - sol·licitud

4. Subratlla la síl·laba tònica de cada paraula i uneix-les per tal de formar una paraula nova amb sentit propi. Fixa't en l'exemple.

casa - pare: capa

a) pinya - raça - taca: ....

b) pica - rata - mida - bodega: ....

c) pala - aleta - tapa: ....

d) música - cavaller: ....

e) prova - festa - invasor: ....

f) campana - manera - barana: ....

5. Assenyala la síl·laba tònica d'aquestes paraules i classifica-les segons si són agudes, planes o esdrúixoles.

física - estatut - música - xiulet - demència
turisme - àguila - inventor - silenci - aplaudir
papallona - sucre - desgràcia - esdrúixola
formiga - embolic - tampoc - dissabte

Agudes	Planes	Esdrúixoles
....	....	*física*

6. Busca en aquest text set paraules agudes, set de planes i set d'esdrúixoles.

El cotxe havia superat totes les proves mecàniques. Estava llest per a la primera cursa del campionat de Fórmula 1. Els espectadors estaven segurs del seu èxit. La desgràcia, però, arriba sense avisar. Els telenotícies havien advertit que tota la província passaria el cap de setmana sota una forta depressió atmosfèrica, i la primera tempesta va ser puntual. L'asfalt es va convertir en una pista de patinatge i el nostre pilot, sense l'experiència suficient, va sortir de la carretera a la cinquena volta.

7. Les paraules d'aquesta activitat són planes. Recorda les normes que has treballat i respon raonadament:

— Per què aquests mots porten accent?

convèncer - exàmens - cànon - correguérem
bolígraf - núvol - semàfor - plàtan - pèsols

— Per què aquests mots no en porten?

castanyes - guitarra - globus
examen - rellotge

8. Accentua, quan calgui, aquestes paraules agudes.

- sabo
- Ramon
- festiu
- clavell
- pagar
- mullat
- apren
- esquis
- reves
- electricitat
- quedaran
- germa
- llumi
- cortes
- permis
- femeni

ACTIVITATS

9. Explica, en cada cas, la norma per la qual els mots de la columna **A** porten accent i els de la **B** no.

A	B
tàctil	origen
rústic	entenguin
exàmens	aigua
telèfon	examen
plàtan	oncle
anàveu	pares

10. Posa els accents necessaris en aquestes paraules planes.

diposit - motxilla - princep - rapid
microfon - Pasqua - examens - avi
fenomen - hipopotam - organ - poesia
dificil - cervol - simi - neixer

11. Completa aquestes paraules esdrúixoles amb la síl·laba adient i escriu-les correctament.

à - pà - llàs - quí - tí - lò - nàs
gèn - àr - dà - rèn - fà

- co....nia
- cen....metre
- ....mica
- san....lies
- ....tria
- ....brica
- ....bitre
- gim....tica
- ur....cies
- dife....cia
- ....via
- ....tima

12. Escriu dues paraules que continguin cadascun dels casos indicats.

à	è	é	í	ò	ó	ú
...	...	...	...	...	...	...
...	...	...	...	...	...	...

13. Classifica aquests mots i afegeix-hi l'accent en els casos en què convingui:

cotxe - paquet - abric - plujos - cientific
huma - bossa - album - industria - masia
solida - renyar - matalas - intim - fisica
constel·lacio - ordinador - comic - ametller
area - musica - pallasso - telefon
municipi - autobus

Agudes		Planes		Esdrúixoles
Amb accent	Sense accent	Amb accent	Sense accent	
...	...	...	...	...

14. Pronuncia les paraules en veu alta i després classifica-les segons si les vocals tòniques *e* i *o* són obertes o tancades.

e
entès - pretén - tres - teula és - fent - digués - fes - imprès església - conèixer - plec

o
conjunció - dos - respost córrer - mussol - nom - cordó fos - gros - tauró - amor - arròs

e oberta	*e* tancada	*o* oberta	*o* tancada
entès	...	...	...

15. Agrupeu-vos a classe en equips de quatre membres per tal de crear diferents «brigades ortogràfiques».

— Volteu, cada «brigada», per la vostra localitat per tal de controlar si l'accentuació en els rètols de les botigues és correcta.

— Fotografieu els rètols on trobeu un error d'accentuació i porteu la fotografia a classe.

— Justifiqueu cadascuna de les fotografies explicant per què hi ha una incorrecció.

16. DICTAT Escolta i fes el dictat.

L'ACCENT DIACRÍTIC

Anomenem **diacrític** l'accent que posem damunt d'una paraula monosíl·laba per tal de **diferenciar-la** d'una altra que s'escriu igual però que té un significat diferent. Fixa-t'hi:

Amb accent o **sense?**

Aquest **mes** farà dues conferències. — Una de les dotze divisions de l'any.

L'any que ve farà cinc conferències **més**. — Indica que en una comparació una cosa és superior a una altra en quantitat o en qualitat.

Les paraules destacades (***mes*** i ***més***) només es diferencien perquè n'hi ha una que porta un accent, encara que, en principi, els monosíl·labs no s'accentuen.

Activitat interactiva

ACTIVITATS

1. **Busca en aquestes oracions les paraules amb accent diacrític i mira de trobar després les seves parelles sense accent.**

a) En el món actual la tecnologia ha pres un paper important.

b) El teu cafè no té sucre.

c) El meu gos deixa pèl per tota la casa.

d) Són les vuit del vespre.

e) La Núria té la mà ben inflada.

f) El monoteisme és la creença en un sol déu.

g) He d'estudiar més, perquè encara no m'ho sé.

h) La geologia estudia el sòl i la seva composició.

— Explica el significat de cada parella de paraules.

2. **Escriu dues oracions amb cadascuna d'aquestes parelles de paraules en què quedi clar el seu significat:**

Exemple: *és / es*

L'Àlex ***és*** *a la Costa Brava de vacances.*

L'avi Enric ***es*** *pensava que avui era el meu aniversari.*

- són / son
- déu / deu
- sòl / sol
- ús / us
- sé / se
- sí / si

3. **Omple els buits amb el mot corresponent:**

a) .... diu Anna i .... una companya de classe (*és/es*).

b) No ..... pas si .... sabrà mai el que va passar (*sé/se*).

c) ..... que sembla, li ha caigut el ..... (*pèl/pel*).

d) ..... he d'explicar bé quin ..... li heu de donar (*ús/us*).

4. **Escriu el mot que representa cada una d'aquestes imatges. Alguns d'aquests mots tenen accent diacrític i d'altres no.**

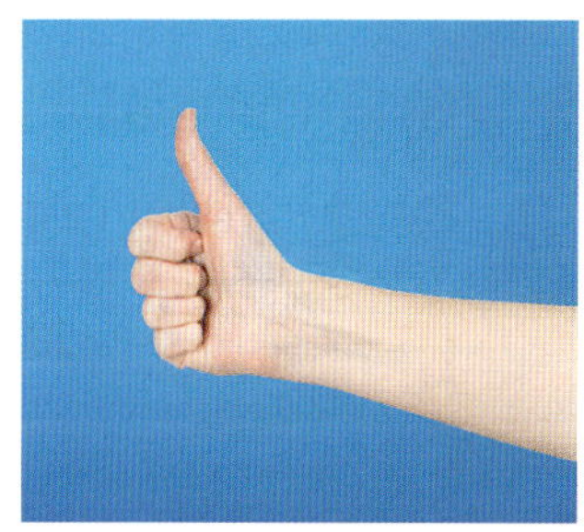

5. **Relaciona les paraules de l'esquerra i de la dreta amb el seu significat.**

	Significat	
	xai	
	divinitat	
déu	correcte	deu
sòl	terra	sol
bé	cavitat	be
sí	afirmació	si
	nombre	
	astre	

60 LA DIÈRESI

Qüestió de **dièresi**

És un **signe gràfic** (¨) que en alguns casos posem a la ***i*** (*ï*) i a la ***u*** (*ü*) per a indicar:

- Que hem de pronunciar la ***u*** dels grups ***qüe***, ***qüi***; ***güe***, ***güi***: ***qües****tió*, *a****qüí****fer*; *se****güe****nt*, *pin****güí****...*

- Que la ***i*** o la ***u*** no formen diftong amb la vocal anterior, és a dir, que es pronuncien en síl·labes diferents (formen hiat): *raïm*, *veïna...*

Aquesta norma té algunes excepcions. Fixa-t'hi:

Excepcions

- Les paraules en què la ***i*** o la ***u*** duen accent, seguint les regles d'accentuació: ***suís***, ***país***, ***veí***, ***traduíem****...*
- Els mots acabats en els sufixos ***-isme***, ***-ista***: *ego****isme***, *ego****ista****...*
- Els mots compostos amb els prefixos ***anti-***, ***contra-***, ***co-***, ***re-***... seguits de ***i***, ***u***: *anti-inflamatori*, *contraindicar*, *coincidir*, *reunió...*
- Els mots amb les terminacions llatines ***-us***, ***-um***: *Màri****us***, *aquàri****um****...*
- Les terminacions dels verbs de la tercera conjugació en les formes d'infinitiu, gerundi, futur i condicional no porten mai dièresi: *condu****i****r*, *condu****i****nt*, *condu****i****ràs*, *condu****i****ria...*

Activitat interactiva

ACTIVITATS

1. Posa dièresi quan calgui en aquestes paraules:

obliquitat - Pasqua - pinguins - llengua - terraqui
paraigues - questió - guerra - guinyol - unguent
piragua - bilingue - quiosc - ambiguitat - quocient

2. Completa aquestes oracions amb la paraula adient de cada parella. Utilitza el diccionari quan calgui.

reina/reïna

- La .... de Suècia ha arribat a Catalunya envoltada d'un nombrós seguici.
- L'escorça de l'arbre ha quedat ben impregnada de ....

fruit/fruït

- Els nois de l'esplai han .... amb l'actuació d'en Tortell Poltrona.
- El .... de la palmera és el dàtil.

beneit/beneït

- El mossèn ha .... les palmes i els palmons de tots els nens i nenes.
- En Jan és un .... perquè fa les coses sense pensar.

3. Explica per què *veí, suís, país* i *Lluís* porten accent i, en canvi, *veïna, Suïssa, països* i *Lluïsa* porten dièresi. Justifica la resposta en cada cas.

4. Escriu les formes d'infinitiu, gerundi, participi i la primera persona del condicional i del futur de les següents formes verbals:

condueixo - tradueixo - agraeixo

5. Posa dièresi quan calgui en aquestes paraules:

• cafeina	• viure	• blau
• feina	• pinguí	• peuc
• geniut	• peus	• raim
• de reull	• gaire	• mainada
• ucrainès	• peulla	• neu

6. DICTAT Escolta i fes el dictat.

LES VOCALS *A/E* ÀTONES

Les vocals *a* i *e* en posició àtona, en una part important del domini lingüístic català, es pronuncien totes dues com a **vocal neutra.** Aquest fet pot portar a confusió a l'hora d'escriure. Per a evitar-ho, cal conèixer les regles ortogràfiques.

Amb a o amb e?

A final de noms i adjectius

FINAL

Escrivim ***e*** en els masculins i ***a*** en els femenins.

Masculins: alumn**e**, negr**e**, rellotg**e**, quadr**e**

Femenins: alumn**a**, negr**a**, plaç**a**, cas**a**

El plural sempre s'escriu amb ***-es***: *alumn**es**, mestr**es**, par**es**, cas**es**, rellotg**es**, plac**es**...*

En passar del singular al plural de vegades es produeixen canvis ortogràfics.

Plurals

- ***-ca*** → ***-ques***: *barca, barques; vaca, vaques*
- ***-ça*** → ***-ces***: *adreça, adreces; plaça, places*
- ***-ga*** → ***-gues***: *arruga, arrugues; formiga, formigues*
- ***-gua*** → ***-gües***: *aigua, aigües; llengua, llengües*
- ***-qua*** → ***-qües***: *obliqua, obliqües; Pasqua, pasqües*
- ***-ja*** → ***-ges***: *esponja, esponges; granja, granges*

Excepcions

— **Masculins acabats en *-a*:** *dia, mapa, goril·la, trapella, titella...*, i també mots acabats en:

-arca: *monarca, jerarca...*
-ista: *ciclista, dentista, flautista...*
-cida: *insecticida, homicida...*
-ma: *drama, enigma, poema...*
-ta: *atleta, planeta, poeta...*

— **Femenins acabats en *-e*:**

base	*imatge*
calvície	*intempèrie*
Carme	*Irene*
catàstrofe	*llebre*
classe	*mare*
efemèride	*sèrie*
febre	*superfície*
frase	*torre...*

A l'interior de noms i adjectius

DINS

Si dubtem a l'hora d'escriure un mot amb vocal neutra, ens cal buscar una paraula de la mateixa família en què **la vocal estigui en posició tònica.** D'aquesta manera, podem saber si la vocal neutra s'escriu amb a *o* amb *e*. Observa aquests exemples:

Escrivim...	Perquè prové de...
p**e**uada, p**e**uàs, p**e**uet, p**e**üc...	*p**e**u*
t**a**uleta, t**a**ulell, t**a**uló, ent**a**ular...	*t**a**ula*
t**e**rreny, t**e**rrós, t**e**rrassa, at**e**rra...	*t**e**rra*

Usa el diccionari!

Podem trobar paraules que no segueixen aquestes normes. Per a saber amb quina vocal s'escriuen, cal utilitzar el diccionari. Per exemple:

- S'escriuen amb ***a***: *ambaixada, assassí, avaluar, avantatge, avaria, davant, ramat, rancor...*
- S'escriuen amb ***e***: *albercoc, ànec, enyorar, espàrrec, meravella, monestir, sergent, treball...*

Excepcions

Les formes verbals *corr**e***, *obr**e***, *ompl**e*** i *vin**e*** representen la vocal neutra amb la grafia *e* malgrat que és l'última lletra del mot.

A final de verb

FINAL

Escrivim ***e*** si la vocal neutra és la **penúltima** lletra del verb:

tu parl**e**s   nosaltres sortí**e**m   ells pens**e**n

Escrivim ***a*** si la vocal neutra és l'**última** lletra del verb:

ella xiul**a**   jo anav**a**   ell pens**a**

A l'interior de verb

DINS

Per a saber si hem d'escriure *a* o *e*, cal recórrer a la **tercera persona** del **singular** del **present d'indicatiu:**

Escrivim...	**Perquè...**
m**a**narà	ell m**a**na
t**a**ncàvem	ell t**a**nca
tr**e**ncar	ell tr**e**nca

Activitat interactiva

ACTIVITATS

1. Identifica el gènere d'aquests noms i escriu-hi *a* o *e* al final, segons el que correspongui.

- mar....
- fetg....
- tigr....
- pebr....
- car....
- sucr....
- fust....
- object....
- cotx....
- escal....
- rellotg....
- don....

2. Assenyala les vocals neutres que trobis en aquests noms i adjectius i escriu-los en plural. Compte amb els canvis ortogràfics que s'hi poden produir!

a) Una llesca ben torrada.

b) L'adreça correcta del mestre.

c) Una llengua minoritària.

d) La piga molt lletja.

e) Una taronja àcida.

f) Una bona i sonada Pasqua.

g) L'aigua fresca.

h) Una peça sensible.

3. Les paraules que formen aquesta tirallonga han perdut la vocal neutra final. Descobreix-les i escriu-les correctament.

FUSTTARONJBRANCPIANISTCATÀSTROF
CASERNCONTACTDIPLOMIMATGAMPOLL

4. Completa aquests mots amb *a* o amb *e*. Per fer-ho, busca en el requadre un mot de la mateixa família en què la vocal neutra ocupi una posició tònica.

ferro - clar - llest - taula - peu - pa - cendra - dent
franc - tendre - fred - paper - blau - barba - drap

- fr....dor
- p....net
- p....üc
- fr....nquesa
- dr....paire
- t....ndresa
- t....ulell
- enll....stir
- b....rber
- d....ntista
- cl....ror
- bl....vor
- c....ndrer
- pap....rina
- f....rreteria

5. Identifica el gènere d'aquests mots i completa'ls amb *a* o amb *e*. Després, classifica'ls en una taula com la que hi ha a continuació:

- poem....
- enigm....
- titell....
- llebr....
- fras....
- intempèri....
- sèri....
- febr....
- llibr....
- llun....
- closc....
- mar....
- pirat....
- program....
- torr....
- problem....
- mobl....
- catàstrof....
- cercl....
- aul....

	S'escriuen amb *a* final	S'escriuen amb *e* final
Mots masculins	...	...
Mots femenins	...	...

ACTIVITATS

6. Completa els mots amb *a* o amb *e* tenint en compte una paraula de la mateixa família que tingui el so vocàlic en posició tònica. Fixa't en l'exemple:

*Ahir va fer una **ve**ntada espectacular.* ⟶ ***ve**nt*

a) Farem una excursió per aquella s....rralada.

b) No siguis tan p....sat!

c) Els obrers acaben la reforma de la t....ulada.

d) Hem regalat a la Maria una p....nera original.

e) Al Joan li agrada mirar els animals del t....rrari.

f) Heu vist aquest ll....mpec?

7. Ordena les lletres de cada conjunt i trobaràs sis verbs que acaben en vocal neutra.

Exemple: R-U-E-C-A ⟶ *caure*

E-E-R-U-B | N-R-P-E-D-E-R | O-R-M-E-U

S-I-C-E-R-U-E-R | R-U-E-E-S

8. Digues si les afirmacions següents són vertaderes o falses:

a) Totes les vocals *a* i *e* en posició àtona es pronuncien com a vocal neutra.

b) Escrivim *e* en els masculins i *a* en els femenins.

c) Les paraules *base, classe* i *febre* són masculines perquè acaben en *-e*.

d) Les paraules *mapa, dia* i *problema* són masculines, però s'escriuen amb *-a* perquè són excepcions a la norma.

e) Les formes verbals *corre, obre, omple* i *vine* s'escriuen amb *e* perquè són una excepció.

9. Completa cada una de les formes verbals següents amb *a* o amb *e*. Per no equivocar-te, escriu primer la tercera persona del singular del present d'indicatiu de cada verb i fixa't en la vocal de la síl·laba tònica. Fes-ho com en l'exemple:

- *t**re**ncaries: t**re**nca*
- acomp....nyaria
- d....ixava
- he treb....llat
- fr....garem
- ap....rquem
- estr....nàvem
- havia r....mat
- tr....ncaràs
- pass....jareu
- m....njaries
- plant....jaré

10. Escriu *a* o *e* en l'espai corresponent a la vocal neutra de les formes verbals d'aquestes oracions.

a) Quan la Marta corr...., tot l'estadi s'aixec....

b) No m'agrad.... x....rrar quan miro una pel·lícula.

c) Joan, vin.... i obr.... el regal que t'he portat.

d) Les cartes que r....bem cada dia ompl....n tots els sacs disponibles.

e) Si n....dessin a mar obert, correri....n molts riscos.

f) No recordàv....u que ahir ell plegav.... més aviat?

11. Subratlla en aquest text els noms amb vocal neutra final. Escriu-los després en plural.

> L'<u>home</u> va obrir la porta a poc a poc. Va passar una cama primer, després l'altra i quan va ser a dins de la casa es va mirar el quadre amb cara de sorpresa.

home	homes
...	...

12. Assenyala a quina paraula de cada parella correspon cadascuna d'aquestes definicions. Si cal, consulta el diccionari.

cova/cove
- Recipient portàtil gros, i de gran fondària.

moda/mode
- Costum que està en voga durant algun temps.

quadra/quadre
- Estable per als animals.

manar/menar
- Conduir, dirigir un vehicle, una nau...

afecte/efecte
- Conseqüència d'una acció.

lliurament/lliurement
- Acció de donar, posar en mans o en poder d'algú.

62 LES VOCALS *O/U* ÀTONES

Les vocals *o* i *u*, en posició àtona, es pronuncien totes dues com a [u] en una part del domini lingüístic català. Això pot portar a confusió a l'hora d'escriure. Per a evitar-ho, en coneixerem les regles ortogràfiques.

En noms i adjectius

DINS

- Quan el so [u] apareix a l'interior d'una paraula en una síl·laba àtona, cal que busquem un mot de la mateixa família en què la *o* o la *u* es trobin en posició tònica.

  *f**o**rn* → *f**o**rner*

  *br**u**t* → *br**u**tícia*

- Hi ha alguns noms que acaben en *-us* i que presenten la mateixa forma en singular i en plural; són **invariables:**

  *cact**us*** → *cact**us***

  *glob**us*** → *glob**us***

FINAL

- El plural de paraules acabades en *-s, -ç, -x, -ix, -tx, -sc, -st*... es forma afegint *-os* al singular:

  *serió**s*** → *serio**sos***

  *dol**ç*** → *dol**ç**os*

  *refle**x*** → *refle**x**os*

  *pe**ix*** → *pe**ix**os*

  *esqui**tx*** → *esqui**tx**os*

- Hi ha alguns mots que acaben en *-u* i que fan el plural en *-us*: *caca**u**/caca**us**, corre**u**/corre**us**, europe**u**/europe**us**, trofe**u**/trofe**us**...*

En verbs

DINS

Es busca la primera o la tercera persona del present d'indicatiu per saber si cal escriure *o* o *u*.

*b**u**llo* → *b**u**llir*

*pl**o**ra* → *pl**o**rar*

FINAL

En el cas de la majoria dels verbs, la primera persona del present d'indicatiu s'escriu amb *-o* final: *cant**o**, jutj**o**, menj**o**, pass**o**, surt**o**...*

Arrels diferents

Algunes paraules de la mateixa família tenen **arrels diferents:**

- *joc, joguet, joguina*, però *jugada, jugador, jugar...*
- *moll, molla*, però *mullada, mullar, mullena...*
- *pastor, pastoral*, però *pastura, pasturar...*
- *ploure, plogués, plovisquejar*, però *pluja, plujós, plugim...*

N'hi ha d'altres en què, per a saber amb quina vocal s'escriuen, cal utilitzar el diccionari o recordar-les:

- S'escriuen amb *o*: *avorrir-se, capítol, complir, fonament, podrir, sofrir, títol, tonyina, torró...*
- S'escriuen amb *u*: *bufetada, butlletí, cacau, correus, estiu, europeu, focus, muntanya, riu, sufocar, trofeu...*

Fixa't bé en les **excepcions**

Excepcions:

- Hi ha cinc **verbs** en què escriurem sempre *o* en posició àtona, encara que trobem *u* en posició tònica en la primera o la tercera persona del present d'indicatiu: ***collir, cosir, escopir, sortir*** i ***tossir.***

  *c**u**ll* → *c**o**llim*   *c**u**s* → *c**o**sim*   *t**u**s* → *t**o**ssia*

- Els verbs ***poder*** i ***voler*** s'escriuen amb *o* en totes les seves formes (*p**o**dies, v**o**lia...*) excepte el present de subjuntiu (*p**u**gui...*), l'imperatiu (*v**u**lgues...*) i la primera persona del present d'indicatiu (*p**u**c, v**u**ll*).

Activitat interactiva

ACTIVITATS

1. **Escriu *o* o *u*, segons el que correspongui, buscant una paraula de la mateixa família que contingui aquesta vocal en posició tònica. Observa l'exemple:**

d....lçor: *dolç* → ***do**lçor*

s....rdesa	f....mador	f....llejar
s....pera	sab....nera	b....idor
d....tzena	fl....rida	p....ruc
nat....ral	horitz....ntal	esp....rtiu
....llet	f....steria	f....guera
empr....var	p....nxada	enam....rat
b....nyegut	f....rçut	p....ntaire

2. **Troba en aquest conjunt de paraules dos mots de la mateixa família en què un s'escrigui amb *o* i l'altre amb *u*.**

polsera - boqueta - bucal - jovent - humanitat - corbar
homenàs - duplicar - doblegar - pulsació - curvatura - juvenil

	Amb *o*	Amb *u*
home	...	...
boca	...	...
jove	...	...
doble	...	...
pols	...	...
corba	...	...

3. **Escriu el plural d'aquests mots:**

text	assidu	globus	disc	feix
tipus	rictus	reflex	ingenu	boig
altaveu	despatx	estruç	individu	ritu
risc	lapsus	cas	safareig	riu

4. **Escriu els mots als quals es refereixen aquestes definicions. Després, escriu el plural de cadascun.**

- Agent infecciós microscòpic, causant de moltes malalties.

V_ _ _ _

- Llum de gran potència, d'ús habitual en el teatre, el cinema...

F_ _ _ _

- Qualsevol objecte que es rep com a record d'una victòria, especialment esportiva.

T_ _ _ _ _

- Arbre les fulles del qual tenen virtuts terapèutiques, especialment per als refredats.

E_ _ _ _ _ _ _ _ _

- Llavor d'un arbre provinent de l'Amèrica tropical que és un dels ingredients de la xocolata.

C_ _ _ _

- Planta conreada amb utilitats ornamentals, sense fulles i amb espines; creix als deserts.

C_ _ _ _ _

5. **Completa amb la vocal correcta els mots següents (utilitza el diccionari):**

b....tlletí	c....mplir	av....rriment
europe....	past....rar	p....drit
desm....ntar	desc....brir	m....ntanya
br....tícia	tri....mf	est....ig

6. **Completa aquestes formes verbals amb *o* o amb *u* fixant-te si la vocal es troba en posició tònica o àtona.**

s....rtir	t....ssir	esc....pir
s....rtim	t....sso	esc....pi
s....rtis	t....ssiré	esc....po
s....rto	t....ssies	esc....piràs
s....rtit	t....ssis	esc....pis

7. **Completa els buits d'aquest text amb *o* o amb *u*.**

El tren parava a cada estació o baixador que tr....bava en el camí, de manera que el viatge es va fer etern. Després de migdia, quan la calor era més forta, em vaig quedar ad....rmit. Em vaig despertar dues hores més tard, amb la boca seca i tot enganxós i ent....mit. Em vaig aixecar per anar al lavab....; després, li vaig c....mprar un refresc al revisor i vaig t....rnar al meu seient per fer f....rat als entrepans que m'havia preparat la mare. Mentre menjava, vaig veure que el paisatge havia canviat completament. En aquell moment travessàvem una zona m...ntanyosa plena de bosc....s, molt diferent del sec altiplà d'on havíem s....rtit.

César Mallorquí, *Les llàgrimes de Shiva*. edebé.

ACTIVITATS

8. Completa les frases amb una forma del verb entre parèntesis. Fixa't si s'escriu amb *u* o amb *o*.

a) Si .... (*voler*) muntar les clares a punt de neu heu de .... (*poder*) batre-les molt ràpid.

b) .... (*poder*) afirmar en aquests moments que l'acord entre els dos partits no serà possible.

c) Encara que .... (*poder*) pagar el que em deu, encara continuarà endeutat.

d) Si .... (*voler*) que les coses funcionin, ens hi hem d'esforçar plegats.

e) Les persones que .... (*voler*) i .... (*poder*) apuntar-se al voluntariat s'han d'inscriure al web.

9. En els següents mots encreuats apareixen més paraules amb *o* o *u* àtones. Completa'ls.

Horitzontals: 1. Comarca catalana els naturals de la qual s'anomenen *empordanesos.* 2. Cònjuge del germà o de la germana (femení). 3. Sentir avorriment, participi. 4. Verb derivat de *tos* (expulsió violenta i sorollosa de l'aire dels pulmons). 5. Sensació de sofriment físic.

Verticals: 6. Acció d'escopir. 7. Lloc on laves, gasos i vapors atenyen la superfície terrestre formant un cràter al cim. 8. Que dona, que fa una donació.

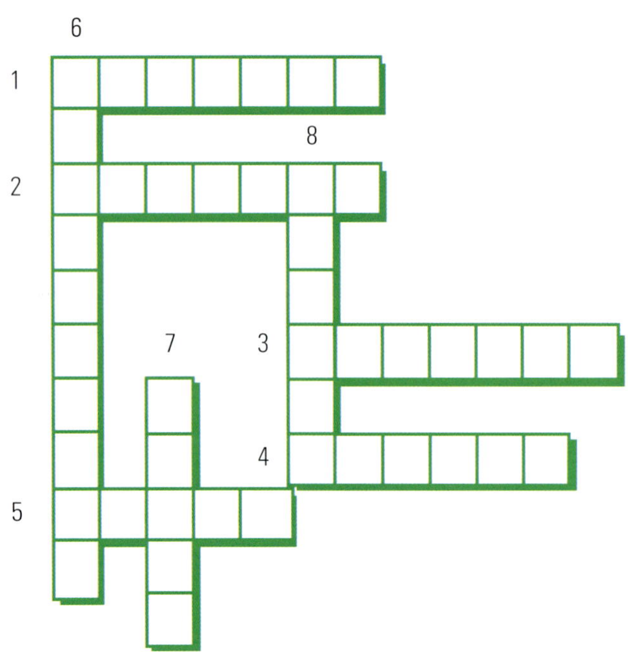

10. Explica al teu company o companya les normes que regulen quan escrivim *o* i *u* en posició àtona. L'esquema següent et pot ajudar:

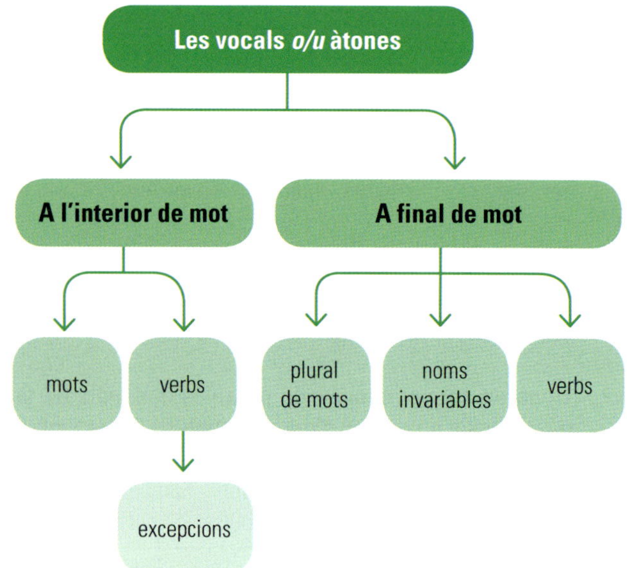

11. Algunes d'aquestes oracions contenen errors relacionats amb l'ús de les vocals *o* i *u* en posició àtona. Torna-les a escriure correctament (utilitza el diccionari, si cal).

a) Has netejat ja la cuberteria de plata?

b) Els passejos per l'escollera són molt romàntics.

c) El pèndul del museu no s'ha aturat mai.

d) Sense la brúixola estem ben perduts.

e) Els infants han fet petar tots els globos.

f) La Pilar escriu sempre amb una pluma.

g) Eviteu les bofetades i sigueu més tolerants.

h) El lladre es va escapulir de la policia.

12. DICTAT Fes el dictat i, a continuació, fes el que s'indica.

— Identifica en el teu dictat les paraules que contenen una *o* o una *u* àtones.

L'APOSTROFACIÓ 63

L'**apòstrof** és un signe (') que ens indica que s'ha produït la supressió d'una vocal.

***el** espectacle* → ***l'**espectacle* ***la** escena* → ***l'**escena* ***de** autor* → ***d'**autor*

	S'apostrofen	No s'apostrofen
el	L'article masculí davant d'un mot començat en vocal o *h*: ***l'u**nivers, **l'o**li, **l'h**ome, **l'h**ospital...*	Davant d'una *i* o una *u* a inici de mot quan forma diftong creixent amb la vocal següent: ***el io**t, **el io**gurt...*
la	L'article femení davant d'un mot començat en vocal o *h*: ***l'A**nna, **l'o**liva, **l'h**erba, **l'h**ora, **l'i**lla, **l'u**ngla...*	• Davant de paraules que comencen en *i, u, hi, hu* àtones: ***la i**matge, **la u**niversitat, **la hi**giene, **la hu**mitat...* • Davant dels noms de les lletres: ***la e**ma, **la e**ssa...* • Davant d'una t o una u en posició inicial de mot quan forma diftong creixent amb la vocal següent: ***la hie**na, **la ia**ia...*
de	La preposició *de* davant de mots començats en vocal o *h*: ***d'u**na, **d'è**tica, **d'h**istòria, **d'h**ivern...*	No s'apostrofa davant dels noms de les lletres: ***de e**na, **de e**ssa...*

Tingues en compte que...

- No s'usa l'apòstrof en els mots:
  la host, la una (hora)
  la ira, la Haia
- S'apostrofa davant dels numerals escrits amb xifres quan el seu nom comença per vocal.
  l'1 (l'u), l'11 (l'onze)...
  l'11a (l'onzena)...
  d'1 (d'u), d'11 (d'onze)...

Activitat interactiva

ACTIVITATS

1. Escriu davant d'aquests mots la forma de l'article que hi correspongui.

...enquesta	....esmorzar	....os
....dinar	....índia	....anglès
....quadre	....univers	....ou
....estudiant	....indi	....fotografia
....au	....insecte	....illa
....porta	....herba	....ungla
....avió	....camió	....Eugeni
....paret	....àguila	....urgència

2. Apostrofa aquests articles segons el que has après.

- el / intrús
- el / enemic
- de / Andalusia
- la / arruga
- de / Itàlia
- la / oliva
- la / ombra
- el / amor
- la / oïda

3. Omple amb *el, la* o *de*, apostrofant quan calgui:

- Segueix .... indicació per trobar .... aula.
- .... il·lusió de bona part de .... humanitat és trobar vida fora de .... univers conegut.
- .... Isabel diu que .... ofici que més li agrada és el .... escultor.

4. Torna a escriure aquestes oracions en singular. Fes atenció als canvis en els articles.

- Les úniques amigues que van venir eren més joves que jo.
- Els infants de les escoles mengen les coques de Sant Joan.
- Els homes són els únics animals que es foraden les orelles amb les arracades.
- Els habitants de les illes tenien les il·lusions posades en les arribades de nous turistes.

5. Escriu una oració per a cadascuna d'aquestes paraules amb la forma correcta de l'article al davant.

- ioga
- hiat
- hiena
- iogurt
- iot
- ien
- iaia
- iode

6. Completa aquestes oracions amb *de* o *d'*, segons el que convingui.

- El germà .... la Marta treballa des .... ahir a la llar .... infants.
- M'ho dius .... debò? No te'n pots acabar de refiar mai, ... aquestes coses.
- La nit de Cap .... Any, els nois .... la colla van arribar .... hora a casa.
- El mes .... agost i les vacances .... estiu han arribat .... cop i volta.

64 LA CONTRACCIÓ

Les formes de les contraccions

a + el → *al*	a + els → *als*
de + el → *del*	de + els → *dels*
per + el → *pel*	per + els → *pels*
per a + el → *per al*	per a + els → *per als*
ca + el → *cal*	ca + els → *cals*
ca + en → *can*	

Quan els articles masculins *el*, *els* van precedits de les preposicions *a*, *de*, *per* o *per a*, es forma una **contracció.**

*a + el col·legi → **al** col·legi*

*de + el poble → **del** poble*

*per + el carrer → **pel** carrer*

La contracció es desfà quan hem d'apostrofar l'article, segons les normes d'apostrofació.

*a + el escorxador → **a l'**escorxador*

*de + el hort → **de l'**hort*

*per + el indret → **per l'**indret*

Activitat interactiva

ACTIVITATS

1. Completa aquest text amb els articles, preposicions i contraccions adequats, apostrofant si cal.

   Recordes que .... fenicis, abans que .... grecs, van fundar colònies comercials pertot arreu, sobretot a Espanya i .... nord de .... Àfrica? Cartago era una .... aquestes ciutats nord-africanes i era davant mateix .... Sicília. Era .... ciutat més rica i poderosa de .... zona. .... seus habitants eren fenicis, i a Roma .... anomenaven púnics. .... seus vaixells solcaven .... mars i transportaven mercaderies de tots .... països a tot arreu. I com que vivien tan a prop de Sicília, s'hi abastien de cereals.

   Ernst H. Gombrich, *Breu història del món*. Edicions Empúries.

2. Utilitza les formes que encapçalen cada columna per a completar aquests fragments:

al / a l'	pel / per l'
a) Sortirem .... carrer	e) Viatjar .... món
b) Pinta-ho .... oli	f) Atrets .... imant
c) Penja-ho .... cartell	g) Patir .... altre
d) Truco .... Enric	h) Tot escampat .... terra

3. Escriu novament aquestes oracions substituint els mots destacats pels que apareixen a sota en l'ordre indicat.

   - Per l'**aniversari** de l'**Antoni** anirem a can **Tonet**.

     festa - Pau - Elies

   - Passa pel **camí vell** per anar a casa de la **Rita**.

     autovia - oncle

   - L'**avi** del **veí** anirà a les **curses** aquesta tarda.

     iaia - Elisenda - concert

   - Passarem per l'**aeroport** i hi recollirem la **filla** del **director**.

     vestidor - obsequi - entrenador

   - A la **vila** se'ls coneix com els de ca n'**Amades**.

     poble - Roca

4. Completa aquestes operacions i escriu una oració amb cadascuna de les contraccions.

de	...	...	...
+	+	+	+
el	...	...	...
del	**pels**	**als**	**al**

5. Inventa i escriu una oració que contingui cadascun dels següents conjunts de formes apostrofades i de contraccions.

   a) l' - 'ls - del
   b) de l' - als - s'
   c) t' - pels - d'
   d) ca n' - cal - al
   e) m' - pels - d'
   f) per l' - 'ns - l'

6. DICTAT Fes el dictat i, a continuació, fes el que s'indica.

   - Repassa bé el dictat per assegurar-te que no t'has oblidat cap apòstrof o contracció.
   - Assenyala tots els apòstrofs i contraccions.
   - Fixa't en els casos que et resultin més dificultosos i digues per què s'apostrofen o formen contracció.

EL GUIONET

Quines porten **guionet**?

El **guionet** és un signe gràfic (-) que s'escriu sempre unit als mots que **enllaça**, sense deixar cap espai al mig. S'utilitza:

— Quan s'arriba a **final de línia** i es produeix una partició de paraula.

— En els **numerals**, per a separar les desenes de les unitats i les unitats de les centenes.

trenta-cinc *noranta-tres* *dos-cents* *set-cents*

— En les **paraules compostes**:

- Quan comencen amb el nom d'un **punt cardinal**.

  sud-americà *nord-oest*

- Quan són una **repetició onomatopeica** d'un mateix mot o d'un de molt similar.

  bum-bum *tic-tac*

- Quan el primer mot duu accent gràfic.

  *p**è**l-ras* *d**é**u-n'hi-do*

- Quan el primer mot acaba en vocal i el segon comença amb **r-**, **s-** o **x-**.

  *guarda-**r**oba* *penja-**r**obes* *penya-**s**egat* *gira-**s**ol* *cara-**x**uclat*

- Quan la unió dels dos mots comporta una dificultat en la interpretació del seu significat.

  plats-i-olles *pit-roig*

— En els **pronoms febles** quan van darrere del verb i aquest acaba en **consonant** o ***u*** precedida d'una altra vocal.

*di**r**-ho* *portan**t**-ne* *ature**u**-vos* *ane**u**-vo**s**-en*

Activitat interactiva

ACTIVITATS

1. Uneix una paraula de l'esquerra amb una de la dreta i forma mots compostos. Posa-hi guionet quan calgui i justifica-ho.

nord	gotes
ex	director
ziga	roig
compta	xocs
para	zaga
pèl	americà

2. Afegiu guionet o apòstrof entre aquests verbs i els pronoms quan sigui necessari:

a) Parleu...ne amb discreció.

b) Agafa...l amb la mà.

c) No van concedir...los el premi.

d) Encantada de conèixer...vos.

e) Canta...ls la cançó que tant t'agrada.

f) Pensa...t'ho i digues...me'n alguna cosa.

3. Escriu guionet en les paraules d'aquestes oracions que ho necessitin.

a) No vesteix gens acuradament, sempre va pengim....penjam.

b) La Mireia s'ha casat amb un noi que és sud....africà; el va conèixer a Johannesburg.

c) Si deixes la jaqueta i la bossa al guarda....roba, estaràs més tranquil·la.

d) Acosteu....vos i mireu....lo bé, no en....veureu mai cap d'igual.

e) No sé si la seva mare té quaranta....tres o quaranta....quatre anys.

f) La mare, de petita, em....cantava una cançó de bressol que deia: «Non....non, vine son».

g) El meu avi va tenir un atac de cor i li van haver de posar un marca....passos.

4. DICTAT **Fes el dictat i, a continuació, fes el que se t'indica.**

- Ens quins casos ha calgut fer servir el guionet?
- Escriu una frase amb cadascuna de les paraules del dictat.

66 LA ESSA SORDA I LA ESSA SONORA

Com **sonen**?

La llengua catalana té dos sons de essa diferents: la **essa sorda** (com el so de *ca**ç**a*) i la **essa sonora** (com el so de *ca**s**a*).

Essa sorda [s]: *s / ss / c / ç / sc*

S'escriu amb...

s

- A començament i a final de paraula: *__s__abata, __s__èpia, __s__índria, __s__obre, __s__uc.*
- Davant i darrere de consonant: *dan__s__a, cur__s__a, mol__s__a, prem__s__a, fe__s__ta, ge__s__pa.*

c

- Davant les vocals *e*, *i*: *sin__c__er, en__c__iam, __c__eba, __c__inc, Mar__c__el, Mel__c__ior.*

ss

- Entre vocals: *cro__ss__a, mi__ss__a, ta__ss__a, pa__ss__adís, bo__ss__a.*
- Els mots femenins formats amb el sufix ***-essa***: *alcalde__ss__a, abade__ss__a, metge__ss__a.*
- En els mots acabats en *-gre**ss**or, -gre**ss**ió; -mi**ss**or, -mi**ss**ió; -pre**ss**or, -pre**ss**ió*: ***agressor**, a**gressió**, e**missor**, **emissió**, im**pressor**, im**pressió**.*

ç

- Davant les vocals *a, o, u*: *pe__ç__a, pla__ç__a, can__ç__ó, tra__ç__ut, for__ç__ut.*
- Al final de mots aguts: *estru__ç__, gla__ç__, feli__ç__, bra__ç__, lla__ç__, tra__ç__.*

sc

- Entre vocals i precedint les vocals *e*, *i*: *a__sc__ensor, pi__sc__ina.*

Excepcions:

Escriurem ***s*** enmig de vocals i la pronunciarem sorda quan aparegui després dels prefixos ***a-*** (*a**s**imètric*), ***ante-*** (*ante**s**ala*), ***anti-*** (*anti**s**imètric*), ***contra-*** (*contra**s**entit*), ***entre-*** (*entre**s**ol*), ***mono-*** (*mono**s**íl·lab*), ***sobre-*** (*sobre**s**ortir*), ***para-*** (*para**s**intètic*) i ***bi-*** (*bi**s**íl·lab*). Farem el mateix en **paraules compostes** com *eco**s**istema, foto**s**íntesi*...

Essa sonora [z]: *s / z*

S'escriu amb...

s

- Entre vocals: *tre__s__or, ba__s__e, ca__s__a, mu__s__eu, ro__s__a, pre__s__ó, co__s__a.*
- En el prefix *trans-*: ***trans**atlàntic, **trans**bordament, **trans**istor.*
- En els mots derivats i compostos de *-fons-* i *-dins-*: *enfon__s__ar, endin__s__ar.*

z

- A principi de mot: *__z__ebra, __z__ero, __z__inc, __z__ona, __z__umzeig.*
- Darrere consonant: *al__z__ina, col__z__e, don__z__ella, esbar__z__er.*

Excepcions:

Escrivim *z* entre vocals en mots d'origen grec i hebreu com *ama**z**ona, bi**z**antí, esqui**z**ofrènia, E**z**equiel, o**z**ó, trape**z**i*...

ACTIVITATS

Activitat interactiva

1. Llegeix en veu alta i classifica aquests mots segons si contenen el so de la essa sorda o el de la essa sonora.

passadís - ascensor - soca - cirera - desembre
plaça - pisos - coça - polze - sac - cansat - sincer
roser - bellesa - topazi - feliços - zona

So de la essa sorda	So de essa sonora
...	...

2. Quina grafia representa el so de la essa sonora en aquestes paraules? Escriu-les al teu quadern.

velle....a	pin....ell	de....embre	explo....ió
pai....atge	....odíac	trape....i	ben....ina
mu....eu	ca....os	japone....a	....ero
....ona	na....al	ama....ona	esmor....ar

3. Canvia el nombre d'aquests sintagmes. Posa una atenció especial a la grafia que representa el so de la essa sorda.

a) Un home **gras**. / Uns homes ....

b) Un **matalàs**. / Dos ....

c) Un cotxe **veloç**. / Uns cotxes ....

d) Unes **places** enjardinades. / Una .... enjardinada.

e) Una **peça**. / Dues ....

f) Els **congressos**. / El ....

g) Uns **trossos** de fusta. / Un .... de fusta.

4. Escriu una oració amb el femení d'aquests mots:

comte - alcalde - marquès - metge - príncep - déu - duc

5. Escriu una paraula derivada d'aquestes que et proposem amb una de les terminacions de la llista. S'hi poden produir canvis ortogràfics.

-assa, -issa, -dissa, -íssim, -íssima

dona	barca	bona
barat	car	trencar
enraona	terra	córrer

6. Completa aquests mots amb la grafia adient que representi el so de la essa sorda.

matalà....	embó....	sedà....	pan....a
bra....	llapi....	fero....	descal....
esbó....	lli....	efica....	llu....

7. Completa amb *s, ss, c, ç* o *z*:

a) L'accés a la ....ona d'aparcament és gratuït.

b) El paleta no ha estat capa.... de col·locar el ....òcol.

c) Els paï....os que generen més re....idus haurien d'a....umir un compromí.... en comú.

d) L'a....a....í feia la guit....a a la poli....ia.

e) La nan....a de la ca....ola de terri....a ha quedat destro....ada.

f) Els gla....ons s'han desfet amb gran fa....ilitat.

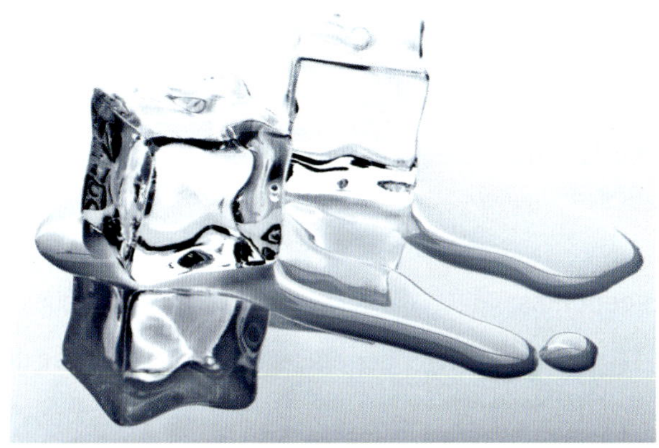

8. Tria el mot adient per a cadascuna d'aquestes oracions i escriu-ne una altra amb el mot descartat. Fes servir el diccionari, si cal.

a) Aquella noia té els cabells grocs, és .... (*rossa*/*rosa*)

b) Hem aparcat el cotxe en .... blava. (*sona*/*zona*)

c) Li agrada atrapar animals, es dedica a la .... (*casa*/*caça*)

d) Aquell cub és una .... del trencaclosques. (*peça*/*pesa*)

e) La bombeta no fa llum, deu estar .... (*fossa*/*fosa*)

f) Avui tinc molta .... i sortiré puntual. (*pressa*/*presa*)

9. Completa aquestes oracions amb un derivat de la paraula entre parèntesis que tingui el sufix *-ança* o *-ença*.

- El tercer dia de viatge va sentir-se envaït pel sentiment d'(*enyorar*) ....
- La seva (*aparentar*) .... despertava una gran (*confiar*) ....
- Tenen la (*creure*) .... que quan es morin els micos el penyal serà conquerit.

10. DICTAT Fes el dictat i, a continuació, fes el que s'indica.

- Repassa bé el dictat per assegurar-te que has escrit correctament totes les esses sordes i sonores.
- Encercla-les i digues quantes n'hi ha de cada tipus.

67 LES GRAFIES *P/B, T/D, C/G* A FINAL DE MOT

P/t/c o b/d/g?

Llegeix en veu alta aquest poema i fixa't com pronuncies i com s'escriuen les grafies destacades, *p/b*, *t/d* o *c/g*, a final de mot:

El llop del bosc

Al bosc hi vivia un llop
que estava una mica sord
i un dia va fundar un club,
el club de la bona sort.

Allà hi va portar un amic
el matí d'un dia fred,
un esquirol gros i llarg
que sempre tenia set.

El so final de cadascun d'aquests parells de paraules és equivalent. Així, un mateix so s'ha representat amb diferents grafies. A l'hora d'escriure, aquest fenomen pot portar-nos a confusió. Per a evitar-ho i saber si hem d'escriure ***p/b***, ***t/d*** o ***c/g*** a final de mot, podem seguir aquestes normes:

- **Després de vocal tònica o de diftong tònic** s'escriu ***p, t, c***:

  *Vocal tònica: ca**p**, nebo**t**, abri**c**…* *Diftong tònic: bui**t**, cai**c**…*

- **Després de vocal àtona o de consonant** s'escriu la mateixa lletra que s'utilitza en els **derivats:**

  *etío**p** → Etiò**p**ia* *ver**b** → ver**b**al*
  *crèdi**t** → credi**t**ici* *sor**d** → sor**d**esa*
  *fàrma**c** → farmà**c**ia* *llar**g** → llar**g**ària*

- Els gerundis acaben sempre en ***-nt***:

  *esborra**nt**, raja**nt**, vivi**nt***

Excepcions:

- Paraules com *ado**b**, baoba**b**, cu**b**, clu**b**, esno**b**, tu**b**; fre**d**, flui**d**, su**d**, Davi**d**; ma**g**, buldo**g**, estrate**g**, tuare**g**, zig-za**g***.
- Els noms femenins acabats en ***-etud***, ***-itud***: *quietu**d**, amplitu**d***.
- En la terminació ***-agog***: *pedago**g**, demago**g***.

Excepcions:

- La primera persona del present d'indicatiu de molts verbs que acaben en ***-nc***, encara que en altres formes del mateix verb hi apareix la ***g***: *apren**c** (apren**g**ui), vin**c** (vin**g**uis), enten**c** (enten**g**uem)*.
- Paraules com *àne**c** (ane**g**uet), càrre**c** (carre**g**ar), espàrre**c** (esparre**g**uera), fàsti**c** (fasti**g**uejar), présse**c** (presse**g**uer)*.

Activitat interactiva

ACTIVITATS

1. Escriu *p* o *b*, segons el que correspongui.

baoba....	po....	co....	glo....
ra....	llo....	xarru....	estri....
Feli....	Cari....	xo....	esno....

2. Completa amb *g* o amb *c*:

geme....	abri....	feixu....	ami....
zig-za....	buldo....	dra....	ma....
gro....	se....	estrate....	fre....

3. Completa amb *t* o *d* escrivint un derivat:

malal....	infan....	ver....	inten....
límí....	can....	profun....	tar....
estúpi....	crèdi....	ar....	plàci....

4. Escriu oracions amb mots acabats en *p* o *b*, *t* o *d*, *c* o *g* i que siguin de la mateixa família que els del requadre.

blancor - sorteig - sordejar - serpentejar
talpera - verbal - Aràbia - sangonós

5. Busca al diccionari la diferència de significat entre aquests parells de mots i escriu una sola oració amb tots dos.

cup - cub	educant - educand	rec - reg
groc - grog	sumant - sumand	bòlit - bòlid

6. DICTAT Fes el dictat i, a continuació, fes el que s'indica.

- Assenyala els mots que contenen paranys relacionats amb el que s'ha treballat.
- Indica si aquestes paraules segueixen una norma concreta o són excepcions.

LES GRAFIES *B/V* 68

Les grafies ***b*** i ***v*** sonen igual en la majoria de varietats del català. Per tal de saber quan hem d'escriure *b* o *v*, ens hi ajudaran algunes normes:

S'escriu amb...

b

- Davant de *l* i *r*:
  blanc, agradable, cabra, arbre...
- Darrere de *m*:
  ambiciós, embolicar, tombar...
- Quan alterna amb *p* en paraules de la mateixa família:
  llop/lloba, rep/rebia, sap/saber...

v

- Darrere de *n*:
  conveni, enveja, envoltar...
- Quan alterna amb *u* en paraules de la mateixa família:
  blau/blava, viu/vivia...
- En la terminació *-ava* de l'imperfet d'indicatiu de la primera conjugació:
  xiulava, xiulaves, xiulava, xiulàvem, xiulàveu, xiulaven.

Excepcions:

Paraules com *circumval·lació* i *tramvia*.

Amb *b* o amb v ?

Activitat interactiva

ACTIVITATS

1. Completa amb *b* o *v* els buits d'aquestes paraules.

gam....a	fa....a	a....orrit
tram....ia	a....et	mo....le
con....ersa	can....i	tro....ador
lla....i	....asc	ca....le
ad....ocat	a....et	nú....ol

2. Completa aquests verbs amb *b* o *v*, segons el que correspongui.

en....oltar	espera....es	sa....ia
escri....iu	em....olicar	trenca....en
....i....ia	jugà....em	canta....a
re....ia	ca....ia	ne....a....a

3. Escriu una paraula amb *v* o *b* de la mateixa família de les que et proposem (fixa't en l'exemple).

Alterna amb *p*	**Alterna amb *u***
• llop: llobató	• ou: ....
• sap:	• blau: ....
• rep:	• neu: ....
• cap:	• escriu: ....

4. Completa els mots d'aquestes oracions amb *b* o *v* tenint en compte mots de la mateixa família.

a) Demà el meu germà marxa de ....iatge. Quina en....eja!

b) A la granja hi ha....ia ca....alls, ...oltors, ze....res i cér....ols, entre d'altres.

c) ....olem reformar el nostre pis i can....iar els mo....les del saló i tam....é el la....a....o.

d) Pel meu ani....ersari m'han regalat unes ....ambes de ....àsquet no....es.

e) No m'agraden les endí....ies perquè tenen un sa....or amarg.

f) L'any passat cantà....em a la coral del po....le cada di....endres.

5. Escriu a la llibreta la paraula, amb *b* o *v*, corresponent a cadascuna de les definicions següents:

- Establiment on es venen vi i begudes al detall:
  _ _ _ _ _ _
- Color que s'obté en barrejar el blau i el groc:
  _ _ _ _
- Ferrocarril que circula mogut per electricitat a la via pública:
  _ _ _ _ _ _ _

LES GRAFIES *G/J, TG/TJ, X/IX, TX/IG*

Llegeix en veu alta aquestes oracions posant una atenció especial a les grafies destacades en les paraules subratllades de cada oració.

*Tenim entre mans un pro**j**ecte nou: una tra**g**èdia moderna.*

*Des de la llo**tj**a vam veure l'actor que feia el paper de me**tg**e.*

*Aquesta interpretació requere**ix** molt de talent perquè representa la rau**x**a.*

*L'actor americà va tenir el capri**tx** de fer un passe**ig** per la ciutat.*

El so de les lletres destacades en cada parell de paraules és el mateix. A l'hora d'escriure, aquest fenomen pot causar confusió. Per a evitar-ho i saber quan hem d'escriure *g/j*, *tg/tj*, *x/ix* o *tx/ig*, cal seguir les normes següents:

Excepcions:

Escrivim ***j*** davant de ***e***, ***i*** en els casos següents:

- Precedint els grups -***ecc***- i -***ect***-: *in**j**ecció, pro**j**ecció, sub**j**ecte, pro**j**ecte...*
- En mots com ***J**erusalem, **J**esús, **j**esuïta, **j**eure, **j**eroglífic, **j**ersei, ma**j**estat...*

Ús de *g/j*

g
- Davant de les vocals *e*, *i*: ***g**erra, **g**imnàs...*

j
- Davant de les vocals *a*, *o*, *u*: ***j**ardí, **j**oc...*

Ús de *tg/tj*

tg
- Davant de les vocals *e*, *i*: *fe**tg**e, here**tg**ia...*

tj
- Davant de les vocals *a*, *o*, *u*: *pla**tj**a, pi**tj**or, corre**tj**ut...*

Ús de *x/ix*

x
- A principi de paraula: ***x**arop, **x**ef, **x**iclet, **x**ocolata, **x**uclar...*
- Darrere de consonant: *pan**x**a, por**x**o, pun**x**ar, mar**x**a...*
- Darrere de la vocal *i*: *cli**x**é, Fli**x**, gui**x**, mi**x**eta...*
- Darrere del diftong decreixent *au*: *disbau**x**a, rau**x**a, xau**x**a...*

ix
- Darrere les vocals *a, e, o, u*: *a**ix**ada, esque**ix**, co**ix**, dibu**ix**...*

Ús de *tx/ig*

tx
- A principi de paraula: ***Tx**ad, **tx**ec, **tx**etxè...*
- Enmig de paraula: *ba**tx**illerat, escle**tx**a, to**tx**o...*
- A final de paraula, quan els derivats s'escriguin també amb *tx*:

  *sandvi**tx** → sandvi**tx**eria* *capri**tx** → capri**tx**ós*
  *empa**tx** → empa**tx**ar* *escabe**tx** → escabe**tx**ada*

ig
- A final de paraula, després de vocal, quan els derivats contenen *j/g* o *tj/tg*:

  *bo**ig** → bo**g**eria* *passe**ig** → passe**j**ada*
  *des**ig** → desi**tj**ar* *m**ig** → mi**tg**es*

Recorda **com s'escriuen!**

ACTIVITATS

Activitat interactiva

1. Escriu les següents formes verbals amb la grafia adequada.

	Fugir	Assajar	Jeure
Jo	*fujo*	...	...
Tu	...	...	...
Ell/Ella	...	...	...
Nosaltres	...	...	...
Vosaltres	...	...	...
Ells/Elles	...	...	...

2. Escriu *g* o *j* en les paraules següents i anota la paraula que no segueix el mateix criteri que la resta.

a....udant	....imnàstica	....erra
espon....a	....iratori	pa....esa
bur....ès	a....enollar	ma....estat
....ove	....ornada	....espa
....ardí	pà....ina	....endre

— Quina de les tres paraules que no segueixen el mateix criteri és una excepció a la norma? Explica per què.

3. Llegeix aquest anunci publicitari i completa les paraules amb *tg* o amb *tj*.

Joieria La Salva....e

Si desi......es un bon rello......e vine a les nostres botigues.

Obtindràs grans avanta........es i faràs realitat els teus desi......os.

4. Omple els buits de les oracions següents amb *g*, *j*, *tg* o *tj*.

a) El ....oc consistia a corre....ir les errades dels companys sobre el terreny.

b) Van ju....ar el processat per haver in....ectat una substància letal a la víctima.

c) Gràcies als mapes de ....eografia coneixien el mar....e d'error que hi havia.

d) La ....ustícia del seu país no el prote....ia a l'estran....er.

e) El me....e va plante....ar el pro....ecte abans que fos aprovat.

f) La ....irafa del zoo havia estat ob....ecte d'agressions per part d'uns delinqüents.

5. Escriu *x* o *ix*, segons el que correspongui.

- ....iclet
- pun....ó
- clen....ar
- ....ifra
- ba....os
- mar....a
- ....èrif
- reconè....er
- e....
- en....ampar
- pun....ó
- enre....ar

6. Completa les paraules d'aquesta llista de la compra amb *x* o *ix*.

Has d'anar a comprar:

- 1 ca....a de madu....es
- 1 litre d'or....ata
- Una coca de ....ocolata
- 1 ampolla de ....ampany
- 1/2 quilo de pe.... (bru....es)
- 6 car....ofes
- 100 grams de ....oriço

7. Escriu el mot primitiu de les paraules següents:

fageda - despatxar - rajar - batejar
cartutxera - safarejos - marejat - rogenca
escabetxar - bogeria - desitjable - mitjana - lletjor

— A continuació, escriu una oració en què apareguin el mot primitiu i el derivat.

8. Troba en aquesta sopa de lletres deu paraules que s'escriuen amb alguna de les consonants que acabes de treballar.

V	J	A	Z	Z	N	K	S	U
F	O	R	M	A	T	G	E	B
A	G	Z	M	K	W	L	G	A
I	U	E	H	E	R	U	E	J
X	I	W	R	V	T	H	L	E
A	N	N	N	R	S	X	L	R
V	A	H	A	Q	O	Z	A	S
P	R	O	J	E	C	T	E	E
H	Z	N	R	W	G	V	S	I

9. DICTAT Fes el dictat i, a continuació, fes el que s'indica.

- Assenyala els mots que contenen paranys relacionats amb el que s'ha treballat.
- Indica si aquestes paraules segueixen una norma concreta o són excepcions.

70 ESTRUCTURA DEL MOT

Família lèxica

Les paraules que tenen una mateixa base lèxica diem que pertanyen a una **família lèxica.** Per exemple:

***fust**a* → ***fust**am* - ***fust**es* - ***fust**er* - ***fust**eria*

Les paraules tenen una part que no varia (base lèxica o arrel) i que conté el significat bàsic del mot, i una part que varia (morfema) i que matisa o modifica aquest significat.

— Observa aquestes paraules:

*xocolat**a** - xocolat**es** - xocolat**ina** - xocolat**eria** - xocolat**er** - xocolat**ada***

Aquests mots tenen una part que no varia (*xocolat-*) i una part que varia en cada cas (*-a, -es, -ina, -eria, -er, -ada*). Observa:

Xocolat -es

Base lèxica Aporta el significat lèxic del mot.

Morfema Aporta la informació gramatical: femení plural.

Xocolat -ina

Base lèxica Aporta el significat de la paraula.

Morfema Indica diminutiu i femení singular.

La **base lèxica** o **arrel** és la part invariable que aporta el significat lèxic de la paraula, i el **morfema** completa aquest significat aportant-hi la informació gramatical: n'indica el gènere, el nombre, si és un diminutiu...

Hi ha dos **tipus de morfemes:**

- **Morfemes flexius:** són els que completen la base lèxica o arrel aportant-hi la informació gramatical de gènere i nombre (en els noms i adjectius) i de persona, nombre, temps... (en els verbs).

Base lèxica	Morfema
xocolat	**-es** (femení plural)
blanc	**-s** (masculí plural)
toc	**-aven** (passat, tercera persona, plural)

- **Morfemes derivatius:** són els que afegim a la base lèxica o arrel per crear una paraula nova (paraula derivada). De vegades, la base lèxica o arrel pot experimentar canvis ortogràfics quan hi afegim aquest morfema (*gran**j**a*, *gran**g**eta*).

Base lèxica	Morfema
xocolat	**-eria** (lloc on es ven xocolata)
xocolat	**-ada** (menjada col·lectiva de xocolata desfeta)
xocolat	**-er** (persona que fa xocolata)

Activitat interactiva

ACTIVITATS

1. Assenyala la base lèxica o arrel dels mots següents:

papereria - llitera - escriptores - eivissenc - bruts - peuet
vellesa - bugaderia - sucrera - polsera - fredor - ametller

2. Subratlla la base lèxica o arrel d'aquestes paraules i agrupa-les segons si pertanyen a la mateixa família lèxica.

taula - immòbil - riquíssim - matiner - entaular-se - ric - matí
tauleta - mòbil - enriquir - mobilitat - matinada

— Per què formen part d'una mateixa família lèxica?

3. Forma una altra paraula amb cadascun dels morfemes següents. Fixa't en els exemples.

-aren	jug**aren**...	**-es**	ros**es**...
-ava	menj**ava**...	**-er**	fust**er**...
-àvem	crid**àvem**...	**-eria**	fruit**eria**...
-areu	cant**areu**...	**-esa**	sord**esa**...

4. Digues el tipus de morfema en cada cas: flexiu o derivatiu.

- peix**ateria**
- car**es**
- vermell**a**
- **in**imitable
- caval**ls**
- **sub**marí
- noi**a**
- **pre**història
- paper**assa**
- meng**en**

5. Destria el morfema flexiu d'aquests verbs i escriu la informació gramatical que aporten a la base lèxica.

Per exemple:

menjava → ***-ava*** (1a persona, singular, passat)

- cantareu: ....
- serveixes: ....
- dormim: ....
- temeren: ....
- perdríem: ....
- cuines: ....
- treballava: ....
- produïen: ...
- resoldrem: ....
- conduiríeu: ....

6. Assenyala els morfemes flexius d'aquests noms i adjectius i explica la informació que aporten a la base lèxica.

	Gènere	Nombre
mestr**e**	*Masculí*	*Singular*
bruts	....	....
holandès	....	....
alumna	....	....
digne	....	....
inquieta	....	....
grisos	....	....
amigues	....	....

7. Digues el nom de l'element representat en cadascuna d'aquestes imatges i escriu tres paraules que formin part de la seva família lèxica.

a

c

b

d

8. Forma paraules afegint morfemes derivatius (❀) o flexius (✶) a la base lèxica o arrel.

- bo + ✶
- especial + ❀
- casa + ✶
- carn + ❀
- flor + ❀
- terra + ✶
- pa + ✶
- llibre + ❀

— Després, separa la base lèxica dels morfemes en cada cas. Finalment, digues el significat dels mots que has creat.

LA DERIVACIÓ: ELS SUFIXOS

La **derivació** és la formació de paraules noves mitjançant l'ús de morfemes derivatius que s'afegeixen a una base lèxica. Poden anar al davant (**prefixos**) o al darrere (**sufixos**).

descontrol — **Prefix**

paper**eria** — **Sufix**

Quan afegim a una paraula un morfema derivatiu pot canviar el significat d'aquesta paraula i, fins i tot, la seva categoria gramatical.

fèrtil (**Adjectiu**) → fertil**itzar** (**Verb**) — fertil**itat** (**Nom**)

— Fixem-nos en els **sufixos:**

paper	+	**-eria**	=	**papereria**
Base lèxica Aporta el significat de la paraula.		**Sufix** Indica el lloc on s'exerceix un ofici (morfema derivatiu).		**Paraula derivada** Paraula amb un nou significat.

> Els **sufixos** són morfemes derivatius que col·loquem darrere d'una base lèxica o arrel per tal de formar una paraula nova (paraula derivada): *paper**eria**, bolet**aire**...*

La taula següent recull alguns dels sufixos més habituals i el seu significat:

Sufix	Significat	Exemples
-er/-era, -aire, -ista	Ofici	*rellotg**er**, bolet**aire**, electric**ista***
-à/-ana, -enc/-enca, -ès/-esa, -í/-ina	Gentilici (lloc de procedència d'una persona)	*catal**à**, sabadell**enca**, franc**ès**, tortos**í***
-eria	Lloc on s'exerceix un ofici	*paper**eria**, cristall**eria***
-alla, -atge, -ada, -eda, -ar	Col·lectiu	*xic**alla**, branc**atge**, nuvol**ada**, rour**eda**, cany**ar***
-able, -ible	Possibilitat	*edific**able**, explic**able**, tang**ible**, submerg**ible***
-ció	Acció i efecte d'un verb	*consumi**ció**, abor**ció***
-às/-assa, -ot/-ota	Augmentatiu	*homen**às**, barc**assa**, ocell**ot**, besti**ota***
-et/-eta, -ó/-ona, -í/-ina, -im, -ell/-ella, -ol/-ola	Diminutiu	*peix**et**, cas**ona**, rajol**í**, pols**im**, finestr**ella**, estany**ol***

ACTIVITATS

Activitat interactiva

1. Indica la base lèxica o arrel d'aquestes paraules derivades:

fredor	telefònic
carnal	maror
florit	joieria

2. Escriu al teu quadern les paraules d'aquest poema que comparteixen una mateixa base lèxica o arrel. Subratlla el sufix que les diferencia.

— Tenen el mateix significat tots aquests mots?

A la papereria no hi ha paperetes,
a la paperera no hi ha papers.
Jo no faig més el paperina,
de la paperassa no en vull saber res!

3. Escriu aquestes oracions substituint el fragment destacat per l'augmentatiu o el diminutiu adequats. Subratlla en cada cas el sufix emprat.

- L'accident va provocar un esclat **molt fort**.
- Em pots passar un **sobre petit** de sucre per al cafè?
- Necessito la **cullera grossa** per a servir la sopa.
- M'han regalat unes arracades amb un **brillant petit**.
- La meva filla és **molt menuda** per l'edat que té.

4. Identifica els sufixos d'aquestes paraules i classifica'ls segons el seu significat.

tauleta	petitet	gatet
bestiar	roureda	equipatge
francesa	botiguer	gentada
peuàs	dentista	lleidatà

Significat	Sufix	Exemples
Diminutiu	...	...
Augmentatiu	...	...
Ofici	...	...
Col·lectiu	...	...
Gentilici	...	...

5. Forma noms afegint els sufixos *-esa*, *-itud* i *-or* a les bases lèxiques o arrels de les paraules següents:

recte - amarg - ample - vell - sol

6. Forma verbs afegint els sufixos *-itzar*, *-egar* i *-ejar* a les bases lèxiques o arrels de les paraules següents:

sovint - fèrtil - llamp - general - aire

7. Forma adjectius afegint els sufixos *-ós* i *-enc* a les bases lèxiques o arrels de les paraules següents:

estiu - groc - Nadal - vergonya - illa - greix

8. Completa la taula.

Fruit	Planta
poma	...
...	cirerer
albergínia	...
...	figuera
llimona	...
...	prunera

9. Escriu el nom del país al qual pertany cada bandera i escriu el gentilici adient per a cada lloc.

— Encercla el sufix que has utilitzat.

- Un noi ....
- Una noia ....

- Un noi ....
- Una noia ....

- Un noi ....
- Una noia ....

- Un noi ....
- Una noia ....

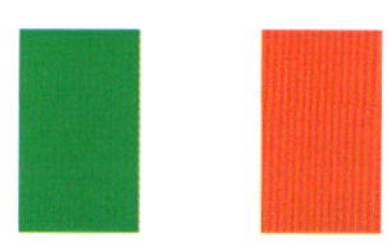

- Un noi ....
- Una noia ....

- Un noi ....
- Una noia ....

- Un noi ....
- Una noia ....

72 LA DERIVACIÓ: ELS PREFIXOS

La derivació és un procediment de formació de paraules noves mitjançant l'ús de morfemes derivatius que s'afegeixen a la base lèxica o arrel.

— Fixa't en les partícules destacades:

Aquest **super**mercat és **extra**ordinari. Sempre hi trobo qualsevol cosa i tot ho tenen col·locat en un ordre **in**superable.

Les partícules (***super-***, ***extra-***, ***in-***) que precedeixen les paraules (*mercat, ordinari, superable*) en modifiquen el significat.

Davant *m, b* o *p*

Els prefixos ***en-*** i ***in-*** s'escriuen ***em-*** i ***im-***, respectivament, quan la base lèxica comença amb ***m, b*** o ***p***.

em*malaltir*, ***em****botellar*, ***em****pitjorar*

im*madur*, ***im****bevible*, ***im****possible*

Els **prefixos** són morfemes derivatius que col·loquem davant d'una base lèxica per tal de formar una paraula nova (paraula derivada): ***super****mercat*, ***extra****ordinari*, ***in****superable*.

En la taula següent hi ha alguns dels prefixos més habituals.

Prefix	Significat	Exemples
a-, an-	sense (negació)	***a****fònic*, ***an****alfabet*
ante-, avant-	abans	***ante****posar*, ***avant****passat*
anti-	oposat	***anti****heroi*, ***anti****boira*
des-	el contrari de	***des****conèixer*, ***des****fer*
en- (em-)	l'acció es realitza en o damunt d'alguna cosa	***en****cavalcar*, ***em****mudir*
ex-	de dins a fora, que fou	***ex****treure*, ***ex****company*
extra-	fora, més que	***extra****oficial*, ***extra****ordinari*
in- (im-, i-, il-, ir-)	negació	***in****suportable*, ***im****possible*, ***i****lletrat*, ***il****·legal*, ***ir****regular*
pre-	amb anterioritat	***pre****natal*, ***pre****romànic*
re-	repetició, duplicació	***re****comptar*, ***re****conduir*
sub-	sota, en grau inferior	***sub****marí*, ***sub****títol*
super-	més enllà, en abundància	***super****heroi*, ***super****població*
trans-, tras-	a través, d'una banda a l'altra	***trans****atlàntic*, ***tras****paperar*

ACTIVITATS

Activitat interactiva

1. Forma els antònims de les paraules següents utilitzant aquests prefixos:

a- | an- | il- | in- | im- | ir- | anti- | des-

fer	formal	inflamatori	legal
normal	mortal	fònic	regular
gripal	alfabet	mòbil	penjar
cicló	muntar	aeròbic	tenyit

2. Destria les paraules de la llista que porten un prefix, assenyala'l i escriu-ne el significat.

implicació - descongelat
preveure - avorrir - reviure - president
extraordinari - residir - impacient

3. Respon aquestes preguntes. Totes les respostes són adjectius que contenen un prefix.

- Com s'anomena tot allò que és, creix o actua sota la superfície del mar?
- Com s'anomenen els fars dels vehicles que il·luminen a través de la boira?
- Com s'anomena allò que excedeix el grau, la mesura, el que és habitual o ordinari?
- Com es denomina tota qüestió anterior al naixement?
- Com es diuen aquells que no han pogut aprendre a llegir ni a escriure?

4. Completa les oracions elaborant verbs a partir de les paraules que apareixen entre parèntesis i amb l'ajut d'aquests prefixos.

tras- des- em- re- ante- ex-

Exemple:

Els papers de l'assegurança s'han traspaperat de tant canviar-los de lloc.

- El públic de la sala va (mut) en veure'l vestit d'aquella manera tan estranya.
- Finalment va acabar malalt perquè va (posar) l'oci a la salut.
- El mariner va elaborar un nus doble a la corda impossible de (fer).
- Els treballadors de la pedrera van (treure) tones de marbre en un sol dia.
- Cal (conduir) la situació de tal manera que les dues parts en conflicte es posin d'acord.

5. Anota el significat que els prefixos *pre-*, *avant-* i *extra-* aporten a aquestes paraules. Pots utilitzar el diccionari si ho consideres necessari.

prehistòric	extraoficial
avantprojecte	prefabricat
avantbraç	avantpassats

— Escriu una oració amb cadascuna d'aquestes paraules.

6. Relaciona cada prefix amb el seu significat. Després, completa els mots de les oracions de sota.

Prefix	Significat
anti-	a través
super-	amb anterioritat
trans-	contrari a
pre-	en abundància

- Istanbul és una ciutat ....poblada, amb catorze milions d'habitants.
- Aquestes vacances d'estiu farem un creuer amb un ....atlàntic enorme.
- Ja cal que us poseu un producte ....mosquits a la vora del riu.
- M'encanten els còmics de ....herois.
- Tenim entrades per anar a la ....estrena de la nova pel·lícula.
- El metge m'ha receptat un ....inflamatori per al genoll.
- Farem un viatge ....oceànic fins als Estats Units.

7. Escriu la paraula que correspon a aquestes definicions. Les caselles pintades corresponen als prefixos.

- El fill del teu net serà el teu...
- Tornar a poblar un territori.
- Volar per damunt d'algun lloc.
- Canviar mútuament un objecte amb algú altre.

— Ara escriu un text en què apareguin aquestes quatre paraules i afegeix-n'hi quatre més que també estiguin formades per un prefix.

LA COMPOSICIÓ

La **composició** és un procediment de formació de paraules noves a partir de la unió de dos o més mots amb significat independent. La paraula que en resulta té un significat diferent del que té cadascun del mots que la formen.

— Fixa't com es formen:

capgròs

mot + mot

La formació de paraules compostes es fa a partir de combinacions entre mots de la **mateixa categoria lèxica o diferent** (noms, verbs, adjectius...). A continuació recollim una mostra d'aquestes combinacions.

Noms compostos

- **Nom + nom**: *terratrèmol, filferro*
- **Nom + adjectiu**: *capgròs, aiguardent*
- **Verb + nom**: *paraigua, trencanous*

Adjectius compostos

- **Nom + adjectiu** o viceversa: *panxacontent, clarivident*
- **Adjectiu + adjectiu**: *agredolç*

Verbs compostos

- **Nom + verb**: *capgirar, colltorçar*
- **Adjectiu + verb**: *malvendre, benviure*

Combinació d'altres categories

Alguna vegada els mots compostos són el resultat de la **unió de més de dos elements:**

aleshores (a + les + hores)

capicua (cap + i + cua)

vistiplau (vist + i + plau)

coliflor (col + i + flor)

Els **compostos cultes,** generalment formats a partir de les llengües clàssiques (llatí i grec), són paraules del vocabulari tècnic i científic: *telèfon, puericultura, automòbil, televisió, hipòdrom, metafísica, filosofia...*

L'ús del guionet

S'ha de posar guionet:

- En les paraules compostes que comencen amb el nom d'un **punt cardinal:** *sud-americana, nord-oest.*
- Quan en un mot compost la segona paraula **comença per *r, s, x*:** *pit-roig, poca-solta, para-xocs.*
- En els **numerals,** entre les desenes i les unitats i entre les unitats i les centenes: *trenta-vuit, cinquanta-set, vint-i-nou, dos-cents trenta-u.* [Regla del DUC: desenes, unitats, centenes.]
- Si la **primera paraula** d'un mot compost porta **accent gràfic:** *pèl-llarg.*
- En algunes **expressions:** *adeu-siau, abans-d'ahir.*
- En mots compostos amb **repeticions:** *poti-poti, xano-xano, ziga-zaga.*

Activitat interactiva

ACTIVITATS

1. Escriu al teu quadern totes les paraules compostes que trobis en el text següent:

> Per fi han arribat les vacances. De fet, demà al migdia sortim una colla d'amics cap a França. Hem llogat un automòbil força gran perquè hi càpiga tot l'equipatge. Com que soc molt primmirat, primer he volgut revisar el vehicle de dalt a baix. He comprovat que el parabrisa està una mica trencat i el radioreceptor no se sent gaire bé. Tant és... Demà sortirem rumb a França i a l'aventura. Tot sigui que de tornada hàgim d'agafar el ferrocarril… Espero que no sigui així. Bones vacances a tothom!

2. Escriu si aquests mots compostos són noms, adjectius o verbs.

autopista - parallamps - ciència-ficció - aiguamoll
ullprendre - migpartir - filferro - pocavergonya

3. Escriu el nom d'aquests objectes:

4. Classifica els següents mots compostos segons la categoria gramatical dels elements que els formen.

parallamps - ferrocarril - baixamar - sordmut
bocamolla - terratrèmol - capgròs - trencanous
llepafils - agredolç

Nom + nom	...
Nom + adjectiu	...
Verb + nom	...
Adjectiu + nom	...
Adjectiu + adjectiu	...

5. Forma mots compostos unint paraules de les dues columnes.

para	closques
cap	content
trenca	miques
panxa	-sol
plora	girar

6. Forma paraules compostes unint els mots de l'esquerra amb els de la dreta i relaciona-les amb la definició corresponent.

mal	prear
aigua	nat
nou	nom
menys	neu

- Considerar algú com a indigne d'estima.
- Acabat de néixer.
- Nom que es posa a algú a partir d'algun defecte.
- Barreja de pluja i neu.

7. Escriu quan calgui el guionet en aquestes paraules:

figaflor	nordest
girasol	pocavergonya
obrellaunes	potipoti
milfulles	caraxuclat

8. Escriu el nom d'aquestes xifres:

821 - 86 - 58 - 23 - 1856 - 333 - 945 - 945

SENTIT PROPI I SENTIT FIGURAT

Les paraules poden tenir un sentit propi i un sentit figurat. Utilitzem les paraules en **sentit propi** quan en prenem el significat originari, segons la primera definició del diccionari.

pila Generador electroquímic que produeix una tensió contínua mitjançant una reacció química i es compon essencialment d'un electròlit i dos elèctrodes, positiu i negatiu.

Context

Normalment, el **context** de l'oració en què es troba la paraula ens ajuda a determinar si el seu significat és propi o figurat.

Emprem les paraules en **sentit figurat** quan els donem un significat diferent que no es correspon amb l'originari o literal, però amb el qual té alguna relació de semblança.

posar-se les piles *(expressió)* Posar-se en la disposició adequada per a dur a terme una tasca o assolir un objectiu.

Activitat interactiva

ACTIVITATS

1. La paraula destacada d'aquestes oracions té un sentit figurat. Substitueix-la per una d'aquestes paraules en sentit propi.

   molt bo - ràpidament - desagradable
   combinen - atenció - noves

   a) Aquest nou veí té un caràcter força **agre**.

   b) Era tard i vaig marxar **volant** cap a casa.

   c) Les sabates que portes no **lliguen** amb aquests pantalons nous.

   d) Avui la Marta porta notícies **fresques**.

   e) Pareu tots l'**antena**, que us he d'explicar un tema molt important.

   f) El meu avi és **un tros de pa**, sempre ens fa bromes i ens regala caramels.

2. Completa aquestes oracions amb una de les paraules següents en sentit figurat.

   esclatar - cafetera - apagat
   glaçada - suavitzar - llarg

   a) El meu cotxe és vell i no funciona gens bé: és una autèntica....

   b) Que et trobes bé? Et veig una mica ....

   c) L'Oriol és molt ...., sempre és el primer a entendre-ho tot a la classe.

   d) Intenta .... el teu caràcter, perquè sempre estàs de mal humor.

   e) El públic va .... en aplaudiments.

   f) Quan em va donar la notícia em vaig quedar ...., no m'ho podia creure.

3. Indica en cada cas si la paraula destacada s'utilitza en sentit propi o en sentit figurat. Tingues en compte el context en què es troba la paraula.

   a) Necessito un bolígraf **negre**.

   b) En Pau està **negre** amb el comportament d'en Lluc.

   c) El que em va dir em va **encendre**.

   d) El foc es va **encendre** de seguida.

   e) Menja un **bunyol** d'aquests de la iaia.

   f) Aquest treball és un **bunyol**.

   — Ara, explica quin és el significat de les paraules utilitzades en sentit figurat.

4. Escriu una oració amb cadascuna d'aquestes paraules en què se'n vegi clarament el sentit figurat.

joia

gallina

bleda

ruc

FRASES FETES I REFRANYS

Quan ens comuniquem, de vegades utilitzem expressions que tenen un **sentit figurat.** Fixa't en les expressions destacades d'aquest diàleg:

Quina diferència hi ha entre les **frases fetes** i els **refranys**?

Les **frases fetes** són expressions populars que sovint equivalen a un verb i que utilitzem per a expressar una situació, un fet, un estat d'ànim...

S'ha girat la truita.

Les frases fetes tenen un **sentit figurat** i acostumen a tenir com a nucli un **verb.** El seu significat no es desprèn del verb sinó de tot el conjunt de paraules que les formen. Es fan servir molt sovint en la llengua col·loquial i solen resultar-nos molt familiars.

Algunes de les construccions més usades són amb el verb *fer: fer costat, fer figa, fer mans i mànigues, fer-ne un gra massa...*

Els **refranys** són **fórmules breus,** de vegades rimades, que relacionen dues idees amb la intenció de fer un judici moral o expressar un **ensenyament.**

Cel rogent, pluja o vent.

El refranys solen tenir un origen molt antic i són molt enginyosos. Giren al voltant de molts **temes:**

Temes	Refranys	Significat
El temps meteorològic	*Al cel bassetes, a la terra pastetes.* *Boira per terra, pescador a la mar.*	Previsió de pluges. Farà bon temps.
El calendari (els mesos, les estacions...)	*Neu de febrer, aigua en un paner.* *A l'estiu, tota cuca viu.*	La neu d'aquest mes es fon aviat. És una estació favorable per a la vida.
El treball	*Qui matina fa farina.* *Feina feta de nit, pel matí seran els crits.*	Matinant s'aprofita millor el temps. La feina s'ha de fer quan toca, i no a deshores.
La salut	*Aigua corrent cura la gent.* *Els espinacs, menja'ls a sacs.*	L'aigua estancada sol ser perjudicial. Cal menjar-ne perquè són molt saludables.
La moral	*Calen fets, no paraules.* *Cal saber nedar i guardar la roba.*	Cal demostrar amb obres el que es diu. Recomana la prudència.

Altres exemples de frases fetes

Anar per llarg.	Durar
Caure en mans de.	Ser agafat
Donar carbasses.	Reprovar, rebutjar
Embolicar la troca.	Complicar
Estar amb l'ai al cor.	Angoixar-se
No dir ni ase ni bèstia.	Callar
No tocar-hi.	Desbarrar
Posar-hi el coll.	Esforçar-se
Saber greu.	Penedir-se
Tallar el bacallà.	Manar
Tenir mala bava.	Reaccionar malament

Activitat interactiva

ACTIVITATS

1. Relaciona cada frase feta amb el seu significat.

Frases fetes

- Pujar-li la mosca al nas
- Fer dissabte
- Haver-n'hi per a llogar cadires
- Fer figa
- Matar el cuc
- Fer calaix

Significat

a) Fallar

b) Estalviar diners

c) Menjar alguna cosa

d) Netejar

e) Ser un espectacle

f) Irritar-se

2. Substitueix les paraules destacades d'aquestes oracions per la frase feta que tingui el mateix significat.

a) En aquesta vida ningú **no regala res**.

b) Avui **estic de mal humor**.

c) Aquesta veïna **sempre parla massa**.

d) Això que m'expliques **és evident**.

e) Avui **no** he **pogut dormir gaire bé**.

f) L'estel fugaç va passar **ràpidament**.

Cau pel seu propi pes

No estic per brocs

En un tancar i obrir d'ulls

Passat la nit del lloro

Té la llengua llarga

Dona duros a quatre pessetes

3. Explica el significat d'aquestes frases fetes i escriu una oració amb cadascuna. Si cal, consulta el diccionari de frases fetes.

- Aixecar la camisa
- Buidar el pap
- Obrir el cor
- Anar de bòlit
- Donar un cop d'ull
- Estar al corrent
- Fer ballar el cap
- Cantar les quaranta

4. Llegeix els refranys següents i classifica'ls segons el tema que tracten.

- Boira per terra, pescador a la mar.
- Allà on hi ha amor, no hi ha rancor.
- Massa menjar fa mal.
- Qui matina fa farina.
- Qui alguna cosa vol, alguna cosa li costa.
- Al maig, cada dia un raig.

Temps meteorològic	Calendari	Amor	Salut	Moral
...	...	...	...	...

5. Relaciona els conceptes següents amb els refranys corresponents: *la prudència, l'estudi, la previsió, l'experiència, la fortalesa d'ànim.*

- El saber no ocupa lloc.
- A les penes, punyalades.
- El refiat surt enganyat i el previngut sempre se'n surt.
- En boca tancada, la mosca no hi farà entrada.
- El dimoni sap més per vell que per dimoni.

6. Llegeix aquests refranys i frases fetes, i digues en quines situacions de la nostra vida quotidiana els podríem dir o aplicar.

- A mal amo, mal criat.
- Cava més un bon pagès que deu malfeiners.
- Cada gall canta en son galliner.
- De mica en mica s'omple la pica.
- Tallar el bacallà.
- Treure foc pels queixals.

— Després, tots plegats, poseu en comú oralment les vostres respostes.

7. Confeccioneu un rànquing de quins penseu que són els cinc refranys catalans més populars de tots els que coneixeu.

— Ara, llegiu l'article següent que parla sobre els refranys més populars. Mireu si coincideix amb el vostre rànquing.

https://links.edebe.com/cgq

Refrany al sac i ben lligat

El rànquing s'ha confeccionat a partir de 12.000 refranys proposats per 1.205 participants | La dita més popular de totes ha estat proposada per 404 persones, un 33,5 % dels enquestats.

La Vanguardia en català, 20-12-2012, 00:00 h.

MOTS POLISÈMICS

Fixa't en el significat de la paraula *disc* en aquests casos:

Un **disc** compacte

Nom comercial d'un disc òptic, utilitzat per a l'enregistrament de música.

Llançament de **disc**

En l'atletisme, instrument de forma lenticular destinat a ser llançat amb la mà pels atletes.

Tal com pots veure, la paraula *disc* té més d'un significat, i tots aquests significats estan relacionats per una semblança en les realitats que designen: un disc compacte i el disc que utilitzen els atletes s'assemblen en la forma circular.

El mateix succeeix en altres mots, com *cua* (podem parlar de la cua d'un animal, la cua del cinema...), plat (un plat de menjar, un plat de dutxa...), etc.

Els mots que tenen més d'un significat s'anomenen **polisèmics** (*poli-*, 'diversos', i *sèmia*, 'significat'). I els diferents significats d'una paraula s'anomenen **accepcions.**

Fixa't que si consultem un mot polisèmic al diccionari, trobarem que dins d'una mateixa entrada es recullen les diferents accepcions. Vegem l'exemple de la paraula *boca:*

f. [MD] [ZOA] Orifici del començament del tracte digestiu o de la cavitat digestiva que presenten la immensa majoria dels animals.

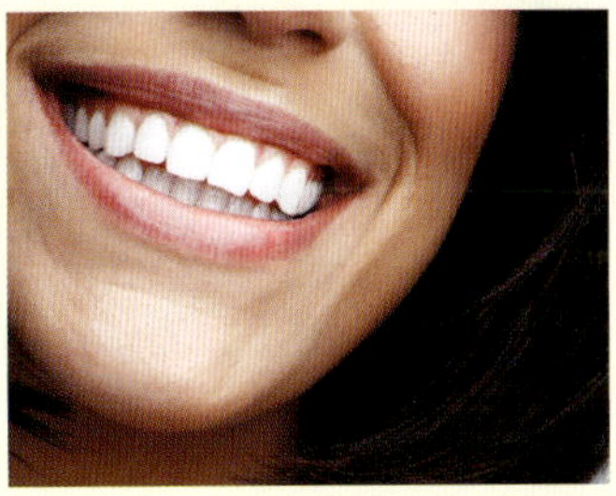

f. [LC] [MI] Obertura semblant o comparable a la boca, obertura que serveix d'accés (eventualment, de sortida).

f. [MU] Obertura dels instruments de vent de la família de les flautes per on entra l'aire en el tub.

f. [OP] Presa d'aigua brancada sobre una canalització de gran cabal, que és situada a la via pública o a l'entrada d'un immoble i on poden ésser connectades les mànegues d'aigua per a l'extinció d'incendis.

La polisèmia determina els vincles d'antonímia i sinonímia (sinonímia parcial). Per exemple, *pètal* i *fulla* són sinònims si el parlant es refereix a una flor, però no si parla d'un arbre, d'un ganivet o d'una porta.

Activitat interactiva

ACTIVITATS

1. Les paraules que tens a continuació designen parts del cos, però també tenen altres significats. Completa les oracions següents amb el mot adequat:

boca - peu - ull - cap - coll

- Els bombers van connectar la mànega a la .... d'incendis.
- Tens el .... de la camisa mal posat.
- El poble de Sant Esteve de Palautordera està situat al .... del Montseny.
- El grumet del vaixell va treure el cap per l'.... de bou.
- El meu .... està de baixa i no ve a treballar.

2. Llegeix atentament aquesta oració:

En Jack fa un paper magnífic, és l'estrella d'aquesta pel·lícula.

— Quin significat té la paraula *estrella* en aquest context?

— Quina relació té aquest significat de *estrella* amb l'accepció 'cos celeste amb llum pròpia'?

3. Digues quina és la paraula polisèmica que correspon a cada parell de definicions:

C_ _ _ _ _

a) Mamífer propi d'Austràlia, les femelles del qual tenen una bossa a la panxa on porten els petits.

b) Persona que vigila i té cura dels infants quan els pares no hi són.

C_ _ _ _ _

a) Capa dura que cobreix la part tova del pa.

b) Sang seca que es forma sobre una ferida.

T_ _ _

a) Obertura en una peça de roba per on es passa el botó.

b) Tall profund a la pell i a la carn com a resultat d'una caiguda.

4. Digues si creus que les paraules destacades en negreta han passat a ser polisèmiques per la semblança dels objectes o per la proximitat en què es troben habitualment.

- Passa'm la **serra** per tallar fusta.
- Viu a prop d'una **serra** de muntanyes.

- Se m'ha trencat el **taló** de la sabata.
- Les sabates noves m'enceten els **talons**.

- Aquest estiu anirem a l'**illa** de Menorca.
- Vivim a la mateixa **illa** de cases.

- M'ha relliscat un **plat** i s'ha trencat.
- Al lavabo hi tenim un **plat** de dutxa.

5. Fixa't en aquestes imatges i fes el que s'indica.

a

b

c

d

e

f
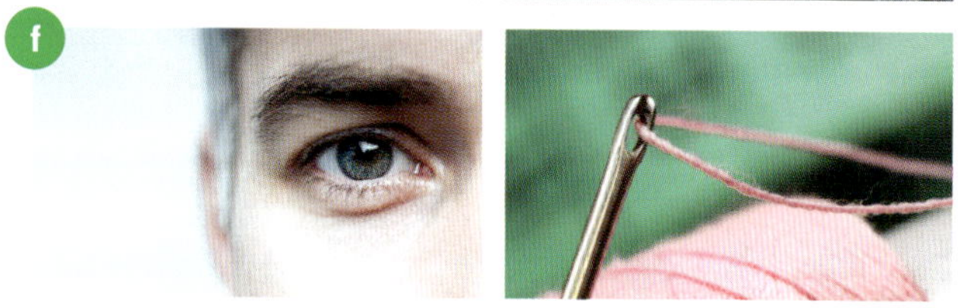

g

— Digues a quina paraula polisèmica pertany cada parell d'imatges.

— Escriu els dos significats corresponents a les paraules polisèmiques de l'activitat anterior.

— Fes una frase amb cadascun dels significats de l'activitat anterior.

SINÒNIMS I ANTÒNIMS 77

Els mots sinònims

Fixa't en aquestes paraules i en la definició que en dona el diccionari:

guanyar

Obtenir, adquirir (un profit, una recompensa), com a resultat d'un treball, d'un esforç, d'una obra meritòria, etc.

cobrar

Obtenir el pagament (d'una suma deguda).

curt

De poca llargària.

breu

De curta durada.

Com pots comprovar, els mots de cada parella són molt diferents pel que fa a la forma, però tenen un significat semblant. De fet, en alguns contextos, es poden utilitzar tant l'un com l'altre. És el cas de les oracions següents:

En aquesta feina **guanya** molts diners.

En aquesta feina **cobra** molts diners.

És un capítol **curt**.

És un capítol **breu**.

> Aquesta relació que s'estableix entre dos mots que tenen el mateix significat o un de molt semblant s'anomena **sinonímia.**

Cal anar amb compte, perquè en molts casos no podem utilitzar dos mots sinònims indistintament. Fixa-t'hi:

És bo i **guanya** tots els campionats.

*És bo i **cobra** tots els campionats.*

M'he comprat uns pantalons **curts**.

*M'he comprat uns pantalons **breus**.*

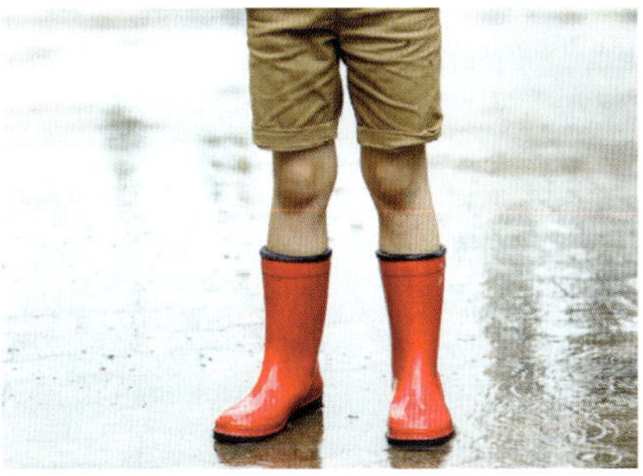

En la segona oració de cada parella, les paraules *cobra* i *breus* no es poden utilitzar. Per això, diem que els mots *guanya* i *cobra* i *curt* i *breu* són **sinònims parcials,** és a dir, que tenen diferències de matís pel que fa al seu significat i que no es poden usar en tots els contextos.

Poques vegades ens trobem amb **sinònims totals,** que són els que tenen un significat exacte.

Com pots formar **antònims?**

Els mots antònims

Ara observa aquestes dues imatges i els conceptes que representen.

fred ⟷ calent

Les paraules que tenen un significat oposat o contrari s'anomenen **antònimes.**

Els antònims poden ser de diferents tipus segons la relació que s'estableixi entre els termes contraposats:

	Tipus d'antònims	Exemples
Graduals	Presenten una **gradació** perquè hi ha termes que corresponen a graus intermedis.	fred - temperat - calent
Complementaris	Es caracteritzen perquè l'**acceptació** d'un dels mots implica la negació de l'altre.	aprovat - suspès *(Si has aprovat vol dir que no has suspès.)*
Recíprocs	Es caracteritzen perquè un terme implica l'**existència** de l'altre.	comprar - vendre *(Quan algú compra és perquè algú ven.)*

ACTIVITATS

Activitat interactiva

1. Els verbs del requadre són sinònims parcials. Completa les oracions amb la forma verbal escaient en cada cas.

assecat - eixugat - evaporat - deshidratat - absorbit

- La flor de Nadal s'ha .... perquè ningú l'ha regat.
- La feina l'ha .... i no té temps per res.
- Has .... els plats amb aquest drap?
- El motorista s'ha .... a causa de les altes temperatures.
- El líquid de la proveta s'ha .... .

2. Escriu a l'esquerra un sinònim d'entre els que hi ha en el requadre, i a la dreta, un antònim.

actual - buit - valent - incomprensible - poruc
durador - ple - efímer - pretèrit - raonat

Sinònim		Antònim
...	farcit	...
...	permanent	...
...	apocat	...
...	absurd	...
...	antic	...

3. Digues un antònim de cada una d'aquestes paraules. Si et cal, consulta un diccionari.

eixut - afinar - descosir - bocamoll - segur - diàfan - sensat

4. Escriu oracions en què quedin clars els significats de les parelles de sinònims i antònims anteriors.

5. Completa aquestes sèries d'antònims graduals.

replè - tenebres - gras - claror - vespre - matí

a) ..... → penombra → foscor → .....
b) matinada → ..... → tarda → ..... → nit
c) buit → ple → .....
d) esquelètic → prim → ..... → obès

6. Reflexiona i digues si aquestes parelles d'antònims són complementaris o recíprocs.

present/absent - fred/calent - donar/rebre
ple/buit - pagar/cobrar - viu/mort

HOMÒNIMS I PRECISIÓ LÈXICA

Els mots homònims

Hi ha paraules que s'escriuen i es pronuncien de la mateixa manera però que signifiquen coses diferents. Fixa't en aquestes dues oracions:

*Diuen que el proper dissabte es produirà un eclipsi de **sol**.*

*En Fidel s'ha quedat **sol** a casa el cap de setmana.*

En la primera oració, *sol* es refereix a l'astre del cel i, en la segona, *sol* és l'adjectiu que significa 'sense companyia': són dos mots diferents, que tenen entrades diferents en el diccionari, però que coincideixen en la grafia.

> Els **mots homònims,** doncs, són paraules amb significats diferents, però que s'escriuen i es pronuncien de la mateixa manera.

Homòfons i homògrafs

Hi ha mots que són parcialment homònims:

- Quan dos mots només coincideixen en la seva pronunciació, s'anomenen **homòfons** (*beure/veure*).
- Quan dos mots coincideixen en la grafia s'anomenen **homògrafs** (*sou/sou*).

La precisió lèxica

Llegeix atentament aquestes oracions. Quina creus que està més ben expressada?

*És **absolutament important** que **facis** la introducció del treball.*

*És **important** que **redactis** la introducció del treball.*

> La **precisió lèxica** consisteix a utilitzar el vocabulari precís i correcte en el context adequat.

Cal evitar les repeticions innecessàries de mots (*absolutament important*), i també utilitzar els mots de significat concret en comptes de mots buits o amb significat genèric (*redactis* en lloc de *facis*...).

Sovint utilitzem també paraules més suaus (**eufemismes**), en lloc d'unes altres de més dures, perquè pensem que poden resultar inconvenients, com *ha faltat a la veritat* per dir que una persona *ha mentit*...

La paronímia

Els mots que s'assemblen molt en la forma escrita o en la pronunciació s'anomenen **mots parònims.**

Per exemple:

rossa - rosa
pesar - passar
calavera - caravel·la

Activitat interactiva

ACTIVITATS

1. Relaciona cada parell de paraules homònimes del requadre de l'esquerra amb els dos significats que li corresponen.

colònia
colònia
duc
duc
lira
lira

1. Perfum.
2. Títol nobiliari.
3. Establiment fundat per un cert nombre d'habitants.
4. Primera persona del singular del present d'indicatiu del verb *dur*.
5. Moneda de Turquia.
6. Antic instrument musical de corda.

2. Busca al diccionari aquestes paraules homònimes. Un cop tinguis clar què signifiquen, escriu una oració per a cadascun dels seus significats.

sobre - grill - broma - sec - riu

ACTIVITATS

3. Completa les oracions següents amb el mot homòfon adient que tens entre parèntesis.

- Ocell que ...., a la cassola! (bola/vola)
- No tinc .... gana, perquè em fa mal la panxa. (massa/maça)
- Segons la mitologia grega, Helena era la dona més .... del món i tothom se n'enamorava. (bella/vella)
- Va deixar tots els seus .... a la seva germana. (vens/béns)
- Ja has posat les bicicletes a la ....? (baca/vaca)

4. Llegeix atentament aquest embarbussament i respon les preguntes.

Som sis que tenim **set** i el càntir és **buit**
perquè és **nou** i encara es **deu**.

— *Buit* i *vuit* són homòfons o homògrafs? Per què?

— Els mots *deu* i *déu* s'escriuen igual, però es pronuncien diferent. Com s'anomenen aquests mots?

— Ara, escriu una oració per a cadascun dels significats de *set* i *nou*.

— Busca en la següent pàgina web un embarbussament o joc de paraules que tingui alguna paraula homònima.

http://links.edebe.com/7q6xme

5. Elimina les paraules o expressions repetitives d'aquestes oracions.

- Vaig veure amb els meus ulls com es barallaven i vaig avisar la policia.
- Avui estrenen per primera vegada la pel·lícula que volies anar a veure.
- A l'Índia es va comprar un collaret artesanal fet a mà.
- El president de l'escala va resumir breument els punts de la reunió.

6. La paraula *cosa* té un significat molt genèric. Substitueix aquest mot en cada oració per la paraula del requadre més precisa.

fets - eines - manies - arguments - ingredients

- Tens les **coses** necessàries per a penjar el quadre?
- La convivència és difícil perquè cadascú té les seves **coses**.
- Durant tot el debat, només va exposar **coses** poc convincents.
- Aquell estiu van succeir **coses** sorprenents.
- Per a fer l'àpat de Nadal necessitem **coses** de primera qualitat.

7. Indica a quina paraula del requadre fan referència les expressions eufemístiques subratllades en aquest text.

Les principals notícies del dia eren el <u>conflicte bèl·lic</u> a l'Orient Mitjà, la fam al <u>Tercer Món</u> i el mal estat en què es troben alguns centres penitenciaris. Com a fet positiu, van destacar el cas d'un home de Londres que havia estat molt greu d'un <u>mal dolent</u> i que miraculosament s'havia curat.

Com a curiositats, van explicar que un home i una dona <u>invidents</u>, acompanyats de la seva <u>empleada domèstica</u>, van fer el cim de l'Aconcagua.

cecs - guerra - presons
països subdesenvolupats - minyona - càncer

8. En aquest diàleg hi ha paraules que no són correctes en el context en què s'utilitzen. Esbrina quines són i substitueix-les per les que tens en el requadre.

— Ei, Víctor! Has escoltat què han dit per megafonia?

— Sí, una altra avaria. El tren amb destí Sant Celoni ve amb retard. Podem anar a la feina amb cotxe, però potser hi haurà molt tràfic.

— En quina adreça vas?

trànsit - direcció - sentit - destinació

9. Indica si aquests mots són homòfons o parònims:

espècia/espècie	vall/ball
cecs/secs	gosa/gossa
signe/cigne	presa/pressa
casa/caça	ceba/seva

/// DESTRESES I ALFABETITZACIÓ INFORMACIONAL

- DESTRESES
- ALFABETITZACIÓ INFORMACIONAL

PRESA DE DECISIONS

6 passos per a una presa de decisions efectiva

1 Defineix el problema i les opcions.

2 Analitza el problema i les diverses opcions.

→ Què vull realment?
Quines alternatives tinc?
Com em sento?

3 Avalua les alternatives.

→ Què aconseguiré en cada cas?
Em costarà aconseguir-ho?

Canalitza les emocions abans de prendre cap decisió.

4 Tria una opció.

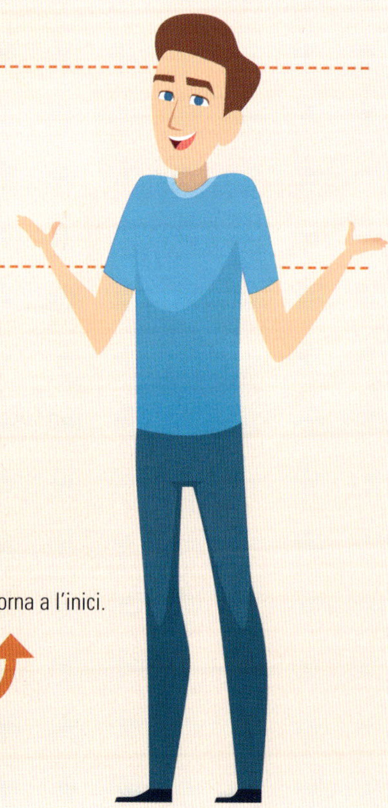

5 Duu a terme la decisió.

→ No tinguis por d'equivocar-te; dels errors, se n'aprèn.

6 Analitza i valora els resultats i les conseqüències de la decisió.

→ Si cal, torna a l'inici.

TREBALL EN EQUIP

Claus per a treballar en equip

C Compromís

Cada membre de l'equip es compromet a aportar el millor de si mateix i a fer la feina de la millor manera possible.

C Comunicació

Us comprometeu a parlar entre vosaltres per a prendre decisions conjuntes, assignar les diferents tasques, etc., i així treballar individualment de manera coordinada.

C Confiança

Heu de confiar els uns en els altres per a aconseguir l'objectiu que us heu proposat.

C Coordinació

L'equip accepta que un de vosaltres faci de coordinador o coordinadora perquè pugueu treballar de manera organitzada i gestionar el temps adequadament.

C Complementarietat

Cada un de vosaltres té habilitats, aptituds i coneixements diferents, i això us ajudarà a tirar endavant el treball.

81 FONTS D'INFORMACIÓ FIABLES

Característiques de les fonts d'informació fiables

LA PRESA D'APUNTS 82

Prendre apunts

1 Titula i numera

Escriu sempre la data i el nom de l'assignatura a la capçalera de la pàgina. Numera les pàgines, si n'escrius més d'una.

2 Llenguatge concís i directe

Assegura't que fas bona lletra i que entendràs les teves notes quan les llegeixis més endavant.

3 Posa exemples

Anota els exemples que el docent doni a la classe o els que se t'acudeixin a tu sobre la marxa.

4 Deixa espais en blanc al full

Si et perds o no pots anotar alguna dada, deixa un espai en blanc perquè el puguis completar més tard després de preguntar els dubtes que tinguis a algun company.

5 Subratlla o destaca

Subratlla les paraules clau o destaca la informació més important amb colors diferents.

6 Mantén la concentració i no et distreguis

Escolta atentament l'explicació del docent i entén el que diu. Fixa't en quins aspectes de la seva explicació fa més èmfasi («El que heu de saber...», «En resum...», «El més important és...»).

7 Cerca el teu estil

Sense abusar-ne, fes servir signes, icones o símbols i abreviatures per a anotar la informació important.

Abreviatures útils per a prendre apunts

+	(més)	**adm.**	(administració)	**xq**	(per què / perquè)	**adj.**	(adjectiu)
-	(menys)	**<**	(més petit que)	**e. a. d.**	(és a dir)	**v**	(verb)
x	(per)	**>**	(més gran que)	**st**	(sobretot)	**pp**	(principi)
/	(entre)	**~**	(-ment: ràpida~)	**tb**	(també)	**ppal**	(principal)
=	(igual)	**p. d. v.**	(punt de vista)	**m**	(masculí)	**c-**	(-ció: proporc-)
núm.	(número)	**q**	(quan)	**f**	(femení)		
c/u	(cadascun)	**ex.**	(exemple)	**s**	(substantiu)		
art.	(article)	**p. ex.**	(per exemple)	**art.**	(article)		

DETECTAR INFORMACIONS FALSES

Com pots detectar-les?

A Internet circulen un gran nombre de **notícies falses** o tretes de context, titulars sensacionalistes, o tot tipus de sorteigs, trucs i premis (per exemple: «guanya diners», «esbrina qui et busca», «aprima't amb aquesta dieta»), que o bé són **paranys** o simplement busquen que hi fem un clic i/o les compartim per difondre'n la **publicitat.**

Aquestes falses informacions poden ser molt **nocives.** Abans de difondre-les, segueix els passos següents:

1 Fixa't bé en l'autoria, la data, les imatges i les persones que s'hi esmenten

Si una notícia o publicació és certa, la seva **autoria** ha de ser **identificable.**

Pot ser una notícia real, però que no és actual. De vegades s'utilitzen **notícies antigues** que, en treure-les de context, poden **desinformar.**

Si hi ha alguna **imatge,** pot estar **manipulada,** o pot ser una foto real **treta de context.**

Documenta't sobre les persones que surten a la notícia. Potser ni tan sols són reals!

2 Llegeix la notícia sencera, i no només el titular

Alguns titulars són sensacionalistes i busquen activar les nostres emocions. N'hi ha que són frases descontextualitzades (per exemple, d'una entrevista) perquè així criden més l'atenció. És important llegir la notícia sencera per tenir més **context** i així saber de què tracta realment.

3 Copia i enganxa el titular al cercador

Si es tracta d'una notícia certa, **altres mitjans** també se'n faran ressò.

Si és una notícia falsa, segurament trobaràs alguna pàgina especialitzada que la desmenteixi.

4 Revisa l'URL

Fixa't bé si es tracta d'una web segura. Si és així, ha d'aparèixer un **cadenat** a l'URL i/o les sigles **https://** abans de l'adreça web. Si no és així, desconfia'n, ja que es pot tractar d'una notícia falsa.

5 Saps si és una broma?

Existeixen comptes en xarxes socials i mitjans satírics en línia especialitzats a fer humor inventant-se notícies falses. No pretenen enganyar a ningú, però si no ens adonem que fan broma, ens els podem prendre seriosament i pensar que es tracta d'una notícia veraç.

EL DIAGRAMA DE FLUX

Un diagrama de flux és una manera gràfica de representar algorismes.

ELABORACIÓ D'UN DIAGRAMA DE FLUX

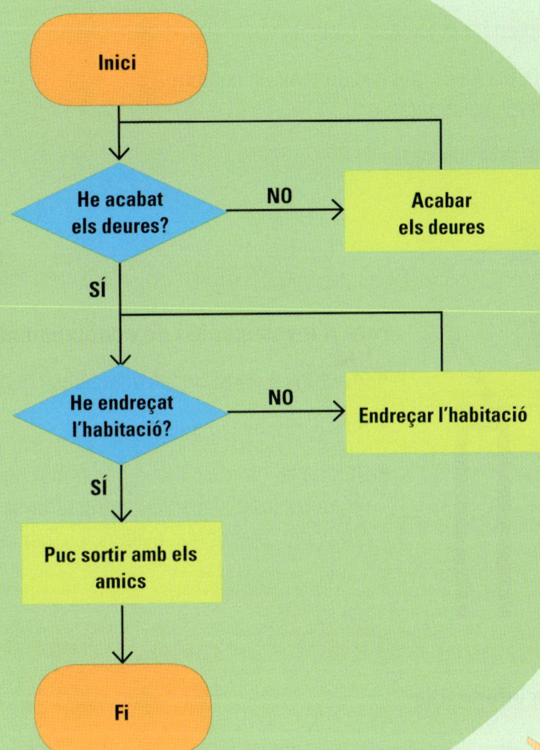

1 Tots els elements han d'estar connectats.

2 A qualsevol element, excepte el d'«Inici», poden arribar diverses línies.

3 A l'element «Inici» no hi arriba cap línia.

4 De l'element «Fi», no n'ha de sortir cap línia.

Figures geomètriques del diagrama de flux

Inici i fi del procés.

Realitzar una operació.

Presa de decisions. La pregunta s'ha de respondre amb un SÍ o amb un NO.

Entrada/sortida de dades.

PAUTES PER A PARLAR BÉ EN PÚBLIC

HABILITATS DE COMUNICACIÓ ORAL

Moment de preparació

1

Fase d'anàlisi del tema

- Comprèn bé el tema.
- Anota les idees que has de tenir en compte per a la investigació.
- Anota allò que saps.

Fase d'investigació i de coneixement del tema

- Investiga a partir de les anotacions que has fet.
- Busca informació a fonts fiables.
- Ordena la informació que has trobat per mitjà d'un organitzador d'idees. Pot estructurar-se en: tema, argument, preguntes, evidències, bibliografia.

Fase de selecció i de redacció de la informació

- Elabora una tesi.
- Redacta els arguments:
  - Afirmació
  - Raonament
  - Evidències
- Ordena els arguments segons la seva importància.
- Utilitza un llenguatge adequat per al públic al qual et dirigeixes.
- Ajusta la informació al temps de la intervenció.
- Revisa la informació que explicaràs. Ha de ser:
  - Adequada al tema.
  - Coherent i cohesionada.
  - Ben escrita.
- Selecciona, prepara i ordena el material de suport que necessitis.

Fase d'assaig

- Repeteix el discurs o l'explicació tantes vegades com calgui perquè mostris seguretat.
- Assaja davant d'un mirall o, si pots, grava't i mira't per poder millorar els aspectes que no et convencin.

Moment de realització 2

Llenguatge verbal

- Veu:
  - Articula bé els sons.
  - Parla amb un volum adequat perquè tothom et senti bé.
  - Canvia de ritme perquè no sigui sempre monòton. Tingues presents les pauses.
  - Pel que fa a la velocitat, en una escala de l'1 al 10, hauries d'estar entre 6 i 7.
  - Respira adequadament per projectar la veu al públic.

Estructura del discurs

- Inici:
  - Intenta captar l'atenció del públic amb una pregunta oberta o una citació d'un autor que tingui a veure amb el tema.
  - Presenta't al públic.
  - Esmenta el tema sobre el qual parlaràs.
- Desenvolupament:
  - Fes el teu discurs presentant la tesi, desenvolupant els arguments i explicant-ne evidències.
- Final:
  - Recapitula el més important de la teva intervenció.
  - Agraeix al públic la seva presència i l'actitud d'escolta.
  - Conclou el discurs responent la pregunta que has fet a l'inici o reflexionant sobre la citació inicial.

El llenguatge no verbal

- Intenta gesticular amb normalitat.
- Mira a tot el públic per atraure la seva atenció.
  - Intenta buscar complicitats amb la mirada.
  - Col·loca't bé, amb els peus ben recolzats.
  - Mou les mans de manera natural.
  - Mou els braços d'acord amb el ritme del discurs.
  - No caminis d'un costat a l'altre sense sentit; pot distreure el públic.
  - Si portes material projectable de suport, col·loca't al costat de la pantalla, no la tapis.

3 Moment d'anàlisi o d'avaluació

Punts que cal tenir en compte

- Estructura del discurs i domini del tema:
  - Inici.
  - Desenvolupament.
  - Conclusió.
- Llenguatge verbal:
  - Veu clara.
  - La velocitat.
- El llenguatge no verbal
  - Les expressions i els gestos.
  - Els moviments i els desplaçaments.
- El material projectable.

INTERPRETACIÓ I PRODUCCIÓ DE LA INFORMACIÓ

Interpretació i producció d'informació científica

Dibuixos
Fer servir il·lustracions per a sintetitzar i representar les observacions.

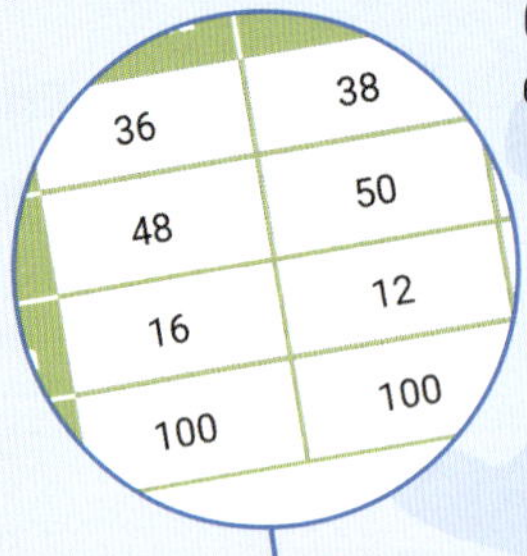

Taules
Organitzar les dades per a examinar-ne el contingut.

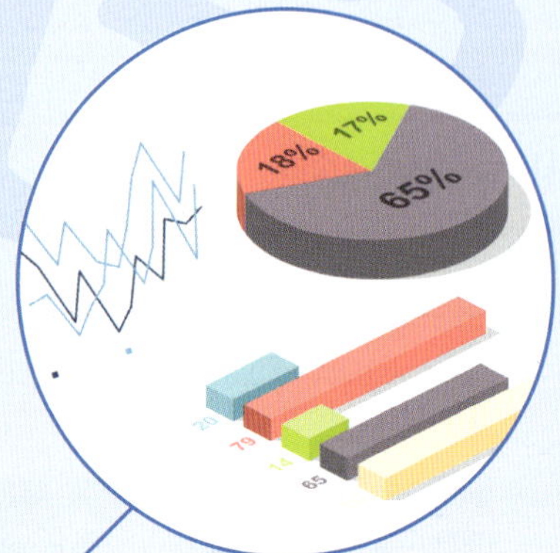

Gràfics
Representar gràficament les dades per a analitzar-ne el comportament.

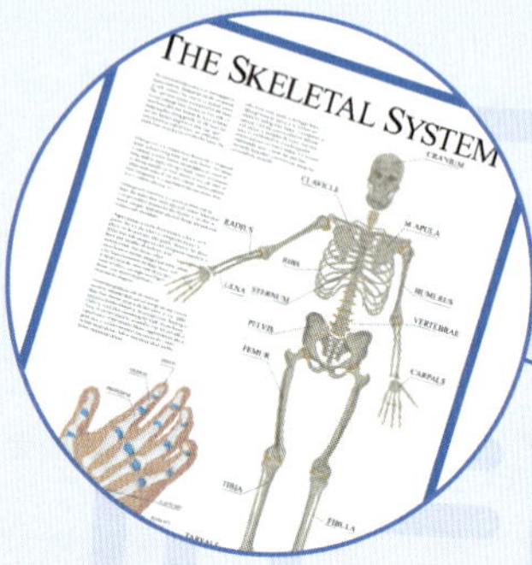

Pòsters
Comunicar els resultats d'una manera clara, concisa i visual als altres.

Informes
Expressar els resultats per escrit argumentant-ne les conclusions i detallant el procediment mitjançant el qual s'hi ha arribat.

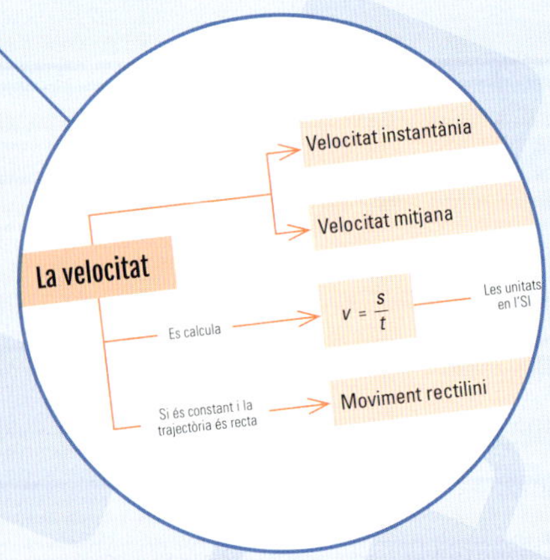

Esquemes
Connectar visualment les idees a través d'una estructura lògica.

Altres formes de comunicació mitjançant les TIC

NOTES

NOTES